马背上的民族

【下卷·制度文化卷】

黄　金　主编

U0912229

内蒙古出版集团
远 方 出 版 社

下卷概述

在历史的时空中，北方广袤的草原地域是马背民族生存发展、纵横驰骋、创造各自制度文化的核心地带。马背民族的制度文化具有鲜明的自身特征。马背民族的制度文化在不断融汇北方游牧民族各个阶段的过程中，不断得到延伸、升华，形成了比较健全的制度体系，从而对当时经济社会的发展起到了重要的推动作用，同时对中华民族多元一体民族格局的形成和制度体系的完善留下了浓墨重彩的一笔。马背民族制度体系之规模、程度、运行方式、实践经验、启迪作用以及对后人的影响等具有深远的研究价值。在漫长的历史长河中，马背民族创造了政治制度、法律制度、经济制度、军事制度、文化制度、宗教制度、社会制度、教育制度等一系列制度文化。以下是《马背上的民族——制度文化卷》一书各个章节总体概括。

一、历史上的马背民族与汉族一同创造了辉煌的中华文明

自匈奴到清朝的历代北方民族政权，在传承发展源自草原文明的各种制度的同时又积极借鉴先进的中原制度文化，为多民族统一国家的形成做出了各自的历史贡献。我们可以将马背民族所建立的诸政权分为游牧行国、二元王朝、大一统王朝三个阶段。

第一个阶段是匈奴、柔然、突厥、回鹘等民族建立的游牧行国阶段。这些政权的主要统治区域在草原地区，其社会经济基础为游牧经济，因此其两翼

制度、督官制度等政治制度保持了原生北方草原文明的特点。第二阶段是鲜卑、契丹等兼有游牧、农耕区域的民族建立的的二元王朝阶段。这是北方民族政权从游牧行国向大一统王朝的过渡阶段。第三阶段是元、清大一统王朝时期。由于元朝和清朝的统治区域都囊括了大漠南北及中原地区，因此其政治制度有“普遍推行汉法、局部保留旧制”的特点。其完备的中央职官制度，为国家对广袤的领土进行有效统治提供了保障。

二、马背民族法律制度是北方游牧民族创建的重要的国家制度体系之一

马背民族法律制度体现了北方游牧民族的人生观、价值观、生态观以及怎样治理国家的法制观念，对维护当时北方游牧民族社会制度、巩固政权、安定社会秩序、发展文化、加强军队建设以及有效管理国家等方面起到了极其重要的作用。

三、马背民族的军事文化是中华民族军事文化的重要组成部分

中国古代北方马背民族的军事制度经历了一个漫长的历史发展过程。北方民族在军事活动实践中，发挥了骑兵的传统优势，积极汲取中原军制的有利成分，创制了以骑马文化为特征的各种军事制度。可以说，北方草原民族的军事制度史，是中华民族军事文化的有机组成部分，它的演进历程促进了我国古代军事制度的完善及发展。

四、马背民族的经济制度具有浓厚的游牧民族特点

中国北方地区的形成和发展与匈奴、突厥、鲜卑、女真、契丹、蒙古等马背民族的兴衰密不可分，其经济制度建立在游牧民族传统生活生产方式的基础之上。由于自然环境和人文、社会条件等方面的原因，北方游牧经济区域类型和发展水平方面往往与内地有着较大的差别，其经济制度具有浓厚的马背游牧民族的特点。

五、马背民族的社会制度具有鲜明的民族特点

纵观中国历史上马背民族的社会发展，大体经历了从部落社会、奴隶制社会到封建社会的漫长发展。在这段历史中，匈奴、鲜卑、突厥、契丹、女真五大马背民族已逐渐消失；蒙古族、满族经过演变和发展，从远古走到了今天。这些马背上的民族骁勇善战，具有北方游牧民族的鲜明特点，在不同时期建立了适合各自社会形态、风俗习惯等方面的社会规范和制度。

六、马背民族创造了积淀深厚而独具特色的文化制度

北方马背民族几千年来逐水草而居，在广袤的草原上生存和发展，创造了积淀深厚而独具特色的文化制度。在当时的自然地理环境、社会生产条件和生活方式的作用下，北方诸民族形成了与中原文化迥然不同的衣食住行制度。北方马背民族的服饰以皮毛为主，食物以肉、乳为主，谷物食品所占比重较小；住所大多以车马为家，居无定所，车帐、穹庐、毡帐就是他们的住所。随着社会的发展，北方马背民族进入阶级社会后，在汉、宋、隋、唐等中原王朝制度的影响下，其衣食住行等逐渐有了“别等威，明贵贱”的功能。

七、马背民族在政教关系及宗教制度上有着特殊性

学术界将古代的政教关系归纳为三种形态，即神权政治、国教政治、以教辅政。由马背民族建立的国家，其宗教制度往往会兼有上述三种形态的特点。马背民族身处农耕地区的边缘，生存环境更为恶劣，又由于游牧的生活方式和行国的组织方式不足以建立长期、稳定的集权制度，因此抵抗自然力的能力较农耕地区更低，对于自然力的敬畏更为纯粹，故而难以自发产生超越于自然信仰的一神教，故长期保持着人类早期形成的自然信仰。而作为各大文明之间的媒介和传播文明的主力军，马背民族又会接受不同文明的宗教。在保持原有自然信仰的同时对不同宗教文明的兼收并蓄，是不同时代马背民族都具有的特色。

八、马背民族建立了各具特色的教育制度

北方马背民族在建立统治政权以后，在文化教育事业方面，出于安邦治国的客观需要，他们普遍采取了“以文治国，重教兴学”的文教政策。积极推进汉化教育，广泛采用汉族政权建立的教育体系的同时，又不断进行创新和调整，建立起各具特色的教育制度。例如，辽、金、元三朝统治者在吸收汉文化的同时又积极维护本民族的文化，通过政策法令来保护本民族的文化传统，还通过创造本民族文字，建立本民族的专门教育机构和科举考试制度，从而使本民族的文化教育融入整个国家教育的体系中，与汉文化教育并立，形成了多元化的国家教育体制。辽代的五京学、金代的京府学和南北科考试制度以及元代礼部与集贤院分权管理科举和学校的二元化体制，在一定程度上突破了中国古代教育制度的传统模式。

我们编写这本书的初衷，就是把广博而深远的马背民族制度文化进行系统地梳理，用通俗易懂的语言和归纳描述性的写法，让读者一目了然，以期全面拓展本书的欣赏空间。本书是第一部深入探索、详尽介绍马背民族制度文化的著作。纵观整部作品，内容丰富，图文并茂，既有普及推广的现实价值，又有进一步挖掘研究的参考价值。

第一章　马背民族的政治制度

作为东方文明的代表，中国是一个多民族、多元文化的国家。研究者们认为，中华文明由不同区域的三大起源地——黄河、长江和北方草原同时兴起，并互相交流、融合发展而来。其中的北方草原文明自古以来有着与中原地区黄河文明相对应的发展序列。在历史文献中，戎狄与商周、匈奴与秦汉、鲜卑与魏晋、突厥与隋唐、契丹与北宋、蒙古与宋明都是并存的。虽然在漫长的历史过程中朝代更替、部族变迁，但中国境内民族大融合及国家大一统一直是主要潮流。自匈奴以后的各马背民族，从未中断与中原地区的经济文化交流。这些北方民族所建立的政权在沿用植根于游牧文明的各种制度的同时，也逐步模仿和借鉴了中原王朝的先进政治制度。本书介绍的几个北方民族政权的政治制度，正是对这一历史进程进行了概述。

中国北方诸民族在历史上建立过很多政权。对于这些政权，目前学界都采用两段分期的方法，但分期的节点有所不同。如美国历史学家魏特夫以隋唐为节点，将此前后的政权分为第一、第二两个阶段。国内学者申友良以北魏为节点，把历史上的北方民族所建立的政权分为割据政权和北族王朝两大类型。实际上这些北方民族政权从游牧行国转向大一统王朝时经历了一个漫长的过渡阶段（北魏到元），也就是下文中将要提到的二元王朝。因此我们可以将马背民族所建立的诸王朝分为游牧行国、二元王朝、大一统王朝三个阶段。

第一个阶段是匈奴、柔然、突厥、回鹘等民族建立的游牧行国阶段。这些政权的主要统治区域在草原地区，其社会经济基础为游牧经济，因此其政治制度保持了原生北方草原文明的特点。除了回鹘，其他几个民族甚至没有固定的都城。他们的统治者单于或可汗一般在鄂尔浑河流域等水草丰美的地方设置汗庭。汗庭里的职官也是遵循游牧民族古老的军政合一传统，和平时期在朝中协助可汗处理事务，战时统兵外出打仗。有一部分官员实际上是拥有封地属民的贵族，平时在自己的封地进行统治，受可汗征召时带领部众前去打仗。如在匈奴政权机构中，除了左贤王、右贤王、左谷蠡王、右谷蠡王等大王公贵族以外，还有左大将、右大将、左大都尉、右大都尉、左大当户、右大当户、左骨都侯、右骨都侯等官员。其中很多官职由单于的子弟担任，左、右骨都侯等一些职务由异姓贵族担任。柔然汗庭中辅佐可汗管理内外事务的官员有国相、国师、俟利发、吐豆发、俟利、吐豆登、俟斤等。其中的俟利发、俟斤有时也授予地方部落首领。根据史书记载，突厥汗国的职官制度基本上继承了柔然，其官员最初分为阿波、颉（俟）利发、俟斤、达干、阎洪达等凡十等，后来发展为大小二十八等。官位一般世袭，官员职责也是军政合一的。

匈奴、突厥等游牧行国在地方采用的政治制度有军政合一的两翼制度和督官制度。匈奴人征服了广袤的草原后建立了北方民族第一个游牧政权。单于将国土分为左、中、右三部分，单于自统中部，往往派遣左、右贤王分别统治左右两翼地区。这是游牧民族古老的行政制度两翼制度的首次实行。根据历史文献和古代碑铭的记载来看，后来的柔然、突厥、蒙古等民族都继承和发展了这一制度。突厥、回鹘等政权将国土分为直属可汗的中部和右翼达头部、左翼突利部。成吉思汗建立大蒙古国后，将国家主体区域分为左、中、右三万户（部分），分别由木华黎、博尔术、纳牙阿等人掌管。

另外，匈奴等游牧政权在其征服地区通用的统治制度我们可以统称为督官制度。公元前92年，匈奴在焉耆一带设立了僮仆都尉，向西域各国征收赋税。后来的突厥政权也在西域各国和室韦、契丹设置了一般由可汗亲属阿史那氏充任的吐屯（官名），常驻于这些地区，负责监督军政事务和征收贡赋。其后回鹘人在室韦、契丹设置的监使和蒙古人在其征服地区设置的达鲁花赤都是这一传统制度的体现。

鲜卑、契丹等北方民族政权与上述匈奴、突厥诸政权最大的不同之处在于他们占领了长城以南部分农耕区域，并发展为极具特色的二元王朝。所谓“二元王朝”，主要是指这些兼有农耕、游牧区域的政权按地区经济基础的不同而采用两种不同体制来进行管辖。这种二元体制最早出现在4世纪南匈奴建立的前赵政权。前赵的创建者刘渊采取“胡汉分治”的政策，用不同的职官和方式分别统治汉人和少数民族。其子刘聪继位后继续在统治区内对汉人和少数民族采取不同的统治方式，分别设立统治机构。他置左、右司隶，用以统治汉族人民；设置大单于，用以统治国内各少数民族。

另一个游牧民族鲜卑自1世纪末开始强盛，先占据漠北草原地带后，一些部落继而南迁到塞北地区。后来，东部鲜卑的慕容部先后建立“五燕”政权，而西部鲜卑的拓跋部建立了统一北方的北魏政权。北魏的建立者拓跋珪称帝后不久就制定官制和律令，并建都平城，模仿魏晋王朝的模式建立了中国历史上最早的二元王朝。虽然拓跋珪在位期间对原有的部落制度进行了改革，但传统的一些制度还是有所保留。在中央，分、外朝两个并行行政系统。在地方，虽然推行郡县制，但鲜卑等各族中古老的分部制（即著名的“鲜卑八部”）和宗主督护制依然盛行。因此北魏孝文帝继续深化改革，模仿魏晋官制在中央设置三公、九卿等文武官吏；地方上，在各州、郡、县分别设刺史、太守、县令等官吏，并以三长制代替以宗族为单位的宗主督护制。可以说，北魏的内、外朝并存的制度就是契丹南、北面官制的先河。

10世纪初，中原处于五代十国分裂时期，漠北地区则在回鹘汗国灭亡后陷入部落纷争。契丹族首领耶律阿保机利用这一有利环境，统一契丹各部，建立了契丹国。到耶律德光时，契丹不但控制了大漠南北的广大地域，而且从后晋石敬瑭手中获得燕云十六州。这样，契丹成为继北魏后又一个兼有游牧和农耕区域的北方民族政权。契丹（后改国名为辽）的基本政治制度是中央的南北面官制及地方州县、部族并存制。与前赵、北魏一样，为了有效地统治游牧和农耕这两种不同经济类型的区域，契丹统治者采取“因俗而治”或“蕃汉分治”的策略，设置了北面官和南面官两套职官体系。北面官主要管理契丹宫帐、部族、属国之政，南面官主要管理燕云十六州各项事务。这样契丹人建立了一个“以国制治契丹，以汉制待汉人”的二元一体的政权。不过在具体的行政活动中北面官地位较高，契丹国的统治大权集中在北面官（主要是契丹贵族）手中，这也是辽朝政权体制中的一个特点。

到了13世纪初，成吉思汗统一了蒙古各部，建立了大蒙古国。不久，蒙古人进行了数次的军事远征，先后征服了数十个国家和马蹄所及的领土，成为史上最大的帝国。早在统一蒙古各部的过程中，成吉思汗就陆续制定了一系列军政合一的政治制度。其中重要的有忽里台制度、怯薛制度、千户制度、断事官制度等。不过值得注意的是，成吉思汗时代的蒙古依然还是个游牧行国，其政治制度主要还是传承和发展了匈奴以来北方各族的统治制度。如蒙古的怯薛制度源于鲜卑的宿卫制度，千户制度始于柔然的千人军制，而类似忽里台的贵族议事制度更是匈奴时代就有的。

图1–1　元太祖成吉思汗像

窝阔台可汗时蒙古灭金，占领了中原地区。为了有效地统治这一地区，窝阔台开始“立朝仪，建中书省，以耶律楚材为中书令。统领百官，回决庶务”。忽必烈建立元朝后，灭南宋，建立了中国历史上第一个由北方民族统治的大一统王朝。由于元朝统治大体上以中原汉地为中心，因此其政治制度有“普遍推行汉法、局部保留祖制”的特点。元朝在中央设立中书省，下设吏、户、礼、兵、刑、工六部，执掌各项事务；设立枢密院掌管军务，设立御史台掌管监察，设立宣政院掌管宗教事务及吐蕃各部。在地方推行行省制度，边远地区设立宣抚司。当然，在蒙古高原等民族地区，元朝政府保留了“因俗而治”的古老传统，在设置行省的同时又继续保留了原有的各种制度。

1644年清军入关后，满洲人建立了另一个由北方民族统治的大一统的王朝——清朝。清朝政府在保持一些满洲旧制的同时，又继承和发展了元明以来的各种政治制度。在关外时，努尔哈赤创建了八旗制度和诸王议政制度（也叫八旗合议制度）。皇太极在位期间，仿效明朝政治制度在中央设立六部、都察院等机构分领各项政务，打击八旗贵族权势，加强汗权。同时参照元朝宣政院设置了理藩院，来管理归附的漠南蒙古各部。因此清朝这一时期的政治制度有点类似之前的鲜卑、契丹，有明显的二元王朝特点。入关后，清朝逐渐由一个地方民族政权转变为大一统中央王朝，其政治制度的民族特征也逐步淡化，中原政治制度慢慢成为主制。在顺治皇帝设置内阁的基础上，康熙、雍正二帝又通过南书房、军机处等机构限制内阁和议政王大臣会议的权力，使皇权达到前所未有的高度。不过正是在这一时期，西方发展水平全面超越东方，以1840年鸦片战争为标志，中国历史进入了近代史。挣扎在统治危机中的清朝政府虽然在20世纪初施行“新政”，改革旧制度，但无济于事，最后走向灭亡。此后，中国政治制度迈入新的共和制历史阶段。

图1–2　明朝人绘制的元太宗窝阔台像

第一节　游牧行国的政治制度
——匈奴、柔然、突厥、回鹘

崛起于北方草原地带的游牧政权，虽然兴起时间晚于中原王朝，但其对于中国历史，甚至世界历史发展进程的影响是非常巨大的。其中，从蒙古高原兴起的匈奴、突厥、蒙古等北方民族政权是主要代表。在漫长的历史当中，中原历代王朝同生活在长城以北的北方民族保持着密切的经济文化交流。其间虽有纷争乱世，但融合与统一始终成为历史的主流。早在战国时期，匈奴和东胡就载于史册。秦始皇统一中国后派大将蒙恬率大军击败进入河套地区的匈奴人。秦汉之际，匈奴在冒顿单于统治下迅速强盛起来，击败强邻东胡、月氏，建立了蒙古高原上第一个游牧民族政权。此后又有柔然、突厥、回鹘等北方民族以漠北草原为中心陆续建立过游牧政权。这些政权的主要统治区域在草原地区，其社会经济基础为游牧经济，因此这些政权的政治制度保持了原生北方草原文明的特点。下面对匈奴等游牧行国的政治制度略作介绍。

一、游牧汗庭的职官制度

公元前209年，匈奴冒顿单于在蒙古高原建立了历史上首个统一的北方民族游牧政权，打破了北方草原部族割据、、征战不休的局面，“诸引弓之民并为一家”，奠定了草原社会“百蛮大国”的基础。匈奴政权建立后，重新南下河套地区，与中原两汉、魏晋政权发生和战关系，南北比肩共存数百年。

根据史书的记载，单于又称撑犁孤涂单于（意为“天之子单于”），是匈奴的最高统治者，总揽军政外交一切大权。匈奴汗庭（单于庭）中地位最高的官员是以左贤王（单于的储君）为首的，包括左谷蠡王、右贤王、右谷蠡王的“四角”和仅次于他们的由左右日逐王、左右温禺鞮王、左右渐将王组成的“六角”。以上十王都由出身汗族挛鞮（虚连鞮）氏的单于子弟担任，他们平时在自己领地驻守，奉命时到单于庭议政。在十王之下，有左大将、右大将、左大都尉、右大都尉、左大当户、右大当户、左骨都侯、右骨都侯、左尸逐骨都侯、右尸逐骨都侯和且渠等众多大小官员。左右贤王、左右谷蠡王等在自己领地时一般由左、右骨都侯辅政，而骨都侯由匈奴贵族呼衍氏、兰氏和须卜氏担任。单于庭也有协助单于办理政务的骨都侯，“呼衍氏为左，兰氏、须卜氏为右，主断狱听讼，当决轻重，口白单于，无文书簿领焉”。

匈奴游牧军事政权的突出特点是军政合一，各级官员都兼任军事长官。自左、右贤王以下，直至大当户都各自统领所属军队，其规模从万骑到千骑不等。左右大将、左右大都尉、左右大当户、左右骨都侯等24个官员可以各自统领万骑，因而被称为万骑长（类似于蒙古万户长）。24个万骑长底下又有千长（千骑长）、百长（百骑长）、什长（十骑长）、裨小王、相封、都尉、当户、且渠等官员。匈奴呼衍氏、兰氏、须卜氏等显贵家族一般世袭万骑长等高官要职。匈奴人的这种“王室贵族主兵封于外疆，异姓贵族辅佐汗庭”的军政合一制度，被后来的柔然、突厥各族所继承和发扬。

另外，匈奴还有类似后世蒙古忽里台制度的部落酋长贵族聚集议事的传统。不过，当政治权力集中于单于手时其存在感并不明显，只是发生类似单于继承出现争端之时才会发挥重要作用。

匈奴之后，鲜卑人曾短暂掌控过蒙古高原。但鲜卑各部后来陆续南迁长城边外，又入主中原建立北魏等二元王朝时，柔然首领社仑乘机征服敕勒各部，建立了史上第二个北方民族游牧行国——柔然汗国。柔然的最高统治者称为可汗，这个称号一直沿用到蒙古时代。柔然汗庭中辅佐可汗管理内外政务的官员有国相、国师、俟力发、吐豆发、俟利、俟斤等。柔然的国相主要掌管行政、外交诸事，为文官之首，相当于中原的丞相一职。国师一般由僧人担任，主要掌管国内宗教事务。俟利发（亦称俟匿伐）和吐豆发（亦称吐头发、吐屯发）二职一般由可汗家族郁久闾氏贵族担任，独掌一方之军政大权，权势很大。俟利一职，根据史书的解释为："其官者俟利，犹中国方伯也。"其地位低于俟利发、吐豆发。吐豆登一职，有学者认为是吐豆发或吐屯之讹，其位在俟利官职之下。俟斤即突厥碑铭中常见的Irkin，位于吐屯之下，经常授予异姓部落酋长等。柔然的俟力发、吐屯、俟斤等官号后来被突厥汗国和回鹘汗国所沿用。

作为匈奴的传承者，柔然同样是一个军民合一的游牧政权。上述各官职中除了国相、国师主要掌管行政、宗教事务，具有文官性质，其余官职都是军政合一的。柔然的官员或为皇室贵族，或为各部酋长，或为军事将领。柔然可汗社仑"千人为军，军置将一人，百人为幢，幢置帅一人"的做法显然是继承了匈奴旧制。值得一提的是，柔然后来通过北魏逐渐接受中原典章制度。予成可汗曾采用"永康"等年号，阿那瓌可汗仿中原官制，设侍中、黄门等官职。

6世纪中叶，柔然汗国被兴起于阿尔泰山南麓的突厥人灭亡。此后的300年间，突厥语族各政权主导了蒙古高原的历史。突厥汗国的可汗由阿史那氏世袭，具有至高无上的权力。突厥可汗的夫人称为可敦，大多出自阿史德氏。由于皇亲国戚之故，阿史德氏贵族在突厥汗庭经常担任重要官职。突厥可汗的子弟称为特勤，有时在汗庭负责内政外交，有时在外统兵作战。史书上最有名的特勤是后突厥汗国的阙特勤，其战功被铭刻在《阙特勤碑》上流传至今。突厥可汗以下的最高官爵是叶护，相当于小可汗。最早被封为叶护的是突厥汗国创建者布民可汗之弟室点密。室点密率领大军征服西域，奠定了西突厥汗国的基础。后来东、西突厥分裂后，室点密的子孙成为西突厥可汗。

图1–3　《阙特勤碑》拓片

突厥可汗还经常派阿史那氏贵族到其属国出任吐屯，吐屯行使监督之责，权力也很大。除了上述由汗族担任的封疆大吏，突厥汗庭中还有阿波、啜、颉（俟）利发、达干、匐、阎洪达等大小二十八等官员。因为很多官员出自部落贵族，所以他们的官位基本上都是世袭的。与匈奴、柔然的官员一样，突厥自叶护以下的大小官员都兼负军政职责，战时统领所属军队投入战斗。

回鹘原称回纥，在前、后突厥汗国时期是受其统治的铁勒部落之一。744年，回纥首领骨力裴罗联合拔悉蜜、葛逻禄等部落推翻了青突厥阿史那氏的统治，建立了回纥汗国。788年，回纥改国号为回鹘。回鹘汗国的政治制度基本上沿袭突厥旧制，职官名称也大致相同。回鹘可汗除了有自封的突厥语汗号，一般都有唐朝册封的可汗名号。与突厥人一样，回鹘可汗的子弟也称特勤，典兵的将领亦称设。回鹘汗庭的官员有叶护、颉利发、阿波、啜、俟斤、达干等，其中有些来自汗族药罗葛氏，有些来自其他部落贵族家庭，都是世袭官职。回鹘汗国与唐朝的关系比较密切，深受中原文化的影响，后来也开始采用唐朝的官制，设置内、外宰相9人，还设置了都督、将军、司马等官职。这些宰相回鹘语称为“颉于伽思”（意为“国家之光”），出自部落大贵族，内理朝政，外掌兵权，权势很大。在回鹘汗国末年，汗权与相权经常发生冲突，因此整个政权陷入复杂的纷争当中。最后，回鹘将领与敌国黠戛斯里应外合灭掉回鹘汗国。突厥语族各政权在蒙古高原的统治趋于结束。

二、独具特色的左右两翼制度

从匈奴到蒙古的北方民族另一个常见的政治制度是左右两翼制度。该制度是游牧民族政权用于地方的一种统治制度。正如专门研究这一制度的肖爱民所指出的，这种制度是“在游牧分封制基础上，最高统治者居中控制，两翼长官侧翼拱卫的统治方式。其表现形态并非整齐划一，在不同时期有多种表现形态”。所以说，左右两翼制度在本质上是游牧民族汗族分封制的一种制度表现形式。北方民族诸政权在实际运行当中灵活运用左右两翼制度。在势力相对弱小时一般采用二部制（没有中部），互为犄角，如高车国阿伏至罗、穷奇兄弟采用的就是这一形式。在多数情况下，会采用三部制，单于或可汗亲自掌管中部，另派子弟分别担任两翼长官，如匈奴、突厥采用的就是三部制。

左右两翼制度最初由匈奴政权创立，后被鲜卑、柔然、突厥、回纥、契丹、蒙古等北方民族政权所继承和发展，成为马背民族独具特色的政治制度之一。根据《史记·匈奴列传》的记载，匈奴冒顿单于将国土分为左、中、右三部，自领中部，让左、右贤王为首的左右王、将诸官掌管两翼，“诸左方王将居东方，直上谷以往者，东接秽貉、朝鲜；右方王将居西方，直上郡以西，接月氏、氐、羌；而单于之庭直代、云中，各有分地，逐水草移徙”。后来匈奴分裂为南北两部后，也继续保持着这个制度。左右两翼诸王由单于挛鞮氏家族世袭，其他两翼官员也由匈奴贵族世袭罔替。如后来建立北凉政权的沮渠蒙逊，据说其祖先世为匈奴沮渠（且渠）官。匈奴的左右两翼制度的特点是“简单、易行，军政合一，以军事为主，与分封制和世选制相适应”。

鲜卑和柔然在各个发展阶段都采用过左右两翼制。2世纪中叶，檀石槐统治鲜卑各部时期，他把广大的领土分为中、东、西三部六十余邑。这显然是对匈奴两翼制度的模仿或继承。3世纪末，拓跋鲜卑首领禄官统治各部时也模仿匈奴旧制，分部众为中、东、西三部。东部直属禄官，游牧于上谷之北；其侄猗㐌统领中部，游牧于代郡以北；猗㐌之弟猗卢统领西部，居定襄之盛乐故城。柔然建国后，在军政制度上依然沿用两翼制度。如柔然可汗大檀在继位之前“率别部镇守柔然西界”，担任右翼长官。突厥可汗建立之初，布民可汗将其国土分为东、西两部分，由其弟室点密掌管西部地区。至木杆可汗时变成大、小可汗三部形态，但两个小可汗服从木杆可汗指令。583年，突厥汗国分裂，东、西突厥汗国各自在境内继续实行左右两翼制度。东突厥汗国的东部地区在突厥语中被称为“突利”（Tolis），西部地区被称为“达头”（Tardus）。可汗在一般在东、西两部各置一设（Šad，又称“杀”）掌管军政要务。设地位仅次于叶护，有权在辖区内建牙帐、征税赋。西突厥汗国也将所属各部分为左厢咄陆五部和右厢弩失毕五部，实行军政合一的两翼制度。突厥汗国左右两翼制的建立原因除了与其军事征伐活动有关，还与匈奴、柔然以来的制度文化传承有关。

漠南地区的契丹人作为与匈奴有渊源的北方民族，也传承和实行古老的两翼制度。根据有关记载，早在8世纪初的大贺氏联盟时期，契丹人即已实行两翼制。在其后的遥辇氏联盟时期，契丹的两翼制进一步完善。遥辇氏可汗所属部众为中部，迭剌等5个部落为左部，乙室等3个部落为右部。耶律阿保机建立契丹政权后继承和发展了遥辇联盟时期的两翼制，中部为皇帝直辖的行宫属部，分统北、南两个宰相府所属两翼部族。北、南宰相分别从国舅五帐和皇族四帐世选。比起以往的两翼制度，契丹左右两翼制最显著的特点是“两翼官署设在可汗—皇帝的直辖部落中，成为中央官署，两翼长官不再全是可汗—皇帝的子弟”。

13世纪初，大蒙古国崛起于漠北后，通过一系列的征服战争建立的一个领土广袤、民族众多的帝国。在建国初期，成吉思汗以其“黄金家族”为核心进行了大规模的分封。因此在大蒙古国境内逐渐形成了以成吉思汗诸弟为首的东道诸王和以成吉思汗诸子为首的西道诸王两翼。而中央大兀鲁思可汗是这些宗王的共主。忽必烈建立元朝后，东、西两道诸王先后掀起大规模的叛乱。在平定这些叛乱后，元朝政府在东北和漠北地区设置行省，原有的两翼制度逐渐被行省制度取代。元朝灭亡后，蒙古人回到北方草原，恢复游牧行国的北元政权，又拾起古老的两翼制度。15世纪时，东蒙古（即《明史》中记载的鞑靼）分为左翼三万户和右翼三万户。同一时期的四瓦剌（即后来的卫拉特）政权也有左右翼之分，其中左翼绰罗斯部后来被人们直接称为准噶尔部，也就是左翼部落。达延汗统一东蒙古后分封诸子，再次确立了“黄金家族”对蒙古各部的统治。此后历经清代、民国，在内蒙古地区古代两翼制度的残余依然以盟旗制度的形式存在到今天。

总之，北方游牧民族的两翼制作为一种对地方的统治制度，是在游牧经济的基础上产生和发展的。而北方民族政权中一直延续的汗族分封制是其政治基础。

三、监管属国的督官制度

古代北方民族政权在制定各种制度管理直属疆土的同时，又对间接统治区域实行一些特定制度。匈奴等游牧政权在其属国（或外族）实行的各种监督制度，我们可以统称为督官制度。公元前92年，匈奴在焉耆一带设立了僮仆都尉，向西域各国征收赋税。这是见于史册的最早的北方民族督官制度。柔然汗国对西域各国有很大的影响，包括高昌王在内的很多小国君主都是柔然所立的傀儡。因此柔然很可能通过这些傀儡来间接统治西域。后来的突厥政权再次继承和发扬了匈奴督官制度，在西域各国和室韦、契丹各部设置一般由可汗亲属阿史那氏贵族出任的吐屯（官名），常驻于这些地区，负责监督行政、军事和征收贡赋。

后来的回鹘汗国在其诸属部，如东北的奚、契丹、室韦，西部的沙陀别部、葛逻禄三部、白服突厥等，都设置很多的监使，负责每年的贡赋交纳。其中仅在奚、契丹二部就派驻监使800余人，强行征收极重的贡赋。

10世纪初，契丹建国后对漠北阻卜各部（主要是室韦—鞑靼部落）进行了多次征讨。契丹统治者将这些部落征服后，不仅设立招讨司等机构进行统治，还认为“阻卜今已服化，宜各分部，治以节度使”。这些节度使并非是中原地区的封疆大吏节度使，实际上是契丹派驻阻卜各部的督官。由于这些节度使“往往非材，部民怨而思叛”。辽圣宗开泰元年（1012年）十一月，阻卜酋长石烈太师阿里底杀其节度使，西奔窝鲁朵城。后来契丹派萧图玉率大军征讨，才平定了此次叛乱。

在成吉思汗时期，大蒙古国沿袭契丹旧制，在被征服地区设置达鲁花赤官。西域人札八儿火者被成吉思汗任命为管理黄河以北、铁门以南广大区域的首个达鲁花赤。蒙古征服欧亚诸多地区以后，在从花剌子模到斡罗斯的广大区域的重要城镇陆续设置了很多达鲁花赤。忽必烈建立元朝以后，在内地行省下面的路、府、州、县和录事司等各级地方政府遍设由蒙古人出任的达鲁花赤，并赋予他们很大的权力。无论是匈奴的僮仆都尉，还是突厥回鹘的吐屯、蒙古的达鲁花赤，都体现了北方民族政权对属国的一种监督掌控的政治制度。而这种督官制度，从另一个侧面反映了游牧文明一脉相承的政治传统。

第二节　二元王朝的政治制度——鲜卑、契丹

鲜卑、契丹等北方民族与上述匈奴、突厥诸政权最大的不同之处在于他们不但统治着辽阔的草原地区，而且占领了长城以南的部分农耕区域，逐渐发展为兼有两种文化特点的二元王朝。所谓“二元王朝”，主要是指这些兼有农耕、游牧区域的北方民族政权按地区经济基础的不同而采用两个不同体制来进行管辖而言。北魏、契丹等政权在对境内各族人民进行统治时，针对农耕、游牧区域的不同社会形态，采取“因俗而治”的策略。他们在游牧区域继续沿用原有的政治制度，而对新占领的农耕区域依旧实行中原政治制度。

一、借鉴中原的职官制度

鲜卑族在檀石槐、轲比能时代还处于部落联盟阶段，因此所用制度皆与匈奴相同。到了4世纪初，鲜卑慕容部建立前燕政权。慕容部由于在发展过程中吸收了不少汉、夫余、高句丽等民族成分，因此建国后慕容廆、慕容皝父子便“建立都城，教以农桑，开始农业定居生活，学中原法制”，成为辽东地区的一个强国。虽然后来前燕被北魏灭亡，但前燕的统治无疑是鲜卑族尝试建立二元王朝的起点。拓跋鲜卑由于途径漠北草原南迁，因此深受匈奴文化的影响。早期的拓跋部落延续着古老的部落传统，直至拓跋什翼犍建立代国。什翼犍年幼时在后赵当了10年的质子，深受中原文化影响。他继位后仿照晋制，

“设置百官，分掌众职”。

386年，什翼犍之孙拓跋珪称帝后继承祖志，按照魏晋之制制定了各种典章制度，建立了史上第一个二元王朝——北魏。虽然拓跋珪在位期间对原有的部落制度进行了改革，但还是保留了很多游牧民族固有的传统制度。例如在中央分内、外朝两个行政系统，内朝有浓重的鲜卑旧制色彩；在地方推行郡县制的同时，保留了鲜卑族古老的分部制（即著名的“鲜卑八部”）和宗主督护制。此后北魏孝文帝对鲜卑旧制进行了大刀阔斧的改革，模仿魏晋官制在中央设置三公、九卿等文武官吏；在地方分别设置刺史、太守、县令等官吏，并以三长制代替以宗族为单位的宗主督护制。孝文帝的制度改革不仅巩固了其封建统治，还促进了民族大融合，为结束南北朝长期分裂局面，国家重新走向统一奠定了基础。

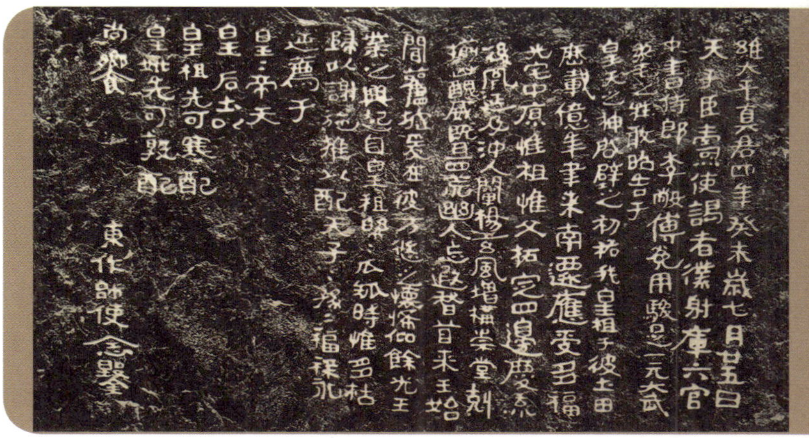

图1-4　1980年发现的嘎仙洞北魏石刻祝文，共201个字（内蒙古博物院复制，刘洪洋／摄）

祝文曰：“维大平真君四年癸未岁七月二十五日，天子臣焘，使谒者仆射库六官中书侍郎李敞、傅䨙、用骏足、一元大武、柔毛之牲，敢昭告于皇天之神：启辟之初，佑我皇祖于彼土田。历载亿年，聿来南迁，应多受福。光宅中原，惟祖惟父，拓定四边，庆流后胤。延及冲人，阐杨玄风，增构崇堂。剋翦凶导，威暨四荒。幽人忘遐，稽首来王。始闻旧墟，爰在彼方。悠悠之怀，希仰余光。王兴之兴，起自皇祖。绵绵瓜瓞，时惟多祜。归以谢施，推以配天。子子孙孙，福禄永延。荐于皇皇帝天、皇皇后土。以皇祖先可寒配，皇妣先可敦配。尚飨！东作帅使念凿。”

与北魏同一时期的鲜卑族南凉政权和吐谷浑政权同样受到中原文化影响，都仿照魏晋王朝旧制在中央设置丞相、太尉、王、公、仆射、尚书、将军、总管、司马、长史、侍郎、郎中、别驾、都尉等官职，在地方设置司隶校尉、州牧、太守、内史、护军等官职。北魏分裂后，西魏更是进一步推行中原汉制。北周取代西魏之后统一北方，开始由二元王朝向大一统王朝过渡。

契丹是北魏以后另一个二元王朝。耶律阿保机时期的契丹政权只控制塞北地区，还是一个游牧行国。到耶律德光时，契丹利用一个绝佳的机会，从后晋皇帝石敬瑭手中获得燕云十六州。这样，契丹成为继鲜卑族之后又一个兼有游牧和农耕区域的北方民族政权。与前赵、北魏一样，为了有效地统治游牧和农耕这两种不同经济类型的区域，契丹统治者采取“因俗而治”或“蕃汉分治”的策略，在中央设置了北面官和南面官两套职官体系，在地方实行州县、投下军州并存的政治制度。北面官主要管理契丹宫帐、部族、属国之政，南面官主要管理燕云十六州各项事务。北面官保存着游牧政权的一些旧制，官号多源于突厥、回鹘，后又加入一些中原官号。皇帝以下最为显贵的官号为“于越”，但辽代的于越并无实权。此外还有专管皇族事务的惕隐（一般认为来自突厥官号特勤）和专管后族事务的敞稳（一般认为来自中原官号将军）。南面官多仿唐制，有三省六部、各台、院、寺、监、诸卫等官职，一般由汉人出任。值得注意的是契丹皇帝已有侍卫亲军和由贵族大臣轮番担任的宿卫官，显然是蒙古怯薛制度的前身。契丹掌管军务的部门为北、南枢密院，其长官为枢密使、知枢密院事等。北枢密院掌管全国军政，类似唐朝的兵部；南枢密院掌管铨选、丁赋等政。枢密院下还设北、南宰相府。契丹还设有北院大王府、南院大王府、乙室王府、奚王府，首领为各府大王。四大王府各领一大部族，即五院部、六院部、乙室部、奚六部，但权力低于北、南两府宰相。诸如此般，契丹人建立了一个“以国制治契丹，以汉制待汉人”的二元一体的中央职官制度。契丹与蒙古还有一个比较特殊的斡鲁朵制度，由于本章内容篇幅有限，兹不在此赘述。

二、蕃汉分治的两院制度

蕃汉分治制度（又称“胡汉分治”）是因北方民族统治中原地区而产生的，最早出现于4世纪初南匈奴建立的前赵政权。前赵的创建者刘渊采取“胡汉分治”的政策，用不同的职官分别统治汉人和少数民族。其子刘聪继位后继续在国内对汉人和少数民族采取不同的统治方式，分别设立统治机构。他置左、右司隶，用以统治汉族人民；又设置大单于，用以统治国内各少数民族。在朝廷，刘聪又仿照魏晋官制设丞相、太师、太傅等七公掌管日常政务，另设辅汉、都护、中军等十六大将军营掌管军务。

拓跋珪建立北魏政权后虽然实行魏晋官制，对原有的游牧政治制度进行了一定的改革，但是北魏职官制度中依然保留了很多旧制。在中央，有内、外朝两个职官系统，内朝官员比外朝官员地位更高，朝堂议政时先由外朝参议意见，再由内朝审议决定。北魏中央内、外朝制度在本质上“是一种宗室和异姓的血缘上的区分在行政系统上的体现”。在地方，北魏政权推行郡县制的同时又保留了宗主督护制，郡县管理编户百姓，宗主豪强维持地方治安。鲜卑官或汉官可以掌管州县，但八部长官只能由鲜卑贵族出任。因此，从结构和权限等角度来分析的话，这个内、外朝制度显然是后世契丹南北两面官制度的前身，郡县部落并存的做法同样是契丹蕃汉分治的先河。

根据史书记载和相关研究来看，契丹人源自鲜卑宇文部。因此契丹政权基本上继承或发展了北魏等鲜卑政权的主要政治制度。契丹统治者借鉴前朝经验，同样采取“因俗而治”的策略来治理国内百姓与部众。契丹最基本的政治制度是与北魏旧制很相似的南北面官制及地方州县部族并存制。在朝堂上，主要由契丹贵族担任的北面官地位更高，这也是北魏以来分治制度的一个主要特点。

北面官行政系统在中央设有北枢密院、南枢密院、宰相府、大王院、宣徽院等14个机构。契丹建国初，北、南宰相府地位最高，权力最大。由于宰相府掌管中枢军政要务，因此两个宰相府官员只从国舅五帐和皇族四帐中世选。辽圣宗时期，枢密院取代宰相府成为契丹最高统治机构，总揽全国军政大权。由于契丹皇帝经常在各个奈钵（即行宫）巡行，因此宰相、枢密使等很多官员都“官署随帐”，移动办公。北面官各机构掌管区域的地方行政制度为部族制。朝廷在契丹、奚诸部和被征服的阻卜、女真各部设立大王府或王府（也称“国”），任命些部落的酋长为大王或节度使等，负责地方军政要务和收取贡赋。

南面官始置于耶律阿保机时期。耶律德光从后晋石敬瑭手中获得燕云十六州后，开始仿唐制在这一地区设南面官系统。南面官一般由汉人出任，但也有契丹人出任的情况。南面官系统中虽设有三师、三公等显职，但真正掌权者为汉人枢密使和中书省的宰相。南面官中除了有枢密院、三省，还有六部及台、院、寺、监等众多机构。南面官系统掌管的区域主要是经济文化比较发达的汉人、渤海人居住地区。这些地区的地方行政制度为州县制，州设有节度、观察、团练、防御、刺史等官职，县设县令等官职。此外，契丹在辽东等地区还设有16个头下（投下）军州，是为契丹王公贵族在战争中俘虏的汉人和渤海人设置的。投下军州虽然实行州县制，但实际上是契丹贵族的私人领地，因此有“既依附于领主，又隶属于朝廷的二重性”。

三、州县部落并存的地方制度

北魏道武帝拓跋珪建立北魏政权时，拓跋鲜卑内部八部分治，北方各地由于十六国时期的战乱，也是宗族坞堡林立。鉴于这种情况，北魏早期在地方推行郡县制的同时保留了鲜卑分部制和宗主督护制，利用各地宗主（地方豪强）督护地方。但分部制和宗主督护制有助长地方豪强格局势力之弊，这严重影响了北魏政权的中央集权和赋税征收。后来，道武帝拓跋珪听从大臣崔宏的建议，下令强制废除部落制，将这些部众按地域重新编为直属国家的编户。在此基础上，孝文帝进行改革时采纳大臣李冲的建议，于太和十年(486年) 废除地方宗主督护制，实行新的三长制。三长制的具体设置：五家为邻，设一邻长；五邻为里，设一里长；五里为党，设一党长。虽然在实行三长制的过程中三长多由地方豪强担任，但其作为一种进步的地方行政制度打破了豪强荫庇户口的合法性，对北魏后期社会经济的恢复和发展做出了历史贡献。北魏的三长制后来成为隋唐时期基层制度的基础，可谓影响深远。

契丹的在地方行政制度是在南北面官制架构之下的。因此具体的地方行政机构主要有受北面官系统掌管的宫帐（斡鲁朵）、部族、属国和受南面官系统执掌的汉地州县。契丹斡鲁朵制度是一个比较特殊的制度，斡鲁朵不但有直接隶属的部众，而且还直辖一些州县。据《辽史》统计，辽朝先后有49个州县隶属于诸斡鲁朵。此外，作为契丹贵族的私人领地设立在辽东等地的16个头下（投下）军州，也是地方军政合一的统治机构之一。由南面官系统掌管的燕云十六州地区实行州县制，州设有节度、观察、刺史等官职，县设县令等官职，一般都由汉族官员任职。

第三节　大一统王朝的政治制度——蒙古、满族

在13世纪初，蒙古崛起于漠北草原。仅仅数十年间，蒙古铁骑征服了欧亚大陆众多国家，建立了前所未有的庞大帝国。忽必烈建立元朝后，灭南宋，建立了中国历史上第一个由北方民族统治的大一统王朝。由于元朝统治区域囊括了大漠南北及中原地区，因此其政治制度有“普遍推行汉法、局部保留旧制”的特点。元朝在中央设立中书省，下设吏、户、礼、兵、刑、工六部，执掌各项事务；同时设立枢密院掌管军务，设立御史台掌管监察，设立宣政院掌管宗教事务及吐蕃各部。在地方，推行行省制度，边远地区设立宣抚司。

17世纪前叶，满族（原称女真）人所建的后金（清）政权兴起于东北白山黑水之间。1644年清军入关后，清政权由原来的地方民族政权转变为新的大一统中央王朝，其政治制度的民族特征也逐步淡化，中原政治制度逐渐成为主制。在顺治皇帝设置内阁、改革八旗制的基础上，康熙、雍正二帝又通过南书房、军机处等部门限制内阁和议政王大臣会议的权力，使皇权达到前所未有的高度。

一、系统完善的中央职官制度

忽必烈建立元朝后，在刘秉忠、姚枢等“藩邸旧臣”们的建议下借鉴辽金制度，在保留蒙古原有的部分旧制的前提下，在全国范围内“推行汉法”，

确立了封建中央集权制统治体系以及相应的各种典章制度。元朝政府在中央实行一省六部制，以中书省为权利中枢，“管领百官，会决庶务”。中书省下设吏、户、礼、兵、刑、工等六部，分别掌管军政各项事务。其他重要的中央权力部门有“掌天下兵甲机密之务”的枢密院，“掌纠察百官善恶、政治得失”的御史台，“掌制诰文字、纂修国史”的翰林院，“掌农田水利、劝课农桑”的大司农司，“掌提调学政和道教事务”的集贤院，“掌释教僧徒及吐蕃诸事的宣政院，“司天文历数”的太史院和“司工艺”的将作院，“掌驿传”的通政院等等。其中的中书省、枢密院、御史台等沿袭唐、宋、辽、金以来的旧制，而宣政院则是根据当时吐蕃各部的特殊情况而建立的一个中央机构。宣政院有“军民通摄，僧俗并用”的特制，既是管理全国佛教事务的机关，又直接统领吐蕃的军政要事，权力很大。

图1–5　元代监国公主铜印

铜印扁长方体钮，钮上刻“上”和“王”两字；正方形印面，九叠篆体阳文，刻“监国公主行宣差河北都总管之印”。印文中心有两行畏兀儿体蒙古文，经考证为“总管之印”。

元朝中书省的最高长官为中书令。后来皇子真金任过中书令后，中书令均由皇太子兼领，成为虚衔。因此中书令以下的右、左丞相逐渐成为中书省事实上的最高长官。右、左丞相下还设平章政事、右丞、左丞、参知政事等重要官员。中书省下设置的六部最高长官为尚书，侍郎为副。枢密院的最高长官为枢密使，同样还是以太子兼领，枢密副使掌实权。枢密副使一般由受皇帝信任的蒙古贵族担任。与唐宋两朝相比，元朝的御史制度很受重视，因此可以与中书省和枢密院一样直接在地方设立行御史台。其他部门的制度设置与前代基本相同。

清朝中央职官制度在继承和发展元、明以来的各种政治制度的同时又保留了一些满洲旧制。在关外时，努尔哈赤创建了八旗制度和诸王议政制度（也叫“八旗合议制度”）。皇太极在位期间，仿照明朝制度设立吏、户、礼、兵、刑、工六部，统一管理全国军政诸事。六部的长官由八旗贝勒出任，下设满、蒙、汉承政（入关后改称尚书）、参政（侍郎）、启心郎等官职。后来又仿照明朝制度设都察院，职掌监督；仿照元朝宣政院制度设理藩院，专理蒙古诸部事宜。以上二院与六部合称“八衙门”。此外，还设有记注皇帝起居诏令，纂修书史的内国史院，撰拟往来书状、皇帝敕谕、登录奏疏的内秘书院，注释历代政事得失、御前进讲、颁布制度的内弘文院等内三院。入关后的清朝中央职官制度基本上参照明制设置。顺治皇帝将原有的内三院改为内阁，又加强理藩院的职能与级别，规定理藩院“官制体统”与六部相同，理藩院尚书可参与议政。其后康熙、雍正二帝又通过设立南书房、军机处等部门限制内阁和议政王大臣会议的权力，使皇权达到前所未有的高度。总的来说，入关前的清朝政治制度有点类似之前的鲜卑、契丹，有明显的二元王朝特点。入

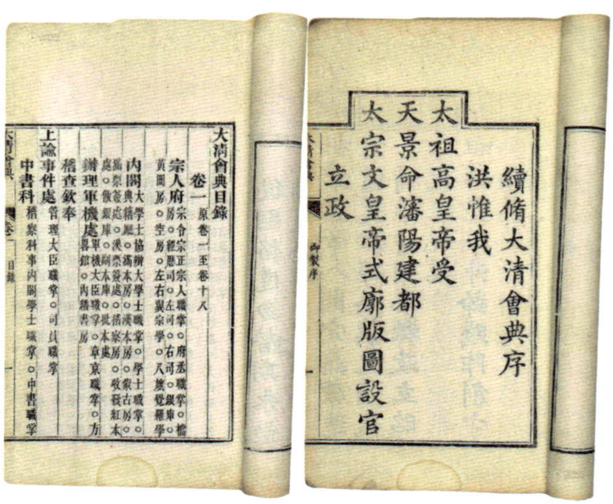

图1-6　1872年刊刻的嘉庆《续修大清会典》书影

关后，清朝逐渐由一个地方民族政权转变为大一统中央王朝，其政治制度的民族特征也逐步淡化，中原政治制度逐渐成为主制。

二、影响深远的行省制度

自元代以来，行省制一直是中国主要的地方行政制度。有学者评价行省制时说："行省制是蒙古族统治者在中原地区行政区划和政治制度方面留给后世的一份重要遗产。"行省最初的全称为行中书省，起初是元朝中央政府在地方的派出机构，其长官拥有中书省的职衔，在地方行使中书省的管辖权。元灭南宋之后，行省逐渐转变成了元朝最高一级地方行政组织，其长官也不再带中书省的官衔。中统、至元年间，元朝政府相继建立岭北、河南、征东等11个行省，下设路、府、州、县，执掌各地方政务。在边远地区则设立宣慰司等机构处理军政事务。至元二十三年(1286年)，元朝政府改定官制，罢各行省所设丞相，改任平章政事为各行省最高长官。各行省一般置平章政事两员，右丞、左丞各一员，参知政事两员，其品秩与中书省官相同。此外，行省还设郎中、员外郎、都事等各级官员。平章政事等行省官员掌管辖境内军政、经济各项事务，故有"都省握天下之机，十省分天下之治"之说。

清初的行省制度基本上沿用明制，但行省最高长官并非布政使和按察使，而是总督或巡抚。虽然明朝也有在行省任命督抚主持军政的先例，但大多都是临时性质的。清朝政府在多数省都设置了总督和巡抚，但在个别省份只设总督或巡抚。如四川省只有总督，而山东省只有巡抚。巡抚是掌管一省军政的最高长官，但总督的权限更大。实际上，总督和巡抚在行政上有着互相制约的关系。按清制，总督、巡抚等官职也是满汉分授，但清前期汉官出任督抚者较少，到了清中后期这种情况才有所改变。不过，各省知府以下的官吏则多由汉人充任。在边疆民族地区，清朝政府除了通过专门管理少数民族政务的理藩院来处理各项事务，还设立了驻防将军、办事大臣、都统等官职掌管边政。其中包括设立在东北地区的盛京将军、吉林将军、黑龙江将军，设立在蒙古地区的伊犁将军、乌里雅苏台将军和库伦办事大臣，设立在西藏的驻藏大臣等。上述将军、大臣对蒙古地区的札萨克王公或西藏地区噶厦官员等边疆各族上层统治者有监督和管理之责，理藩院则负责这些官员的任命。理藩院的设置和将军、大臣直接对少数民族地区的管理，标志着在大一统王朝统治下中央与少数民族地区隶属关系的进一步加强，也见证着北方民族政权“因俗而治”政策的传承。

三、古老的贵族合议制度

北方民族的贵族合议制度有着古老的传统。实际上，自匈奴以来的各北方民族政权都经历过部落贵族合议政事的军事民主制阶段。而且，即使是他们建立了制度完善的政权国家，古老的贵族合议制依然会长期并存。匈奴自冒顿单于即位以后，政治权力虽然集中于世袭的撑犁孤涂单于手中，但是其部落贵族大人合议制在之后的历史中经常发挥着影响力。例如在单于继位问题上发生争端时匈奴统治者一般会召集各部贵族大人合议解决。例如，公元48年匈奴众单于争立之时，漠南八部大人共议推举右日逐王比为呼韩邪单于。据《史记·匈奴列传》的记载，匈奴人还有举行祭祀时，各部大人大会龙城，共议国事的传统。即使是南单于降汉以后，仍然“常以正月、五月、九月戊日祭天神。……因会诸部议国事，走马及骆驼以为乐”。

鲜卑族的部落贵族合议传统也由来已久。早在拓跋邻时期，拓跋鲜卑即“七分国人，使诸兄弟各摄领之”，形成“鲜卑八国”首领合议政事的传统。拓跋力微时期，部落成员违反习俗或禁忌时由“四部大人”，即各部首领合议处理。甘露三年(258年) 四月，拓跋力微在盛乐(今内蒙古和林格尔县西北)大会诸部，举行祭天大典，因白部鲜卑大人观望不至，力微将其“召而戮之”。此后各部震服，拓跋部正式取得了部落联盟的领导权，拓跋力微也巩固了世袭的大酋长地位。　公元386年正月，拓跋珪也是得到以贺兰部为首的诸部贵族支持后，在牛川大会诸部，即位为代王的。不过后来拓跋珪为了加强君权而强制废除部落制，鲜卑的部落贵族合议制逐渐被中央集权制取代。

突厥汗国的俟利发、俟斤、达干、匐等官员中的很多人或是封地领主，或是部族首领，因此可汗与官员们共商国事之举在某种程度上也有部落贵族合议国政的意义。回鹘汗国的部落首领经常担任手握重权的国相，其中的阿跌氏、掘罗勿氏更是影响了回鹘汗国的兴亡。部落贵族合议制度对契丹的历史进程影响更大。契丹从古八部历经大贺氏部落联盟、遥辇氏部落联盟等漫长的历史阶段，期间契丹各部“若有征发，诸部皆须议合，不得独举”，遵循着古老的部落合议制。因此，耶律阿保机在建立契丹国家时曾多次受到部落贵族首领的反抗。阿保机为了建立中原王朝那种皇族世袭制，先后三次镇压“诸弟之乱”，并设计歼灭其他七个部落反对势力后才得以称帝。

部落贵族合议制度在蒙古历史上表现形式为忽里台制度。忽里台大会有推举可汗、制定国策、决定征伐、宣布政令等诸多职能。因此，忽必烈以前的大蒙古国包括成吉思汗在内的所有大汗都是由忽里台大会所推选出来的。入元以后，忽里台以大朝会的形式得以保存。历朝皇帝即位都要召开忽里台，举行各种传统仪式，并给参会贵族大臣大量的赏赐。到了北元时期，蒙古古老的忽里台传统又以会盟（či γ ul γ an）的名称成为各统治集团的主要议政形式。当时，“凡遇较为重大的政治、军事等事件，蒙古部落首领一般就会举行会盟”。据《阿勒坦汗传》《黄金史纲》《蒙古源流》《黄金史》等蒙古文历史文献记载，会盟的主要议题包括汗位继承、军事行动、结盟、制定法规及调解纠纷等诸多内容，与之前的忽里台职能非常相似。

清代著名的议政王大臣会议是从后金时期建州女真八旗贵族合议制度发展而来的。万历四十三年（1615年），努尔哈赤在原女真部落贵族合议制的基础上，“置议政大臣五人，理事大臣十人，与诸贝勒每五日朝集一次，协议国政”。到了皇太极时期，除宗室贵族中被封为贝勒者充当议政的成员，八旗固

图1–7　窝阔台登基典礼

山额真也开始参与议政。至此，由爱新觉罗宗室贵族及八旗中的五大臣、固山额真等组成的议政王大臣会议制度成为定制。这一改革是皇太极为了吸收职位较低的贵族参与议政，以削弱或抑制八大贝勒权势，最终达到加强皇权目的而进行的。入关后，清朝逐渐由一个地方民族政权转变为大一统中央王朝，其政治制度也以中原政治制度为主制。随着国家的统一和皇权专制制度的加强，代表着贵族权力的议政王大臣会议制度与皇权的矛盾越发激烈。因此，在康熙皇帝通过设立南书房限制议政王大臣会议权力的基础上，雍正皇帝将议政王大臣会议的权力转到新设机构军机处。最后，乾隆皇帝于乾隆五十六年（1791年）下旨取消议政王大臣职名后，议政王大臣会议制度最终退出历史舞台。

纵览历史，中国历史上的北方民族与中原地区汉族一同创造了辉煌的中华文明。自匈奴到清朝的历代北方民族政权，在传承发展源自草原文明的各种制度的同时又积极借鉴先进的中原制度文化，为多民族统一国家的形成做出了各自的历史贡献。我们可以将马背民族所建立的诸王朝分为游牧行国、二元王朝、大一统王朝三个阶段。

第一个阶段是匈奴、柔然、突厥、回鹘等民族建立的游牧行国阶段。这些政权的主要统治区域在草原地区，其社会经济基础为游牧经济，因此其两翼制度、督官制度等政治制度保持了原生北方草原文明的特点。第二阶段是鲜卑、契丹等兼有游牧、农耕区域的二元王朝。这也是北方民族政权从游牧行国转向大一统王朝时经历的一个过渡阶段。北魏、契丹等政权建立后在保留原有的一些制度的前提下，又模仿中原政治制度制定官制和律令，分别以魏、晋、隋、唐等王朝的模式建立了中国历史上的二元王朝。所谓的二元王朝，主要是指这些兼有农耕、游牧区域的政权按地区经济基础的不同而采用两种不同体制来进行管辖而言的。鲜卑和契丹的中央两院制和地方州县部落并存制很好地解决了当时面临的新局面，在一定时期内缓和了社会矛盾，促进了社会发展。第三阶段是元、清大一统王朝时期。由于元朝和清朝的统治区域都囊括了大漠南北及中原地区，因此其政治制度有“普遍推行汉法、局部保留旧制”的特点。其完备的中央职官制度，为国家对广袤的领土进行有效统治提供了保障。其先进的地方行省制度，为后世的行政体制产生了深远的影响。同时，契丹、蒙古等北方民族自身的制度和传统也被中原文化所吸收，从而共同创造出中华文明中辉煌的制度文化。

第二章　马背民族的法律制度

马背民族的法律制度是世代生息在中国北方地区的先民、部落、民族共同创建并依靠国家强制力保证实施的，它主要以人与人、人与自然、人与社会、人与动物的关系为调整对象，反映由游牧经济所决定的统治阶级的意志，以确认、保护和发展统治阶级（或人民）所期望的社会关系和价值目标为目的的具有草原游牧文化特色的行为规范体系。马背民族法律制度的形成经历了由习惯衍生为习惯法，再发展为成文法的历史过程。其中马背民族血缘亲属关系为基础的部族社会里，世代相沿的民间习俗与禁忌成为一种行为准则，在当时社会秩序的调节中起到过重要作用。随着马背民族国家政权的建立，其法律制度也逐渐完善，给当时经济社会的发展和稳定提供了重要的法律保障。马背民族法律制度在形成和发展的过程中体现出具有鲜明的民族性、等级性、生态性、传承性、接受性、创新性等诸多特点。尤其马背民族独具的草原生态保护法，作为一种先进的法律制度，在人类法制史上留下了光辉的一页。

第一节　游牧政权的法律制度

一、匈奴的法律制度

（一）匈奴的司法制度

秦汉时期匈奴的司法制度相对很简单，但历史文献中可以找到有关法律记载。《汉书》卷九十四《匈奴传》记载："急则人习骑射，宽则人乐无事。约束轻易行，君臣简可久。一国执政犹一体也。……其法，拔刃尺者死，坐盗者没入其家。有罪小者轧，大者死。狱久者不满十日，一国之囚不过数人。"《后汉书》卷八十九《南匈奴列传》记载："呼衍氏为左，兰氏、须卜氏为右，主断狱听讼，当决轻重，口白单于。"

秦汉时期，匈奴最高统治层中已有专门主断狱、听诉讼的机构和官吏，即呼衍氏主断狱、听诉讼。呼衍氏不但是匈奴内部常常与单于家族姻娅的四大贵族部落之一，而且是地位最高的异性贵族。匈奴法律规定，"有罪小者轧，大者死"，"拔刃尺者死"，这说明在匈奴刑法中，不仅有刑法通则，还存在着一定的细则。断案者可根据犯罪行为划分出小罪、大罪、死罪等不同程度的议罪、量刑等级，并根据不同程度的犯罪行为实施斩、轧、流等相应刑法。所谓"狱久者不满十日，一国之囚不过数人"，匈奴的在押囚犯不多，刑期不长，这并不意味着匈奴犯法者少，而作为游牧民族，他们更喜欢使用诛杀、刑笞、罚没、流放、没为奴隶等手段惩罚犯法者。

（二）匈奴的刑法

据匈奴相关文献记载，其刑法归纳为罪名、刑法种类。

1．罪名

秦汉时期匈奴法律中的罪名主要有抗君罪、丢弃国土罪、擅立与分立罪、违抗君命罪、作战不力罪、违背盟誓罪、侵害生命财产罪及临时确定的罪名等。侵害生命财产罪里包括杀人越货罪、械斗罪、侵夺山林草场罪、盗窃罪等。如侵夺山林草场罪，《汉书》卷九十四《匈奴传》在介绍匈奴习俗时说，匈奴“各有分地，逐水草移徙”。既言“各有分地”，则无故进入他人的“分地”，显然是犯法的。如作战不力罪，《汉书》卷九十四《匈奴传》记载：“其秋，单于怒昆邪王、休屠王居西方为汉所杀掳数万人，欲召诛之。”昆邪王、休屠王由于在与汉朝军队作战中损失了数万军队、丢弃了大片疆域，因而被单于问罪，乃至“欲召诛之”。

2．刑法种类

匈奴的刑罚种类有死刑、轧、没、囚、流、罚、谢罪等7种类型。

（1）死刑

如“拔刃尺者死”，“有罪小者轧，大者死”。对于“拔刃尺者死”一句的解释，林幹教授在《匈奴通史》中认为“拔刀伤人过一尺者处死”。匈奴死刑中斩是最常见的一种，如“欺君者”斩，“主客见者”斩，“违抗军令者”斩，“出让国土者”斩，“作战不力者”斩等。《后汉书》卷八十九《南匈奴列传》里“有窃道者，相报，行其诛，偿其物”的记载。这表明盗窃者有时亦有被诛的可能。匈奴死刑里除了斩，还有屠和乱箭射杀等形式。

（2）轧

轧有3种解释，即“轧，刀割面也”，“轧，挞杖也”，“轧，谓碾轹其骨节，若今之厌踝者也”。

（3）没

匈奴刑法中的“没”是没入全家为奴隶或没入全家财产。所谓“坐盗者没入其家”即指此类。

（4）囚

囚是把触犯法律的人监禁起来。在匈奴法律中监禁一般不超过10天。

（5）流

流，即流放的意思。

（6）罚

罚，即惩罚的意思。

（7）谢罪

《后汉书》传四十七《梁慬传》载，匈奴单于谢罪时“脱帽、徒跣、面缚、稽顙、纳贡”。

匈奴的法律制度产生到发展的过程中除了具备相关法律的基本特征，还有行使法律的特权性、游牧民族习惯法的继承性、适应游牧生产生活的简约性、关押时间的短期性等明显特征。

二、西夏的法律制度

西夏的法律制度，既受到中原王朝法律制度的影响，又有自身的创新。以下主要介绍西夏的比较典型的法律制度。

（一）西夏的刑法

西夏的刑法体系主要是五刑制。五刑制的内容包括笞、杖、徒、黥、死。附加刑为罚、赎、没、入、戴铁枷等。

1．五刑制

（1）笞刑

笞刑是西夏刑法中最低级的一种。笞刑是一种鞭刑，用竹板或用荆条。

笞刑使用范围主要是有官职的特权者。《天盛律令》卷二十载："节亲主犯罪时，减免之法当明之。其中应受打仗者当转受细杖，应受七杖者笞三十，八杖笞四十，十杖笞五十，十三杖笞六十，应受十五杖者笞七十，十七杖笞八十，二十杖笞一百。" 节亲主在西夏法律中享受"八议"的特权。此外，犯罪情节较轻的部分中下层官吏也属于此刑法范围。《天盛律令》卷十九记载："小牧监自一至三，笞二十。牧首领、末驱自一至五，勿治罪。自六至九，笞二十。"意思是小牧监在法律规定外，使官畜牛损失一到三头，笞二十；牧首领使官畜牛损失六至九头，笞二十。

（2）杖刑

杖刑是西夏刑法中适用范围比较广的一种刑法。杖刑使用的刑具为大杖，《天盛律令》卷九记载，"杖以柏、柳、桑木为之，长三尺一寸。头宽一寸九分。头厚薄八分，杆粗细皆为八分，自杖腰至头表面应置筋皮若干，一共实为十两，当写新年日"，并盖有官府的烙印。杖刑一般分为七、八、十、十三、十五、十七、二十，共六等。西夏刑法决定贵族出身的官吏和庶民出身的官吏违反法律后，一般用的是官品当杖刑。

（3）徒刑

西夏的徒刑分为短期徒刑、长期徒刑、无期徒刑等三种。短期徒刑分为三个月、六个月、一年、三年、四年、五年、六年等。长期徒刑分为八年、十年、十二年，共三等。无期徒刑需要服十三年劳役，服役期后留住服役地。

（4）黥法

《天盛律令》卷二记载："诸人犯罪中属十恶、盗窃、买敕禁、检校军等犯大小罪，以及杂罪中有长期徒刑等，当依黥法受黥。此外犯种种杂罪时，获一种短期劳役，高低一律勿黥。"黥刑的施刑手段和部位等均有明确规定，其适用对象主要是犯十恶罪、盗窃罪、买敕禁罪等者。黥字的数量和部位按犯人的徒刑来确定，徒刑期越长，黥字越多，部位越明显。

（5）死刑

西夏死刑分绞和斩两种形式。《天盛律令》卷二十记载：“本罪已至绞杀及剑斩。”斩刑一律用剑斩。此外，如果官员犯罪，可以用罚缗、罚马来代替应受到的刑罚。

2.附加刑

（1）罚与赎

西夏刑法中犯罪程度较轻的官吏身上适用罚。罚的财产种类一般为马或铜钱。对官吏实施财产处罚的另一种是罚缗钱。对官吏实施处罚的第三种财产类型是铁。从西夏的法律规定来看，官吏罚铁的较多。《天盛律令》卷十记载：“诸大人、承旨、习判、都案、案头等不赴任上及超出宽限期，又得职位官敕谕文已发而不赴任等，一律超一二日罚五斤铁，三四日十斤铁。”《天盛律令》卷十五记载：“灌区树木被牲畜啃食，畜主人等一律庶人笞二十，有官罚铁五斤。”

（2）没与入

中国古代法律中，没即没收与罚没。“入”则是民事法律制度对无主财产的一种处理办法。西夏法律也继承了中国古代唐朝法律此规定。《天盛律令》卷三十载：“入者，谓之得阑遗之物，限满无人识者，入官及应人私之类。”

（3）戴铁枷

戴铁枷即身体刑，主要通过戴铁枷、苦役来实现。《天盛律令》卷一记载：“因罪戴铁枷者日未满，擅自去掉铁枷时，短期徒刑者当依次增加一等，勿黥字。六年以上徒刑增为长期徒刑，及以前是长期徒刑时，不用依次增加，而增加黥杖，则依旧在属者内付嘱。”西夏法律规定，如果官吏徇私枉法，违反法律规定在刑期未满时去掉铁枷，则要受法律严惩。

（二）西夏婚姻法

西夏的婚姻家庭法律制度中婚姻制度包括主婚制度、媒约制度、婚姻年龄、婚介制度、嫁妆制度、迎娶制度、离婚制度等制度。

1．主婚制度

《天盛律令》卷八记载："诸人为婚嫁女顺序：亲父母可嫁，祖父母、伯叔、姨、兄弟、嫂等节亲不许嫁。"由此可见，西夏婚姻受家长的控制较严格，父母对子女的婚姻大事应有决定权。不经父母的同意，擅自缔结婚姻无效。西夏法律规定，如果父母去世，"若不共议而嫁时，六个月期间可上告，当接状询问。祖父母、伯叔、姨等嫁女者不治罪，兄弟嫂娣嫁则有官罚马一，庶人十三杖。因未共议，婚姻当改过"。

2．媒约制度

由于中原传统婚姻制度的影响，西夏的婚姻制度继承了"父母之命，媒约之言"之媒约制度。所谓"男女长大，遣将媒人"就是说明媒人在婚姻缔结过程中的重要作用。西夏法律对媒人的责任做了明确规定，如在处罚因贪婚价而一女二嫁时，如果媒人"知晓是他人妻"，则要治罪；"因不宜婚姻"反而成婚，媒人"徒三个月"。

3．婚姻年龄的规定

《天盛律令》规定："女子十三岁以上始得为婚，当计日，三年期间予价迎送皆当了毕。""若女年少有为婚者，未长成时勿使提前完婚。"西夏文类书《圣立义海》记载："父教子礼：男十五择偶，令习文业，逾十五迎娶妻眷。"

4．婚价制度

关于婚价，西夏文字典《文海》里如此解释："结婚娶女价，向亲属、叔、舅馈物之谓。"《天盛律令》记载："殿上坐节亲王、宰相等自相或与诸民庶为婚者，婚价一律在三百种以内，其中骆驼、马、衣服外，金豹虎皮不得超过一百五十种。"由此看出，当时买卖婚姻已成为西夏婚姻制度的主要内容。《天盛律令》里，如规定男方与女方议定婚姻后，"男父母能给婚价而不给。曰'吾不愿娶媳'，则当罚所予前价，婚姻当改过、女父母当另嫁女。"

又规定："若女父母曰'吾反悔'，男父母亦曰'愿放弃'，则依所用前价数偿还；双方情愿，当许退婚。"若"女方已食用婚价，逾期不予媳时，则女方父母徒一年"。

5．嫁妆制度

西夏婚姻中女方陪送嫁妆方面，《天盛律令》规定："为婚价予三百种之嫁妆中盖账三具，二百种盖二具，一百种盖一具。无力亦允许不盖，不许比之增盖。"如陪送嫁妆是服饰时，"服饰等一律予价三百种送七十服，予价二百种送五十服，予价一百种送十服以内，无力允许不服，不许比之超服及衣服全予"。由此可见，西夏法律对婚价各项费用采取限制的办法。

6．迎娶制度

迎娶即新郎前往女方家，迎娶新娘到男方家成婚的意思。《天盛律令》规定："男父母三年期间未迎娶，罪责自负，当罚婚价。"西夏法律规定，如3年内不迎娶，男方应承担相应的民事和刑事责任。

7．离婚制度

离婚即婚姻关系的解除。西夏的婚姻解除制度有两种，即强制离婚和协议离婚。

（1）强制离婚

西夏政权建立后，在解除婚姻关系上吸收了中原王朝的离异制度，即"七出"制度。《天盛律令》规定："妇人有七种恶中与人行淫一种，则父母及丈夫等共议一律允许出，不许反告。"此外，有不生子女、不侍奉公婆、有主多言、盗窃、嫉妒、恶疾等六种情况，丈夫和公婆共议可解除婚姻关系。

（2）协议离婚

西夏婚姻法里有"三不去"情况以及无错妇人等。如丈夫提出离异，女方父母也愿意赎出，则可离异；若女方父母不愿赎，则当罚丈夫聘价，还要退还嫁妆。

三、契丹的草原传统刑法制度

契丹（辽）的刑法有5种，即死、流、徒、杖、笞等。死刑有纱、斩、凌迟、轘、崇、支解、腰折、生瘗、投崖、射鬼箭等。这些刑法，有的是隋朝以前的酷刑和唐朝的刑法，有的是契丹固有的刑法。下面主要介绍契丹不同于中原的刑法。

（一）死刑

1．凌迟

据文献记载，耶律牒蜡、耶律盆都皆以附察割为乱，凌迟处死。

2．射鬼箭

《辽史·太宗纪》载辽太祖七年（913年）六月，“以养子涅里思附诸弟叛，以鬼箭射杀之”。又记载会同二年（939年）“闰七月，以南王府二刺史贪，各杖一百，仍系虞侯账备射鬼箭”。上述两个例子中，一个是叛逆从犯，另一个是贪污犯。鬼箭对象，“出师以死囚，还师以谍者”。射鬼箭平常是皇帝亲征时，出师、还师均行的射鬼箭仪式。《辽史·礼志》记载射鬼箭的方法：“植柱缚其上，于所向之方乱射之，矢集如猬，谓之射鬼箭。”契丹旧俗，为了行军胜利，举行射鬼箭以被不祥。

3．生瘗

生瘗，即活埋。据历史记载，契丹活埋的不是犯者正身，即找出一个代死者自缢塘里，另有奴隶和从犯叛活埋，犯者本人赦免。

4．投崖

投崖相当于赐死一类，命令犯者自投高崖而死，可以免去身首异处。

5．轘

契丹对“淫乱不规者，五车轘列杀之。逆父母者视此”。

此外，契丹的刑法中还有炮烙、铁梳、钉割、分尸、五京（即支解）等严厉的酷刑。

（二）籍没与罚使绝域

籍没之法，属于死刑的附刑范围。籍没即宗室、外戚大臣犯罪，家属收为官奴。罚使绝域，出自于流刑。罚使绝域即遣使远国，如沙洲、吐蕃等地。罚使绝域，行程艰苦，远使列于流刑，其中隐含戴罪图功的含义。

（三）沙袋、铁骨朵与木剑大棒

契丹刑法中常用沙袋、铁骨朵与木剑大棒等刑，其性质上和中原的杖刑接近。关于沙袋使用，穆宗时制，用熟皮缝合成，长六寸、宽二寸的口袋，以沙填充，木柄长一尺许，牛皮缝裹。杖五十以上者，以沙袋决罚。一般是“罪重者鞭以沙袋，先于脽骨之上及周击之”。铁骨朵，亦曰铁爪，较沙袋为重，人体不易承受，故其数较少。用熟铁打作八片虚合，用柳木作柄，长约三尺，两边铁裹，打数或五或七。木剑大棒之数三，自十五至三十。太宗时制，面平背隆，大臣如果犯重罪，欲宽宥则击以木剑。一面是最高数目止三十，一面是宽重罪者始使用。

（四）徒刑与黥刺

《辽史·刑法志》记载：“徒刑之数，详于重熙制。” 辽圣宗时，“诏自今三犯盗窃者黥额、徒三年，四则黥面、徒五年，至于五则处死”。辽兴宗重熙二年（1033年）谕曰：“后犯终身徒者，止制颈。奴婢犯逃，若盗其主物，主无得擅黥面，刺背及颈者听。犯盗窃者，初刺右臂，再刺左，三刺颈之右，四刺左，至于五则处死。”黥刺办法对于一般盗窃者而言，一犯文其腕为“贼”字，再犯文其臂，三犯文其肘，四犯文其肩，五犯则斩。

四、女真的法律制度

（一）女真习惯法

金初，女真人犯罪以习惯法处置，轻则以柳条笞背，重则决以沙袋，惟不加于臀部，恐碍骑马。杀人和劫掠者，击其脑杀之，没其家资，以家属为奴婢。亲属可用马牛财物赎取，但要割耳鼻以别于常人。《金史》卷四十五《刑志》记载："金国旧俗，轻罪笞以柳葼，杀人及盗劫者，击其脑杀之，没其家资，以十之四入官，其六偿主，并以家人为奴婢，其亲属欲以马牛杂物赎者从之，或重罪亦听自赎，然恐无辩于齐民，则劓、刵以为别。"

（二）《皇统新制》和《大定重修制条》

金熙宗皇统年间（1141—1148年），以女真旧制，参照隋、唐、辽、宋、之法，制定金朝第一部成文法典，即《皇统新制》，这是金朝立法之始。《金史》卷四十五《刑志》记载，金熙宗天眷元年（1138年）"十月，禁亲王以下佩刀入宫，卫禁之法，实自此始。三年复取河南地，乃诏齐民，约所用刑法皆从律文，罢狱卒酷毒刑具，以从宽恕。至皇统间，诏诸臣，以本朝旧制，兼采隋、唐之制，参辽宋之法，类以成书，名曰皇统制，颁行中外"。

金世宗大定初年，由于治理"正隆之乱"，有过多权宜处置之弊，遂集制旨为《军前权宜条例》。大定五年（1165年），又复加删定，成《续行条例》，与《皇统制》和《续降制书》兼用。到大定十七年（1177年），因数律并用，难于正确执法，遂置局编修法律，即成《大定重修制条》。《金史》卷四十五《刑志》记载："大定十七年，上以正隆续降制书多任己意，伤于苛察，而与皇统之制并用，是非淆乱，莫知是从，奸吏因得上下其手。遂置局，命大理卿移剌慥总中外明法者共校正。乃以皇统、正隆之制及大定军前权宜条理、后续行条理，伦其轻重，删繁正失。制有阙者以律文足之。制、律俱阙及疑而不能决者，则取旨画定。军前权宜条理内有可以常行者亦为定法，余未应者亦别为一部存之。"

（三）《泰和律义》

金章宗即位后，又置详定所，审定制律，修订新律。泰和元年（1201年），新律编定，名为《泰和律义》。又编定祠令、户令、学令、选举令、封爵令等20卷，称《律令》。制敕、榷货、蕃部等为《新定敕条》3卷、《六部格式》30卷。泰和二年（1202年），新律颁行。《金史》卷四十五《刑志》记载："泰和元年十二月，所修律成，凡十有二篇。一曰名例，二曰卫禁，三曰职制，四曰户婚，五曰厩库，六曰擅兴，七曰贼盗，八曰斗讼，九曰诈伪，十曰杂律，十一曰捕亡，二十曰断狱。实唐律也，但加赎铜皆倍之，增徒之四年、五年为七，削不宜于时者四十七条，增时用之制百四十九条，因而略有所损益者二百八十有二条，余百二十六条皆从其旧。又加以分其一为二、分其一为四者六条。凡五百六十三条，为三十卷，附注以明其事，疏义以释其疑，名曰《泰和律义》。"

综上所述，女真的法律制度，由原始的习惯法以及金朝建立后修订颁布的《皇统新制》《大定重修制条》《泰和律义》等构成。女真人建立的金朝法律制度仍保存女真旧法，同时吸收和沿袭了中原王朝之唐、宋、辽的法律内涵。

第二节　蒙古族古代法律制度

蒙古族是古代北方游牧民族中最具代表性的民族。1206年，蒙古贵族在斡难河（今鄂嫩河）之源举行大会，推举铁木真为全蒙古部落的汗，号“成吉思汗”，国号为大蒙古国。成吉思汗建立大蒙古国之后，根据巩固国家政权的需要，在蒙古原有的习惯法的基础上颁布、实施了自身特点的法律制度。从大蒙古国时期到清朝时期，随着时代的变迁，《成吉思汗大札撒》《十善福经教正典》《阿勒坦汗法典》《蒙古—卫拉特法典》《喀尔喀法典》等蒙古族影响力较大的法律制度逐渐诞生。

一、《成吉思汗大札撒》

《成吉思汗大札撒》是由成吉思汗颁布、实施、修改而成的具有规范性、约束性、传承性的训言和命令的总称。《成吉思汗大札撒》是蒙古民族的第一部成文法。《成吉思汗大札撒》的渊源主要由成吉思汗本人的思想以及其他人的经验和约孙构成。

（一）《成吉思汗大札撒》的基本分类

由于《成吉思汗大札撒》原文失传多年，其原始分类已经无从考证。在有关专家学者们分类的基础上，把《成吉思汗大札撒》分为总则、分则、附则。总则包括基本法、国家制度、社会管理、役税、驿站等法律。分则包括军事法、行为法、诉讼法等，其中军事法包括狩猎、战争、怯薛等，行为法包括民事行为法、刑事行为法、其他行为法等。附则包括“黄金家族”特殊处罚规定和普法规定等。

（二）《成吉思汗大札撒》的主要内容

在先辈学者分类的基础上，大致分为以下六点。

1．约孙

约孙是蒙古族传承下来的各种相关习惯法。

2．额耶

成吉思汗家族会议所产生的有关决定。“额耶”是蒙古语，意为“共同商量”。凡有重大事项需要决定，成吉思汗家族主要成员要开会共同商量。

3．札儿里黑

札儿里黑是成吉思汗下达的各种圣旨、敕令和颁布的一切行政律令。

4．札撒黑

札撒黑是成吉思汗的军法，即有关行军、作战的法律。

5．莎余和合勒

莎余和合勒意为“赏赐”或“恩赐”，是成吉思汗对建国功臣们的委任、封赏及赐予的某种特权。

6．必里格

必里格，又称训言、箴言，是成吉思汗对诸子、侄或军将、大臣所做的如何做人、做事、治世，如何为将做相的道理、格言。

（三）《成吉思汗大札撒》里的行为法

第一，民众对待国人要温顺，对待敌人要凶狠。

第二，经过三位以上贤人一致认可的话为可靠的话。民众要慎言，在说每一句话之前都应当同贤人的话进行比较，同时也应把别人的话同贤人的话进行比较，如果合适就可以说，否则就不应当说。

第三，嘉奖少喝酒的人，重用不喝酒的人。国君酗酒，不能主持大事、颁布必里格和重要的习惯法。十夫长、百夫长和千夫长酗酒的，免除其职务。怯薛军士酗酒的，予以严厉惩罚。哈剌楚（平民）酗酒的，没收其全部财产。如果无法制止饮酒，一个人每月可饱饮三次。

第四，以信托资金经商累计三次亏本的，处死刑。

第五，故意杀人的，处死刑。

第六，男女公开通奸或通奸者被当场抓获的，处死刑。

第七，男性之间鸡奸的，处死刑。

第八，收留逃奴或拾物不归还的，处死刑。

第九，以歪门邪道伤害他人的，处死刑。

第十，尊重决斗双方和决斗结果。在决斗过程中，任何人均不得参与和帮助决斗中的任何一方；违反者，处死刑。

第十一，撒谎的，处死刑。

第十二，偷盗他人重要财务的，处死刑，并将其妻子、儿女和所有财产归被盗者。

第十三，偷盗他人非重要财物的，处杖刑；根据情节的不同，分别杖七下、十七下、二十七下、四十七下，一百零七下为止。

第十四，主人应对奴隶的行为负责。奴隶偷盗他人财物的，将其本人和主人都处于死刑，并其妻子、儿女及财产没收后归被盗者。

第十五，保护草原。草绿后挖坑致使草原被损坏或失火致使草原被烧的，对全家处死刑。

第十六，保护马匹。春天的时候，战争一停止就把战马放到好的草场上，不得骑乘，不得使马乱跑。如果打马的头部和眼部的，处死刑。

第十七，保护水源。不得在河流中洗手，不得溺于水中。

第十八，遗产不得收归国有，任何人不得干涉遗产的分配，一般由死者继承人继承。如果死者没有继承人的，遗产送给其徒弟或奴隶。

第十九，妻妾所生的子女均有继承权。

图2-1　成吉思汗的金圣旨牌，上刻八思巴文，意思是“借助长生天的力量，皇帝的名字是神圣不可犯的，不尊敬服从的人，将会被定罪致死”（复制品，内蒙古博物院藏，刘洪洋／摄）

上述19条行为法中包含了许多行为规则，其中保护草原是行为法是最严厉的。对游牧为主要生活方式的蒙古民族来说，草原是他们生存的最重要的物质基础。所以《成吉思汗大札撒》中特意制定了保护草原的最严厉的行为法。

（四）《成吉思汗大札撒》里的审判制度及刑法种类

《成吉思汗大札撒》里的审判制度是断事官审判制度。审判庭由断事官和断事宿卫组成。蒙古族历史文献《蒙古秘史》234节记载，成吉思汗命令“宿卫的内，教人与失吉忽秃忽一同断事者”。按《蒙古秘史》原文理解，失吉忽秃忽断事时，从护卫军中派宿卫参加，作为断事宿卫，蒙古语叫“札儿忽客卜贴兀列”。断事官审判制度始于成吉思汗建国之期。此前，断事之任由其异母弟别勒古台负责。据《蒙古秘史》记载，1202年成吉思汗消灭四姓塔塔儿时，异母弟别勒古台泄露了家族会议之额耶，致使军队大有损伤，因此成吉思汗对别勒古台做了处罚，决定“今后议大事，不许别勒古台入来，只教他在外整治斗殴盗贼等事。议事后进一盅酒毕，方许别勒古台答阿里台入来”。大蒙古国建立后，成吉思汗委任失吉忽秃忽为国家断事官。《元史·百官志》记载："元太祖起自朔士，统有其众，部落野处，非有城廓之制，国俗淳厚，非有庶事之繁，惟一万户统军旅，以断事官治政刑，任用者不过一二亲贵重臣耳"。

《成吉思汗大札撒》里的刑法种类大致如下：

1．杖笞

杖笞分三下、七下、三十七下。其中分拳打、条子打和鞭打等。拳打，是杖笞中最轻的处罚，而在拳打中，有一种"拳其耳"的打法，是拳打中最重的一种。

2．斥罢

斥罢即因其犯罪或不称职，降级或免职。

3．籍其家

籍其家即没收罪犯的全部家财和人口，把其家室变为奴仆。

4．罚畜

罚畜即罚畜顶罪。

5．流放

流放即把犯罪者流放到边远荒凉的地方。

6．处死

处死犯人的方法不同，有木镞杀（即用箭射杀）、刀斩，还有不流血的全尸赐死法和连坐斩等刑法。

《成吉思汗大札撒》里的刑法种类不多，但对死刑的惩罚是比较严峻的。

综上所述，《成吉思汗大札撒》是一部保护当时蒙古统治阶级和贵族利益的民族法典。较之同一时期其他国家和地区的法律，它具有严惩、严刑、重罚和重赏并举，古代蒙古的约孙和新制定的法令兼容并蓄，注重生态与野生动物的保护，训言和教育形式相结合等主要特点。《成吉思汗大札撒》作为蒙古历史上第一部成文法，对当时蒙古经济社会的发展以及后世人们的道德规范等产生了深远影响。

二、《十善福经教正典》

（一）《十善福经教正典》的制定

《十善福经教正典》，又称《十善福经白史》，是元世祖忽必烈时制定的有关政教并行的规章、制度、法律汇编，也是记载元世祖忽必烈崇尚佛教后所制定的政教并行制度的一部典章性著作，从内容上讲是一部有关蒙古国家体制与法制方面的纲领性文件。据有关文献资料记载，《十善福经教正典》正式成书于忽必烈去世36年后，即元文宗至顺元年（1330年）。

（二）《十善福经教正典》的主要内容

第一，忽必烈皇帝作为皈依佛教的大施主，尊吐蕃第四任萨迦派教主八思巴喇嘛为法王国师，统领全国的宗教事务。

第二，皇权和教权分立、并行，各设自己的组织机构及与各派等级职位并行的官吏和僧侣，以各行其职，各尽其责。

第三，皇帝与法王国师的地位平等，各执其正。留金锁主编《十善福白史册》载："当诵经或者人员稀少时，喇嘛坐上座。当宗王和诸颜们集会时，皇帝坐上座，当对吐蕃地区〔重大〕事务下达圣旨后，〔人们〕向喇嘛奏事时，皇帝不干预。此外的大小事情，喇嘛颁发敕令时〔皇帝〕不干预。"

第四，为政教体制的正常运行，教主国师之下设立25种职务，宗教执经喇嘛下设13种职务，次道经师喇嘛下设5种职务。《十善福经教正典》里还规定，要在每年内举行四季佛事和四季筵宴，并对举行的时间和参加人员做了详细规定。

第五，对于皇权正道，《十善福经教正典》规定皇帝的职责是"三大至上政务""四大权利""六大古例""七大秉性""九大象征"。根据史料记载，“三大至上政务”是一曰拯救两界安乐至上政务，二曰治国安民、幸福至上政务，三曰保卫国家至上政务；“四大权利”是一曰大乘法规安乐之权，二曰密乘法规训教之权，三曰皇帝主掌和平之权，四曰臣僚执政清廉之权；“六大故例”是一曰先祖创业诸多故例，二曰先祖所创佛教预言故例，三曰先祖执政礼仪故例，四曰先祖开拓疆土故例，五曰先祖建军冠首故例，六曰先祖积仓俭节故例；“七大秉性”是一曰悟知往昔先哲之秉性，二曰预知未来神医之秉性，三曰慧通奥秘先觉之秉性，四曰审视现实通测全知之秉性，五曰预知敌谋神奇之秉性，六曰测知围猎禽兽勇力之秉性，七曰通悟五经明达聪睿之秉性；“九大象征”是一曰领属大纛指挥军众象征，二曰宏声画角众崇象征，三曰强劲金弩护身象征，四曰巨威黄奶桶众敬象征，五曰锐利金刚大刀执政象征，六曰莹光锈金马鞍役作象征，七曰硕大绅带征服象征，八曰高大座坛尊位象征，九曰栋梁卿宰臣僚挚友亲朋智谋象征。

第六，政教并行政策的执政范围包括大蒙古帝国统治下的五色四夷诸国。

忽必烈敕令实施政教并行政策，制定了《十善福经教正典》，告诫民众，无论僧侣俗人，均须遵行教规，并对违反者做了处罚规定。忽必烈的政教并行政策是以佛治心、以法治国的具体体现。此政策到北元阿勒坦汗时期得到更广泛的继承和发展。

三、元朝时期主要法典和律令

1.《至元新格》

《至元新格》是一部法典，由中书参知政事何荣祖辑，成书于至元二十八年（1291年）。它的内容分公规、选格、治民、理财、赋役、课程、仓库、造作、防盗、察狱等10种。其编写形式按照一般法典规格而书，但内容不完备，没有写入刑法。

2.《大德律令》

《大德律令》是元成宗大德三年（1299年）三月命何荣祖更定的一部律书，共380条，“一条有该三四事者”。但因其错误较多，没能颁行。元朝后来制定的《元典章》摘录了很多《大德律令》的相关条文。

3.《风宪宏纲》

《风宪宏纲》是元仁宗时修订的一部律书。元成宗大德十一年（1307年），因《大德律令》没能颁行，中书省臣请求重修。次年九月，尚书省又请修。延祐二年（1315年）四月，元仁宗命令李孟等人类集累朝条格，“以条例条画有关于风纪者，类集成书，号曰《风宪宏纲》”。但不知何故，此律书最终未颁行。

4.《大元通制》

《大元通制》元代法律编纂史上第一部较为系统的法典，编纂于元仁宗延祐三年（1316年），正式颁行于元英宗至治三年（1323年）。《大元通制》的内容包括元世祖忽必烈以来元朝历代帝王发布的条格、诏令和断例，共88卷，2539条，包含四方面内容，其中制诏94条、条格1151条、断例717条、别类(或作令类)577条。

5.《至正条格》

《至正条格》是元顺帝至正六年（1346年）四月颁行的一部律书。这部律书是在《大元通制》的基础上重加损益而成，共有2909条，其中制诏150条、条格1700条、断例1059条。

6.《元典章》

《元典章》全名叫《大元圣政国朝典章》，是元英宗至治二年（1322年）以前的元朝法令文书的分类汇编。全书分招领、圣政、朝纲、台纲、吏部、户部、礼部、兵部、刑部、工部十大类，共60卷，记事至延祐七年（1320年）为止，又增附《新集至制条例》，分国典、朝纲以及吏部、户部、礼部、兵部、刑部、工部等八大类。不分卷，记事到至治二年为止。各大类下又有门、目，目下列举条格事例。全书共81门，467目，2391条。《元典章》并不是元朝政府正式颁行的专门法典，而是仿照《唐六典》编辑的元朝制度法令的大全，汇集了元世祖至元以来直至英宗至治三年（1323年）有关的政治、经济、军事、法律以及圣旨、条画等诸多方面的内容。《元典章》中篇幅最大的是刑部各卷，它提供了元代司法制度的详细资料，大量的词讼文字和判例从多方面反映元代社会现状、风俗习惯以及法律、法规的执行情况。

7.《经世大典》

《经世大典》又称《皇朝经世大典》，是元代一部重要的法律书籍。该书于元文宗至顺元年（1330）开始编修，次年五月告竣。全书共880卷，目录12卷，附公牍1卷、纂修通义1卷。据《元文类》所收《经世大典序录》记载，该书分为10篇，其中帝号、帝训、帝制、帝系4篇别置蒙古局负责编修，臣事6篇分为治典、赋典、礼典、政典、宪典、工典，各典复分若干目。由此可见，元朝诸帝制定的法典和律令虽然有效仿中原王朝法律的痕迹，但也有自身创新之处。

四、《蒙古—卫拉特法典》

（一）《蒙古—卫拉特法典》的制定

《蒙古—卫拉特法典》是1640年9月喀尔喀和卫拉特蒙古各部封建主会盟于塔尔巴哈台（今新疆塔城）的乌兰伯勒奇尔地方共同制定的。法典名称里的“蒙古”是指当时的喀尔喀蒙古。

（二）《蒙古—卫拉特法典》的主要内容

关于《蒙古—卫拉特法典》的内容，学者的分类都不一样。帕拉斯德文本分为130条，列昂图依契俄文本分为150条，道润梯步先生蒙文校注本分为120条。这里主要参考了著名学者奇格先生的26条分类。

第一，关于喀尔喀、卫拉特双方关系方面的事，共7条。

第二，关于抗击外敌方面的事，共9条。

第三，关于使者、乌拉方面的事，共6条。

第四，关于宗教信仰方面的事，共5条。

第五，关于特权方面的事，共3条。

第六，关于打猎方面的事，共8条。

第七，关于习俗方面的事，共5条。

第八，关于杀人方面的事，共4条。

第九，关于财产方面的事，只一条。

第十，关于婚姻方面的事，共12条。

第十一，关于制作盔甲方面的事，只一条。

第十二，关于禁止偷盗方面的事，共13条。

第十三，关于养子、养女方面的事，共2条。

第十四，收容和逃亡方面的事，共6条。

第十五，关于疯狗、疯人方面的事，共2条。

第十六，关于牲畜伤害方面的事，共2条。

第十七，关于荒火、水灾方面的事，共2条。

第十八，关于债务方面的事，共3条。

第十九，关于跑失牲畜方面的事，共4条。

第二十，关于男女关系、奸畜方面的事，只1条。

第二十一，关于打架、斗殴方面的事，共7条。

第二十二，关于救人方面的事，共3条。

第二十三，关于救助牲畜方面的事，共3条。

第二十四，关于审断及证人方面的事，共4条。

第二十五，关于保护妇女、胎儿方面的事，共2条。

第二十六，关于挤奶、食畜方面的事，共2条。

《蒙古—卫拉特法典》里内容最多的是关于禁止偷盗方面的事，共13

条。内容最少的，是财产和男女关系、奸畜方面的事，分别只1条。比如关于禁止偷盗方面的事，法典条文对生产、生活以及军事上的主要用品，如各种衣物、首饰、生活用品、五种牲畜、头盔、铠甲、腕甲、火枪、札枪、剑、箭、箭袋等的盗窃案件都做了详细的处罚规定。

《蒙古—卫拉特法典》与同时代别的法典和律令比较，具有政教法规合典，维护蒙古各级封建主特权，大量引用“别尔克”刑，保护婚姻家庭及女性、胎儿，严惩偷盗、破坏打猎以及打架斗殴行为等重要特征。《蒙古—卫拉特法典》对加强喀尔喀、卫拉特蒙古各部的紧密团结、共同抵抗外敌以及当时经济社会的发展起到过重要作用。

第三节　满族的法律制度

北方马背民族中满族是有着悠久历史传统的民族。明神宗万历四十四年（1616年），努尔哈赤在赫图阿拉（今辽宁新宾）正式成立后金，改元天命。天聪十年（1636年）十月，努尔哈赤第八子皇太极在满族、蒙古族、汉族贵族和大臣们的拥戴下称帝，改国号为清，改元崇德。满族在从崛起到建立清朝以及巩固政权的过程中制定和颁布过许多法律制度。下面主要介绍满族入关前的司法制度、行政法律中的皇族立法和赋役财政法律中的财政管理法。

一、入关前的司法制度

（一）诉讼里的告诉方式

早期满族社会中，没制定有关诉讼的成文法，进入辽沈地区之后，才以汗谕的形式，对诉讼做了某些规定。

1．自诉

清朝初期，国家虽初具规模，但仍带有较为浓厚的宗族统治色彩。随着国家事务的日益繁多，和汗的专制权力的巩固，努尔哈赤效法古人，立“诽谤之木”。努尔哈赤立“诽谤之木”，目的是给自诉于汗者提供条件，他所立的诽谤木是和登闻鼓近似的。《满文老档·太祖》卷十五载，天命五年（1620年）六月四日，汗谕：“国人若有所言，欲诉告于汗者，不必诉于汗本人，将欲说之言，笔之于书，悬于门外所立二木之上，见此书，即予以审理。”《天聪朝臣工奏议》卷上第47页载，至皇太极时期，“国政初立，事多繁难，凡在下大小官民人等，下情有应在六部申诉者，在应在皇上陈奏者，六部有贝勒代为转奏，皇上有书房榜什（即巴克什）代为转奏”。天聪十年（1636年）三月，内三院取代书房，改由内三院大学士转奏，可是大部分案件是向刑部呈控。

2. 举首

《满文老档·太祖》卷五十八载，天命八年（1623年）七月，都堂下达文书明确宣布“我们国内，凡告发勒索财物、需索民人以及叛逃的事，虽不实，对告发者不拟罪”。随着社会的发展，对于首告身份的限制也有所松弛，比如妇女和奴婢可在一定条件下首告家主。《清太祖实录》卷一载，天命十一年（1626年）九月规定：“凡有告讦，所告实则按律治罪，诬者反坐。”为了控制和削弱八旗诸贝勒及强宗大旗的权势，凡首告本主违犯国法者，一般断离本主，有的奴仆告主，获准后可以开户为民。

3. 参劾

参劾是以国家官员的身份对违法失职者行使检举的一种方式。《满文老档·太祖》卷四十五载，天命八年（1623年）二月七日谕曰：“八大臣要贴近八和硕贝勒，监察诸贝勒的心，……认为错就要指责，若不接受，就向汗报告。”六部建立以后，鉴于其职权不断扩大，需要加强对六部及诸王贝勒的监察，于是皇太极于崇德元年（1636年）设都察院。据档案记载，崇德年间有相当数量违犯法纪的公私罪犯被都察院参劾。

4. 自首

清入关前在审判过程中已注意自首与不自首的区别，前者可减免其应得之罪。皇太极统治时期，国法甚严，亲王以下常怀畏惧之心。据《盛京刑部原档》199号载：“崇德三年（1638年）十二月二十七日，礼亲王自行检举，来法司告曰：‘我失误朝贺，请部议。’经法司审实拟罪以规定之罪。奏闻，上免之。”此外，还有擅杀人命自首的，《清太宗实录》卷五十七载：“崇德六年（1641年）八月丁未，石讷布库以其家人克什特妻，小衍，挞之死，自首于法司。审无别故，奏闻，上命石讷布库罚银纳赎。”由此可见，杀人者自首后只受轻罚。

（二）审判的基本原则

1．原被告必须出庭

《满文老档·太祖》卷二十一载，天命六年（1621年）四月五日，在致镇江汉民文书中规定：“有各种事的人，许来汗城内断罪大衙门告诉，赴诉者若不将对方一起携至，独自不得告诉；若无对方，岂能据尔一面之词判断？”可以看出，原被告俱在，审判方能开始，而且无论被告有何种身份，均须平等受审。

2．审讯下人，家主参与

《天聪朝臣工奏议》卷上第2页载，天聪六年（1632年）正月，刑部承政高鸿中奏称：“凡犯事人自有正身，如正身不到，审事官必不问理。见得我国中下人犯事，或牛录，或家主就来同审事官坐下，正犯未出一语，家主先讲数遍，旁边站立者纷纷滥说。切思暗中属托公事者尚且有罪，况明明在一处讲事，不系属托，此系势压，而法纪安在？”清入关前，在法堂前审讯下人，其家主之所以参与并为之辩解，是因为家主和家下人的利益有关。

3．重视言词审理

言词审理是清入关前司法审判最基本原则之一。据《盛京原档》186号所载审理汉官祝世昌等一案为例：“崇德三年（1638年）八月初四日，镶红旗甲喇章京祝世昌疏称：‘俘获中良人之妻不可令其为娼妓。’奏闻，上命集众汉官会审祝世昌。问祝世昌：‘此疏与谁共议？’祝世昌供称：‘坐于官署，独自为之。文有不顺之处，我旗启心郎孙应时曾为改正。写毕，曾请正黄旗甲喇章京姜新、镶黄旗甲喇章京马光先观之，二人咸称善，且欲列名。我云：‘将各自所写分别上奏。’姜新云：‘尔若不允，我即不另疏陈奏。’马光先亦云：‘我当独自陈奏。’…又讯祝世荫：‘尔兄有近亲往来人否？’供称：‘我亲家鲍承先章京常来说亲。’及讯祝世昌，供称：‘鲍承先说亲之事是实，然不知此事。’于是集诸汉官议罪。”由于审讯特别重视口供言词，所以经常一案多次问供。在审判时不但允许诉讼当事人之间互相驳诘，而且允许自辩。

4．运用证据

《清太宗实录》卷九载，建立刑部时，曾谕令：“听讼务持其平，谳狱贵得其实。尔司刑诸臣，审理民事。于两造未陈，当即拘见证，同众面鞫，庶有实据。若不速问见证，两造知觉，潜相嘱托，支饰避罪，则审断案得公平。自今以后，不先取见证口供，致事有冤抑者，即按事之大小，坐以罪。”此谕令中可以看出，皇太极明确表达了审判时运用证据的观念，要求在诉讼双方辩论之前，需要拘传证件，取得见证口供，同时还重视当事人的口供。当时司法审判中的证据分为人证和物证两类。

5．据誓词断案

比如审判时两边各执一词，又无其他证据，则令于神。《清太宗实录》卷八载，天聪五年（1631）二月二十七日，代青父子诬告阿济格一案，代青第一款罪即由宣誓而定：“代青言：‘我兵在遵化时，额驸古尔布什谓曰：“阿济格欲遣人杀尔。”’具见于上，及讯古尔布什，古尔布什云：‘实无此言。’代青犹执前说。因中无证佐，令誓于神。古尔布什誓云：‘若我实有此言，身死，妻孥仆录及所属之人，皆归尔。’”可见，清入关前的审判中，曾有敬天畏神色彩的誓词断案。

二、皇族立法

清朝皇族最初的立法，是宗族内部的家法。每当皇族所属贝勒及族人违反家法或军法，即以家法与军法处置。清初审理宗室犯罪，属于重大案件，由皇太极指派贝勒大臣等组成会审团，审案之后将审问结果及处置意见报告皇太极，由皇太极做出最后裁决。清入关以后，有关皇族的立法，是以皇帝谕旨、臣僚议奏等形式逐步形成和确定的。

（一）宗室封爵制度

清开国初期，太祖努尔哈赤，以满洲语定爵号，凡宗室贵位，其最尊者统称贝勒。直至崇德元年（1636年）四月，始定王公以下九等爵，以封宗室。宗室封爵共有十四等：一曰和硕亲王，二曰世子，三曰多罗郡王，四曰长子，五曰多罗贝勒，六曰固山贝子，七曰奉恩镇国公，八曰奉恩辅国公，九曰不入八分镇国公，十曰不入八分辅国公，十一曰镇国将军，十二曰辅国将军，十三曰奉国将军，十四曰奉恩将军。宗室的身份特权受法律的保护。宗室、觉罗犯罪，不能擅自逮捕，须先将所犯事情实封奏闻候旨，若奉旨推问，才许拘问；若奉旨免究，便作罢论。宗室、觉罗因有身份特权标志，故对宗室、觉罗是否佩束身份标志，在处罚上亦有所不同。据光绪《大清会典事例》卷十载："凡宗室、觉罗犯罪时，系黄红带者，依宗室、觉罗例办理；若系蓝带及不系带者，即照常人例治罪。宗室犯事到官，无论承审者何官，俱要先将该宗室摘去顶戴，与平民一体长跪听审，俟结案时，如实系无干，仍分别奏咨，给还顶戴。如宗室、觉罗轻人茶坊酒肆，滋事召侮，与人斗殴，先行抡手欧人者，不论曾否腰束红黄带，即照寻常斗殴，一体定拟。其宗室、觉罗应得罪名，按例定拟。犯军流徒罪者，照例锁禁拘禁。其犯笞杖者，酌量犯案情节，如较重者，即在宗人府责处，不准折赎。"

（二）宗室议罪及狱讼制度

宗室、觉罗的民事纠纷及刑事案件，统一由宗人府审理，但如何定罪，则须与刑部会议，上奏皇帝裁决。宗人府不仅拥有独立审判权，还设有"空房"，单独圈禁宗室、觉罗罪犯。

1．传讯

清朝规定，凡亲王、郡王，遇有过犯，宗人府应行文该王府门上讯向；

若犯大罪，必当传至宗人府问者，须奏闻后再行传唤。至贝勒以下，皆传至宗人府讯问。

2. 审案

一般宗室、觉罗案件的审理由宗人府自行审办，而如系命案，则与刑部会审，并将审问罪状上奏皇帝，请旨裁决。三品以上大员革职拏问，不得遽用刑夹，有不得不刑讯之事，须请旨遵行。凡应八议之人，问鞫不加拷讯，皆据各证定罪。据《钦定宗人府则例》卷二十九《律例》记载，光绪三十一年（1905年）奏定新章规定："除罪犯应死，证据已确而不肯供认者，准其刑讯外，凡初次讯供时及徒流以下罪名，概不准刑讯，以免冤滥。"

3. 告诉

宗室、觉罗告诉之案，必须是与本人有干系之事，否则不予受理。但是，因为宗室、觉罗是有特殊身份的贵族，所以宗人府的律例上有专门条文规定。据光绪《大清会典事例》卷十《大清律例统纂集成》卷四《名例律上》记载："凡宗室、觉罗人等告讦之案，察其事不干己，显系诈骗不遂者，所控事件，立案不行，仍将该原告咨送宗人府，照违制律杖一百，实行重责四十板。如妄捏干己情由耸准，及至提集人证质审，仍系讹诈不遂，串结捏控者，将该原告先行摘去顶戴，严行审讯，并追究主使教诱之犯。倘狡辩不承，先行板责、讯问，审系控款虚诬，罪应斩绞者，照例请旨办理。"

4. 刑制

宗室、觉罗犯罪，处以刑罚有笞、杖、枷、徒、流、军、死等。犯笞杖罪名，分别折罚钱粮，实行责打。犯枷徒流军罪名，分别次数折圈，从重发遣。笞十至二十，折罚钱粮一月；笞三十，折罚两月；笞四十，折罚三月；笞五十，折罚四月。杖六十，折罚钱粮六月；杖七十，折罚七月；杖八十，折罚八月；杖九十，折罚十月；杖一百，折罚一年。

5. 发遣

宗室、觉罗犯罪，对徒、流、军罪，所处"实发"盛京、吉林、黑龙江等地，为发配之刑。如仅判“边远”“极边”“烟瘴”及“近边”“附近”等五等军罪，折圈禁数年者，仅仅是罪名，并不发遣，其实质是重判轻罚。只有被发遣之犯，才是真正的流徒。宗室、觉罗发遣，由宗人府解往兵部，由兵部给予大车一辆解送配所。到配之后，一切生计由本人自谋，并不给任何房间和房租银两。

6．空房圈禁

清朝规定，宗人府设有空房，专门圈禁犯罪的宗室、觉罗。有犯枷、徒、流、军等罪，按年限月分折圈以抵免。有犯斩监候、绞监候等罪者，监禁空房，以代监牢。有犯圈禁三年、六年、永远圈禁及锁禁等罪者，各按罪名拘禁。

7．斩绞

斩绞是宗室、觉罗犯罪中最重之刑，即死刑。斩罪又有枭示与凌迟处死之分。依据宗室律例，凡宗室犯罪，除有犯服制并情节重大及谋杀人命等事，应照刑律定拟，候钦定。此外如有犯寻常命案者，应先行革去宗室顶戴，照平人一律问拟斩绞，分别实缓。

三、财政管理法

（一）财政管理机构

清朝初期，财政管理严格划分国家财务与皇室财务。皇室财物的最高统管部门是内务府。中央掌管国家财政的最高行政机构是户部。户部总的职掌是管理全国疆土、田亩、户口、财谷之政令。《清朝文献通考》卷八十一《职官考五・户部》记载：“掌天下户口、土田之籍，一切经费出入，悉统理焉。”户部以户部尚书为长官，掌军国支计，下设左、右侍郎各一，右侍郎兼管钱法。

户部政务，由所辖十四清吏司及井田科、八旗俸饷处，现审处、饭银处、捐纳房、内仓等分别掌理。十四清吏司各按省区，分掌本省或兼管数省的财政，并分别兼领民政、漕政、关税、盐课、茶课、耗羡、平余、矿政、八旗诸司廪录及军士饷糈等事务。

外省的财政机构，可分为两部分，一是直属中央财政的派出机构，如漕运总督所掌之漕政，巡视盐政所掌之盐政，皆由朝廷派出，所得收入归中央财政。税关之户部关、工部关也是中央户部、工部派出的税务机构。此外，内务府在江南设有3个织造处，直接掌握皇室专用的绸缎布匹，其收入归内务府。另一部分为各省的地方财政，由承宣布政使司掌管。布政使掌一省之政，司钱谷之出纳，十年会户版，均税役，登民数、田数以达于户部。府、州、县财政，由其长官知府、知州、知县直接掌握。

（二）财政管理方面的法令

1．钱法

清朝掌管钱币的最高机构是户部和工部。户、工二部均设有钱法堂，其下各设一铸钱局，户部设宝泉局，工部设宝源局。据光绪朝《大清会典事例》卷八百九十一载："宝泉局铸钱，供全国经费用度；宝源局钱解交工部节慎库，以备工部掌管的各项工程经费的使用。"光绪朝《大清会典事例》卷二十四载："各省铸钱局，由布政使委派监铸官以掌局务，但都须按户部颁定的统一法式，鼓铸造币，统通使用。"

图2–2　清代宝源局铸"康熙通宝"

清初定“每十文准银一分，永著为例”，企图以“千文一两”的钱银比价为定制。为维持这一比价，就须不断更定制钱的重量，使制钱重量总在一钱至一钱四分之间浮动。据《清朝文献通考》卷十三、十四、十五《钱币考》记载，1735年（雍正十二年）上谕“复定制钱每文重一钱二分”，使制钱的法定重量基本稳定下来。清政府为了稳定货币，根据市场情况采取了控制钱币投放量，严格限制铸钱数量的措施，与此同时实行了搭收、搭放政策。顺治时制定的《制钱配给俸饷之例》《直省钱粮兼收银钱之例》，都是企图用法定收放钱银比例的办法来控制银价的。但在发放官俸和军饷时，根据市场钱银比价的波动，钱银搭放，或钱多银少，或钱少银多，以此调节钱价。

对于违犯钱法的各种行为，清政府予以严厉惩治。《清朝文献通考》卷十三《钱币考一》记载：“国初定伪造金银者，杖一百，徒三年；为从及知情买使者，减一等。”《清史稿》卷一百二十四《食货志五·钱法》记载：“更定私铸律，为首及匠人罪斩决，财产没官；为从及知情买使，总甲十家长知情不首，地方官知情，分别坐斩、绞；告奸赏银十两。”康熙时多次申定“私铸律”和《各官失察私铸处分之例》《旗人私销私铸禁例》等钱法，以此来惩处旗人、民人及各级官员的违禁、失察行为。

2．粮法

清政府在粮食的管理上采取了完善仓库、平粜粮价的措施。据《清史稿》卷一百二十一《食货志二·仓库》记载：“在京师及省设置粮仓。京师有仓十五，各省会及府、州、县俱建常平仓，乡村设社仓，市镇设义仓，东三省设旗仓，近边设营仓，濒海设盐义仓，形成从中央到地方，直至边远地区的一套完整的仓储网络。”完善仓储制度和治吏是一致的。据《清朝文献通考》卷三十五《食粜考四》记载，1726年（雍正四年）定“州县侵蚀挪移浥烂仓谷之罪”，议定：“谷一石，比照钱粮一两科断，侵蚀一千石以下，拟斩，准徒五年；一千石以上，拟斩监候，不准赦免。所侵欺谷石，仍著严追完项。”对挪移2万两以上者，据《大清律例》卷十二《户律·仓库下·挪移出纳条例附》

记载：“照侵盗钱粮例，拟斩监候。”

3．库藏法

清代库藏也有中央与地方之分。中央有内务府库藏，由广储司掌皇室私人库藏及出纳总汇的机构。户部库藏是国家财政库藏。地方库藏有盛京户部银库、各省布政使司库，其下辖各衙门皆有库，如按察司库、粮道库、河道库、兵备道库等。清朝对国家仓库的管理，制定了严密的制度，凡违犯有关仓库管理法令者，应受到惩处。《大清律例》中《仓库门》占2卷，其篇幅在《户律》中最多。据《清史稿》卷一百二十一《食货志二·赋役》记载：“圣祖在位六十年，政事务为宽大。不肖官吏，恒恃包荒，任意亏欠，上官亦曲相容隐。勒限追补，视为故事。世宗在储宫时，即深悉其弊。即位后，谕户部、工部，嗣后奏销钱粮米石，物价工料，必详查核实，造册具奏。以少作多，以贱作贵，数目不符，核估不实者，治罪。并令各督抚严行督查所属亏空钱粮，限三年补足，毋得籍端掩饰，苛派民间。限满不完，从重治罪。”《清朝文献通考》卷四十一《国用考三·会计》记载，雍正上台后，整顿财政制度，规定“凡有亏空，无论已经参出及未经参出者，三年之内，务期如数补足”，“限

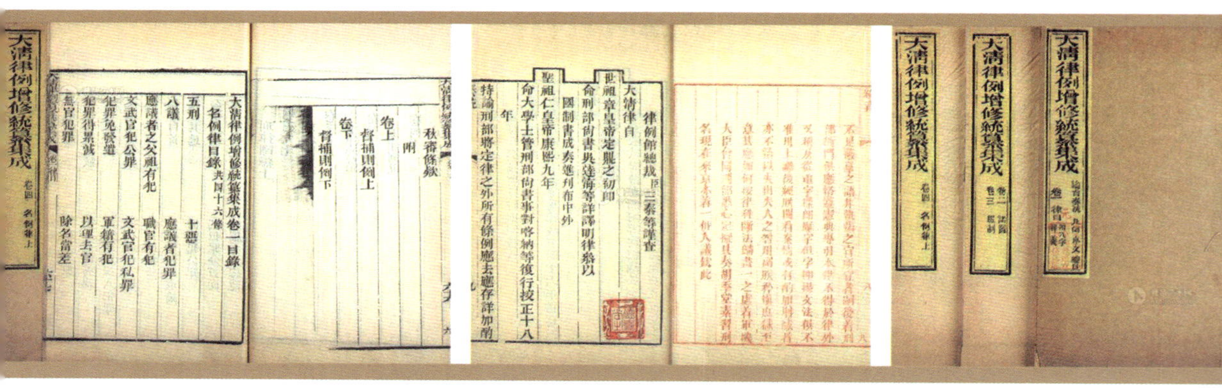

图2–3 清光绪十九年（1893年）刻本《大清律例整修统纂集成》

《大清律例》是中国封建社会最后一部法典，历经多朝君臣修订，后由乾隆帝御览鉴定后正式刊行。

满不完，定行从重治罪”，并制定了《仓库亏空赔补条例》《严禁挪移出纳条例》等相关库藏的法令和条例。

满族的法律制度，表现在法律体系上，由入关前的司法制度、刑法、民法、行政法、诉讼法、经济法以及民族法律、涉外法律等各种法律制度组成了比较完整的法律体系。经过清朝时期的不断修订和完善，满族的法律制度取得了显著的成就，给当时经济社会的发展提供了强有力的法律保障。

总的来说，马背民族法律制度是中国北方游牧民族创建的一种重要的国家制度体系之一。马背民族法律制度体现了北方游牧民族的人生观、价值观、生态观以及怎样治理国家的法制观念，对维护当时北方游牧民族社会制度、巩固政权、安定社会秩序、发展文化、加强军队建设以及有效管理国家等方面起到了极其重要的作用。马背民族创建的法律制度，尤其《成吉思汗大札撒》《元典章》等蒙古法典，以其独特的形式和丰富的内涵成为世界法制史上的一颗璀璨明珠。

第三章　马背民族的军事制度

在中国五千年的文明史中，包括北方各个马背族在内的各族人民用汗水共同浇灌着这块沃土，创造了辉煌的物质文明和精神文明。其中北方各个马背族的军事文化是中华民族军事文化的重要组成部分，军事制度是军事文化中璀璨的瑰宝之一。

第一节　马背民族的军事制度及特点

一、马背民族的军事制度

随着北方草原私有制和阶级的产生，战争成为草原社会的普遍现象。有战争就有军事活动及军事组织，就需要建立相应的军事制度，古今中外概莫能外。马背的军事文化具有一些与其社会生产方式、生活方式和自然环境相适应的特色鲜明的因素，主要表现在军事制度、战略战术和武器装备等方面。

在我国古代，兵役制度主要表现为族兵制、世兵制、征兵制和募兵制四种形态以及它们的补充形式嫡兵制。马背民族在漫长的社会斗争中，逐步形成了自己的军制，其主要形式是族兵制、侍卫亲军制、府兵制、镇戍兵制和八旗军制。诸种兵制的组织特点鲜明，为全民皆兵、军政合一。随着历史的发展，诸兵制的血缘色彩逐渐淡化，地缘色彩日益浓厚。

（一）族兵制

族兵制是人类历史上最早出现的兵役制度。在我国古代军事部落联盟时期，所有的部族成员都有承担兵役的义务，平时从事生产和军训，战时按地域或血缘组成军队参战。这种氏族部落兵役制就是族兵制。

史料记载，商朝时期，我国北方草原民族荤粥、土方、鬼方、猃狁等多次与商朝发生战争，这说明这些民族已有了军队和兵役制度。但对这些民族具体的军事制度，文献缺乏记载。秦汉以后，汉文历史文献的记载才逐渐清晰起来。

匈奴政权的建立，标志着在蒙古高原上出现了国家形态。据《史记•匈奴列传》记载，匈奴人“士力能弯弓，尽为甲骑”，实行了一套上马则战斗、下马则生产的兵役制度。就是说，匈奴人采用的是全民皆兵的族兵制。族兵制是北方草原民族数千年来传承不断的一项重要军事制度，可分前、后两个阶段。在匈奴建立政权之前为初级阶段，特点是军队由牧民自动组成，职能就是对外进行军事活动；匈奴建立政权后为成熟阶段，特点是军队由国家强制牧民组成，军队成为进行对外对内斗争的工具。

匈奴之后，鲜卑、柔然、突厥、回鹘、契丹、女真、党项、蒙古和满族等民族，均拥有由族兵制组织起来的军队，开展大规模的军事活动。

匈奴实行族兵制影响深远。公元前3世纪末，在匈奴人的打击下，东胡被迫东迁，形成了驻牧于乌桓山周边的乌桓和驻牧于鲜卑附近的鲜卑两个民族。乌桓实行邑落制度，这既是行政制度，又是军事制度。公元49年，乌桓人来东汉进贡，光武帝封其首领81人为“侯王君长”。他们是乌桓民众的行政长官，又是军事组织的首领。这说明此时的乌桓还保持着族兵制。

图3-1　西晋“晋乌丸归义侯”金印和印文（内蒙古博物馆藏）

鲜卑的语言和习俗与乌桓相同。它实行的社会制度也是邑落制度。公元248年，鲜卑首领拓跋力微建立部落联盟，他既是联盟酋长，又是军队首领，掌有控弦之士20余万。部落联盟的军事性质和功能表明，此时的鲜卑实行的是军政合一的族兵制。北魏建立后，公元413年，北魏明元帝拓跋嗣对北魏八部兵进行了检阅，说明北魏建国30年后，鲜卑族仍然实行这族兵制。

柔然设仑可汗建立柔然汗国时，“始立军法”和“人皆习武”，反映出柔然汗国通过族兵制组成了自己的军队。

辽金时期，史籍对北方民族实行族兵制的记载越来越多。据《辽史》记载，契丹“有事则以攻战为务，闲暇则以畋渔为生”。通过族兵制组建了自己的军队，攻杀伐掠，建立了辽朝。

女真人在建立金朝时，部民精壮者全部编为兵丁，平时从事渔猎生产，战时扬鞭催马参加战斗。金兵的战斗力极强，族兵制是一个重要原因。

元朝蒙古族的族兵制与匈奴人一脉相承。据《元史》记载：“其法，家有男丁，十五以上，七十以下，无众寡尽签为兵。上马则备战斗，下马则屯聚牧养。”这是一种全民皆兵和军政合一的真谛。

擅长骑射的满族在入关前也实行族兵制。据《清史稿》记载，满族“人皆为兵”和“举国皆兵”，以此建立了八旗兵制。八旗兵有极强的战斗力，最终在统一中国的过程中发挥了巨大作用。

（二）侍卫亲军制

氏族社会末期，侍卫亲军兵制的出现促进了马背民族王权的产生。侍卫亲军是具有私人武装性质的军队，听命于马背民族的统治者。当马背民族建立政权后，侍卫亲军又具有了国家常备军的性质，成为统治者必须倚重的常备精锐部队。他们守卫在统治者身旁，或冲锋厮杀，或执掌政要，在马背民族历史上扮演着重要的角色。

据《史记》记载，冒顿单于就是在侍卫亲军的拥立下，执掌了匈奴政权。匈奴头曼单于时期，握有精兵约20万骑。其子冒顿有野心，创制了鸣镝

（射出带响的箭）。冒顿下令，他射的鸣镝所至而不跟随射者，一律斩杀。开始时，冒顿射鸟兽，有不跟随射者被斩杀数人。继而冒顿又以鸣镝射向良马，又有不敢射者十数人被斩杀。不久，冒顿又将鸣镝射向妻子，部下数十人大惧而不敢射，结果全部被杀，余者决心日后只听冒顿的命令。冒顿见时机已到，将鸣镝射向父亲头曼单于，属下争先恐后跟随射之，一举将头曼单于射杀。随后，冒顿自立为单于。

图3–2　辽代骨鸣镝（内蒙古博物院藏，刘洪洋／摄）

鲜卑建立北魏后，侍卫亲军的文武职能不分，不仅负责皇帝的安全和起居，还负责皇帝的文书和仪仗等事务。

柔然汗国建立后，不但继承了侍卫亲军制度，而且侍卫亲军的名称也与北魏侍卫亲军的名称十分相似，称幢帅和幢将，即可汗宫帐的卫队长。这对巩固可汗的政治统治起到了重要作用。

突厥的颉跌利施起兵时，只有侍卫亲军 17人，后发展到70人，最后有700人。颉跌利施以这些侍卫亲军为核心，建立了突厥汗国。

回纥汗国建立后，继承了突厥汗国的整套军政制度。据《铁尔痕碑》记载，侍卫亲军有一将领叫托依汗·乌鲁赫·达干·卜古赫，他统领着900人的侍卫亲军。“安史之乱”时，回纥汗国的太子叶护应唐朝的请求率军帮助平叛，所率4000人均为侍卫亲军。

辽朝时期，得到了极大的发展。辽太祖耶律阿保机选千余名军士组建心腹部，宿卫宫帐。心腹部后来发展为宫廷侍卫亲军的主干——皮室军。他们“入则居守，出则扈从，葬则因以守陵”。辽太祖的皇后述律氏又组建了属珊军。皮室军与属珊军合称御帐亲军。

图3-3　契丹武士形象

（内蒙古博物院展，刘洪洋／摄）

女真建立金朝，继承了辽朝的制度，设立了侍卫亲军司。女真语称亲军为“合扎”。后随着亲军的发展，又成为金朝猛安谋克军制下的合扎猛安。女真语“猛安”为“百夫长”，“谋克”为“千夫长”。由此可知金朝侍卫亲军的发展规模。

大蒙古国和元朝时期的称侍卫亲军为“怯薛”。“怯薛”是蒙古语，为“值宿守卫”之意，后专指元朝的禁卫军。怯薛的前身是蒙古贵族身边的那可儿（“伙伴”之意）。1204年，成吉思汗在与乃蛮部决战前，正式组建了150人的侍卫亲军。1206年，成吉思汗即大汗位后，侍卫亲军达10000人，分四班轮流入值，每次三昼夜。成吉思汗的那可儿博尔忽、博尔术、木华黎和赤老温分任四怯薛长。怯薛平时保卫汗庭，战时为军队的核心。元世祖忽必烈时期，具有怯薛性质的中央宿卫军得到了大规模的扩充。元文宗时，中央宿卫军达到20万人，占元朝军队总数的五分之一。

总之，马背民族的侍卫亲军具有私人武装的性质。在特定历史条件下，它还具有国家常备军的性质，必然会转化为国家常备军的一部分。当无战事时，牧人们逐水草而居，从事生产劳动，只有少数的常备军维持社会秩序；战争发生后，牧人们跨马持刀，参加战斗。

（三）府兵制

东汉时期，匈奴分裂为南北二部。公元49年，南匈奴降汉，逐渐入居今山西、陕西和河北省北部。东汉末年，乌桓、鲜卑、羯、氐、羌等族也随着匈奴人先后涌入中原地区，形成了与汉族交错居住的局面，开启了马背民族入居中原和建立政权的历史。

府兵制是三国两晋南北朝时期军事制度的历史总结，也是北方诸族入主中原地区后在军制上的一大创举。它将汉族的封建兵制和鲜卑族兵制有机地结合在一起，在军队组建方面打破了民族界线，形成了一支多民族的军队，从而有力地推动了鲜卑等族与汉族的交流和融合进程。

公元304年，匈奴贵族刘渊在山西离石建立政权，自称汉王，由此开启了马背民族入居中原建立政权的历史。北魏建立后，迅速将统治扩展到黄河以北的中原地区。之后，契丹、女真、蒙古和满族先后入主中原，或割据一方，或一统天下，从文化变迁的角度讲，均是马背民族与中原汉族发生大规模交融的历史时期。草原文化和中原文化融为一体，蕴涵着两种文化的现象大量产生，府兵制就是其中之一。

北魏末年，在“六镇起义”的打击下，皇权迅速衰落。公元534年，北魏分裂为东魏和西魏。公元550年，西魏“籍民之有才力者为府兵”，创立了府兵制。西魏时期，为了调整民族关系，加强主将和军士的联系，无论统兵将领是否是鲜卑人，一律恢复或赐予鲜卑旧姓，军士也随将领改姓，以求消除族际界线，形成部落子弟兵氛围。西魏的实际统治者宇文泰依照拓跋八部之旧制，建立八柱国大将军。他和元欣总领军队，其他六柱国各领一军，合为六军。每柱国下设2个大将军，每大将军下设2个开府，共为24个开府（军）。每开府下设仪同、大都督、帅都督、都督等将领。从此，府兵成为专称。

府兵制的设立，使籍民为兵的地域扩大到西魏全境，统治者设府征兵，成为西魏的正规兵役制度。北周武帝执政后，对府兵制又进行了改革，“改诸军士为侍官”，并扩大了从汉族中募兵的范围，这样使所有府兵都直接由皇帝掌控。

府兵制的创立是对魏晋南北朝时期军制演变的历史总结，是马背民族入主中原后在军制方面的一大创举。府兵制把汉族封建兵制与鲜卑族兵制有机地结合起来，打破了民族界限，形成了一支多民族的军队，有力地推动了各民族的交融进程。府兵制后又经历隋唐两代，前后持续200余年，在中国军制发展史上占有重要的地位。

（四）镇戍兵制

秦汉以来，中原王朝形成了中央军和地方军的分领体制。三国时，曹魏把中央军分为中军和外军。外军由都督率领，驻屯于京城外诸地。后外军逐渐地方化，与州郡地方军的界限日渐模糊。西晋时，由于地方军阀势力的不断壮大，终于导致了“八王之乱”的发生。

十六国时期，入主中原的北方草原民族纷纷建立政权，面对不同民族的被统治者，在保留州郡兵的同时，一些政权实行了军镇制度。如赫连勃勃的大夏国就在云中、五原、上郡和朔方等地建立军事据点，其守将一般称为太守或刺史。此外，北魏还设立护军，以镇戍一方并兼管其他被统治民族。

北魏在统一中国北方地区的进程中，为巩固对新占领区的统治，设置了许多军镇，著名的有北方六镇：沃野镇、怀朔镇、抚冥镇、武川镇、柔玄镇和怀荒镇。镇下设戍，镇设都大将等武官，戍下设戍主等官。镇戍各有军队驻屯，此即镇戍军。

镇戍军制是北魏对十六国时期就已存在的镇戍制的规范和改造，对中国古代军事制度发展史来讲是一大创新。北魏的镇戍军属于中央军的外军，由朝廷直接调动，它的抵御外敌入侵和震慑国内其他民族反抗的作用十分明显。无论镇戍军制建立的初衷如何，它客观上促进了各民族关系的交往和文化的交融。

镇戍军制在不同历史时期有不同的组织形式或名称。如辽代契丹族的精锐之师“五院”和“六部”的部族军被委以重任，镇戍于汉族人口众多和经济发达的燕云地区。又如金朝时，女真人入主中原后“棋布星列，散居四方”，他们用猛安谋克制组建的驻屯军镇戍全国要地。驻屯军由19路兵马都总管分别统辖。驻军较多的州称节镇，设节度使一人；驻军较少的州称防御州，设防御使一人。各节度使和防御使统领本州所有军队和民政事务。由此形成了一套较为典型和完备的镇戍军体制。

大蒙古国和元朝时期，镇戍军制发展到了新阶段，其突出特点是镇戍范围空前广大，镇戍军的民族成分发生了极大的改变。大蒙古国时期，蒙古军和探马赤军被派遣到新征服的地区。这时期还出现了正规军队系统的汉军，他们由汉、契丹、女真等族组成。在元朝建立前，汉军人数有30余万，数量远超蒙古军。蒙古大汗蒙哥曾派忽必烈统率蒙古军和汉军镇戍中原地区，并负责征服南宋，汉军已成为镇戍和征战的主力。

元朝的探马赤军最初从蒙古各个万户、千户抽调而来，任务是派遣到某地长期屯戍。后探马赤军的规模有所扩大，吸收了一些畏兀儿人和汉人，成为一支多民族队伍。元朝对探马赤军十分重视，在河北、淮北、四川和陕西设置了蒙古军都万户府，分别统辖5万余人的蒙古军和探马赤军。同时，让汉军和新附军约100万人承担镇戍任务，主要驻守在淮河以南广大地区。

清朝统一中国后，镇戍军制的遗痕还可见到。清朝的经制兵（正规军）由八旗兵和绿营兵组成。八旗兵分八旗满洲、八旗蒙古和八旗汉军，除驻守京城，还在全国十四大要地设立驻防八旗，由将军统辖。汉族组成的绿营兵则镇戍地方，与八旗兵分城别立，由各省巡抚辖领。清代和元代相比，八旗满洲类似蒙古军，八旗蒙古和八旗汉军类似探马赤军，绿营兵相当于元代的汉军和新附军。

（五）八旗兵制

满族的兴起与八旗制度有着密切关系。八旗制度源于满族的狩猎组织。1601年，努尔哈赤依照满族固有的狩猎组织和生产组织，对军队进行整编。他编300人为一牛录，设牛录额真统辖，以黄、白、红、蓝四色旗为标志建立四旗，为日后八旗制度的确立奠定了基础。四旗下之丁壮在战时皆为兵士，平时则从事生产劳动。万历四十三年（1615年），努尔哈赤手下已兵多将勇，幅员广阔，遂在原四旗之外，再增设四旗。史书记载：每三百人设一牛录额真（佐领），五牛录设一甲喇额真（协领），五甲喇设一固山额真（都统），每固山额真左右设两梅勒额真（副都统）。初设有四旗，旗以纯色为别，曰黄、红、蓝、白；至是添设四旗，参用其色镶之，共为八旗。所增四旗，就是将四原旗周围镶一条边，黄、白、蓝三色旗镶红边，红色旗镶白边，成为八种不同颜色的旗帜，即满洲正黄旗、镶黄旗、正白旗、镶白旗、正红旗、镶红旗、正蓝旗、镶蓝旗。

图3-4 清代满洲八旗旗帜

天聪九年（1635年）二月，为加强八旗兵的战斗力，清太宗皇太极将原编入八旗满洲内的蒙古兵丁抽出一部分，及收服的喀喇沁部一部分蒙古兵合编到一起，组建了八旗蒙古军。

崇德四年（1639年），清朝为提高火炮和水军的作战威力，皇太极将原两翼汉军旗扩展为四旗；崇德七年（1642年），又将四旗扩展为八旗，八旗汉军遂正式建成。

八旗满洲、八旗蒙古、八旗汉军共二十四旗，总称八旗，它们是清朝立国的根本。清朝初中期，八旗制度下的军队冲锋陷阵，东征西讨，具有极强的战斗力。

二、马背民族军事组织的特点

从马背民族的发展历程来看，他们的军事组织都包含着相似或相同的因素。这些因素主要有军政合一、左右翼制、十进制等，形成了自己特色鲜明的军事文化传统。

（一）军政合一制

军政合一是所有民族处于原始社会末期军事民主制向国家过渡时期军事组织必然经历的阶段。在夏、商、周三代，居民和军事组织相结合，行政长官和将士将官相结合，平民皆为战士，平时生产，战时为兵，实行“寓兵于农”的制度。领导集团也文武不分，战时带兵打仗，平时则领民生产，充分体现了军政合一的基本特征。

马背民族政权都实行过军政合一的管理体制。大约从青铜器时代开始，马背民族自西向东开始了游牧化的历史进程，至春秋战国时期，这一游牧化过程基本完成。马背民族的这一游牧化过程，自然也成为军事化过程。例如匈奴在头曼单于时代就具备了政权的机构，单于庭是最高的军政机关，单于之下设有“二十四长”，各长之下设置千长、百长和十长。平时，他们是社会生活的管理者，战时则成为领兵作战的将领。乌桓也是如此，邑落公社的军事组织扩展为部落联盟。鲜卑于公元2世纪中期建立了大部落联盟，檀石槐为联盟首领，下辖12个大人，也称“大帅”，军政合一的特点非常明显。突厥可汗是突厥汗国最高的行政和军事首领，他的亲属被授予设、叶护、达干、吐屯、俟斤、颉利发等官。这些人管理着汗国的行政，遇到战事时，他们就是统率本部落兵马的军事将领。

蒙古族在传承军事文化方面表现得更加典型。大蒙古国和元朝时期，蒙古社会的基本组织结构是千户制，10个千户组成1个万户，千户下辖10个百户。万户、千户、百户既是生产行政单位，又是军事组织。北元时期，地域部落组成部落集团，被称为万户，昔日的千户被新的社会组织鄂托克所代替，鄂托克既是行政单位，又是军事组织。清朝时期，清朝在蒙古社会原有的社会组织基础上，对其进行了改造，鄂托克被旗所代替，旗设札萨克，军政兼领，为一旗之主。数旗设一盟，盟社盟长，负责制定和发布政令，召集各旗会盟，上传下达清朝的法令和各旗的事务。旗下设苏木若干，这是蒙古社会最基本的行政和军事组织。从元代到清代，蒙古社会的组织形式虽在不断变化，但军政合一的性质是始终不变的。

（二）左右翼制

左右翼制或左中右翼制，是人类社会早期历史上军事组织共同经历过的阶段。商王武丁时期，军队划分为左、中、右三军；武乙时期，演变为左、中、右三帅。西周时期，车战开始盛行，作战方式开始转变，作战组织多按左右翼划分。

在北方草原地区，军事组织的左右翼划分直接来源于作战时为钳形攻势而对军队所做的左右翼部署。在战斗中，占据战斗主动和力量强盛的一方，往往通过对敌采用包抄和钳形攻势而歼灭敌人。在大规模的战斗过程中，劣势的一方往往兵分数翼，疲于应付。在族兵制的条件下，这样的组编形式被直接用以组编军政合一的行政军事组织是自然而然的事情。左右翼作战形式是北方民族军事组织早期阶段的印记，而绝不为民族所特有。

以匈奴为例，单于庭设于中部地区，为国家的最高政权机构，其下设有左贤王和右贤王，分为两翼，护卫大帐，分辖东、西地区。匈奴之后，两翼制被后来的民族所继承。鲜卑兴起后“尽据匈奴故地，分其地为中东西三部”，将其视为左右翼划分毫无疑问。柔然汗国地分东西两部分，也是左右翼划分的具体体现。

蒙古族军事组织的左右翼划分的特点非常明显。在成吉思汗建大蒙古国时，他任命了95个千户长，又将千户编为左右两翼。博尔术为右翼万户长，木华黎为左翼万户长。千户下设百户和十户。千户为基本的行政和军事单位。北元时期，蒙古社会中的千户渐渐被鄂托克所代替，但万户制度被保留下来，并逐渐形成6个万户，它们被分为左右两翼，左右翼各3个万户。需要指出的是，这时的万户或鄂托克内部也出现了恢复左右两翼的现象。到了清朝，在蒙古的盟旗制度中，依然保留着划分左右两翼的做法。

（三）十进制

文献记载，商代军队中常出现百人团体和千人团体，作战时常动用3个或5个千人团体。可见当时军队是以十进制来编制的。周朝时，车兵以“乘”为单位，多实行十进制的编列方式。步兵也按十进制编排，十人一队，百人一行，十行一旌（万人），十旌一军。战国时期，这种十进制的编列方式仍在沿用。看来，在中国各民族军事组织的初始阶段，按十进制编制军队应是个普遍现象。

在北方民族历史上，十进制作为一种军事制度，已上升到文化的层面而源远流长。当中原王朝军事组织转化为专业化的军队后，军队就已失去了早期阶段的印记，而北方民族的十进制编制就成为非常突出的特征。

例如匈奴政权下有“二十四长”，称“万骑”，之下各设有千长、百长和十长统领军士。可见按十进制编制军队十分明显。匈奴族之后，十进制被许多民族所继承，如乌桓和鲜卑的军队也是十进制的。柔然汗国的军队是“千人为军，军置将一人；百人为幢，幢置帅一人”，也是按十进制编列的。

蒙古族的军事组织中的十进制特点更加明显。成吉思汗建国时，在博尔术、木华黎万户长下，设立了千户长和百户长。据《出使蒙古记》记载，1246年，“成吉思汗规定，军队应该按照这样一种方式组织起来，十个人之上设一人，称之为十夫长，十个十夫长上面设一人，名为百夫长，十个百夫长上面设一人，被称为千夫长，十个千夫长上面设一人，称为万夫长，由两个或三个首领指挥全军”。蒙古军的十进制编制十分清楚。

古代，马背族的历史就是一部战争的历史。与农业社会不同，游牧生产方式的游动性要求社会组织也具有一定的流动性。游牧生产的脆弱性则迫使牧人集体狩猎，与其他民族的战争成为经济生活的重要补充，这些就导致了生产活动特别是社会组织的军事化，这就是马背民族军事组织长期保持军政合一、左右翼制和十进制编制的根本原因。

第二节　马背民族的军制

马背民族的军事文化具有与生存环境、生产生活方式相适应的特点，主要表现在军制、武器和战术等方面。

一、匈奴的军制

匈奴发祥于内蒙古阴山山脉地区，是一个骁勇善战的马背民族。匈奴军制的特色是长期传承的族兵制。匈奴建立政权之前，兵役制度的特点是牧人自动军队，对外进行军事战争；建立政权之后，特点是军队由国家强制牧人组成，成为对外对内进行暴力斗争的工具。体现了军事单位与行政生产单位一体化的本质特征。匈奴族自冒顿单于时期就进入了阶级社会，成为强大的军事奴隶制国家。

匈奴人继承了原始社会的组织形式，军队多按部落进行编制。它的社会基本单位称“帐”，即帐篷之意，犹如中原之户数也。一般来讲，一帐包括夫妻和子女等五六人，男子即为一丁（骑兵）。10帐得10丁，由十长率领，为一战斗小单位；合10个十户为百户，设百户长统率；合10个百户为千户，设千户长统率；合10个千户为万户，由千户长统率。万户长亦称王，他有权任命千户长、百户长和十长。此外，军队中的中下级军官，如裨将、相邦、都尉、当户、且渠等，也由各王任命。

图3-5 内蒙古自治区凉城县境内战国赵北长城遗迹（刘洪洋/摄）

战国时期，赵武灵王做出了“胡服骑射”的重大决策，先后击败了楼烦等部落。为防备北方匈奴等马背民族，公元前300年，赵国开始修筑长城。《史记·匈奴列传》记载：“赵武灵王变俗，胡服，习骑射，北破林胡、楼烦，筑长城，自代并阴山下，至高阙为塞。”赵北长城墙体就地取材，多为土筑，个别石筑。

冒顿单于夺取政权后，立即着手政治军事改革，组建了一系列军事组织。据《史记》云：冒顿单于设置了左右贤王、左右谷蠡王、左右大将、左右大都尉、左右大当户、左右骨都侯等军职，以太子为左屠耆王；各将领率万骑或数千兵不等，凡二十四长，立号曰万骑，诸大臣皆世官。诸二十四长各自设千户长、百户长、十户长、裨小王、相封、都尉、当户、且渠不等。冒顿单于时期，匈奴的总兵力达30万～40万人。

匈奴社会是一个寓兵于民的大兵营。孩儿自幼“能骑羊，引弓射鸟属，少长则射狐兔，用为食；士力能贯弓，尽为甲骑”。匈奴的主战兵种是骑兵，这是匈奴军事文化与中原军事文化的最显著区别。

匈奴单于既是国家的政治统治者，又是军国最高的指挥者，统掌着国家的军政大权。匈奴大约在公元前3世纪就能自产铁制兵器。在匈奴势力强盛时，先后武力征服了丁零、乌孙、东胡、楼兰等民族。匈奴还经常挥戈南下，给汉朝北部边疆的安全带来了极大的威胁。匈奴在我国大漠南北地区活动了300余年。

二、乌桓的军事制

东汉建立后，乌桓发势力逐渐强盛，走上了中国北方历史的舞台。乌桓原是东胡部落联盟中较大的部落集团，主要生活在今内蒙古西拉木伦河以北地区。公元前119年，汉将霍去病击败匈奴左贤王，乌桓遂摆脱匈奴人的统治，与汉朝修好，各部接受汉朝的统辖，他们的首领接受了汉朝的封号。此后，许多乌桓人进入了汉朝的边郡，与汉族人民共同杂居。汉朝遂将乌桓族调遣到辽东、辽西、渔阳、上谷、右北平等五郡居住，设置护乌桓校尉进行管辖。

关于乌桓的军制，史书几无记载，但从其军事活动还可略知一二。公元45年，乌桓骚乱汉朝边境，汉将马援率3000兵进击之，乌桓人“相率逃走”。当马援退兵时，乌桓兵采取尾击战术，将汉军击败。可见，乌桓兵十分善战。次年，乌桓趁匈奴内乱，举兵北击，尽取匈奴故地。

汉朝不断收编乌桓人充实自己的军事力量，将部分乌桓骑兵纳入汉军，名曰乌桓胡骑，置于汉朝宿卫兵校尉的管控之下。这些乌桓兵经常被汉朝调派到北方攻打匈奴、鲜卑等民族，也经常被派往内地镇压农民起义军。

东汉末年，乌桓的蹋顿部势力渐强，对汉朝构成威胁。曹操于公元207年亲率汉军征讨之。双方经过激战，曹操大胜，俘获乌桓部众约20万人和大批战马。曹操充分利用这支骁勇善战的武装力量，被时人称之为“天下名骑”，后这批人逐渐融入汉族。

三、鲜卑的军制

鲜卑是我国魏晋南北朝时期重要的马背民族。公元386年，拓跋珪建立了北魏。公元439年，北魏攻灭了北凉政权，结束了长期军阀割据、战火不断的混乱局面，统一了中国北方地区。

北魏初期，国家的军队主要由鲜卑族部落兵组成，同时也吸收一些被征服的其他民族成员参加，呈现“兵农分离”之性质。北魏军队有中兵和外兵之分。中兵由朝廷直辖，主要由鲜卑人构成；外兵由地方官统辖，主要由汉族人组成。六镇起义后，北魏政权岌岌可危，统治基础基本被摧毁，一些汉族豪强趁势招募私兵性质的部曲兵，成为地方上的主要军事力量。

西魏时，宇文泰对府兵制和均田制进行了改革。他依照鲜卑族八部之旧制，建立了八柱国大将军。他和元欣总领军队，其他六柱国各领一军。每个柱国下设2个大将军，每个大将军下设2个开府，是为24个开府（军）。每个开府下设有仪同、大都督、帅都督、都督等将领。同时，“令民十八受田，输租调，二十充兵，六十免力役，六十六还田，免租调”。府兵制兵农合一，为皇帝直辖，自此成为专称。

宇文泰推行的府兵制，削弱了原派系的独立性，六柱国和大将军相互牵制和分割，有利于朝廷对他们的控制和驾驭。后六柱国逐渐退出领军行列，留居京城，任职公卿，成为政治官员。

北周武帝宇文邕于公元573年又进行了改革，改诸军士为侍卫，建立了府兵轮流宿卫制度，取消了柱国和大将军统辖府兵的权力，使府兵直辖于皇帝。他还取消了招募府兵的限制，使原来带有种族性歧视的规定被打破，广大汉族拥有了加入府兵的权利，扩大了兵源。府兵制和均田制的大力推行和实施，使北周政权的国力大大增强，这不仅得到了鲜卑贵族的支持，还得到了中原汉族地主的拥护。总之，西魏初期创立的属于“兵农分离”阶段的府兵制向“兵农合一”阶段的发展，符合当时历史的发展趋势。

府兵制创制于西魏，形成于北周，后又经历了隋唐两代，直到唐玄宗天宝年间才被废止，前后实行了200余年，在我国军事制度史上具有深远的意义，占有重要的历史地位。

四、柔然的军制

柔然人辫发左衽，居穹庐毡帐，逐水草放牧，无文字，以刻木记事。经过木骨闾、车鹿会等数代人的努力，他们逐渐强大，自号“柔然”，建牙帐于漠北土拉河畔，依附于北魏，“岁贡马畜貂豽皮，冬则徙度漠南，夏则还居漠北”。402年，社仑自称可汗，建立起庞大的军事游牧制的奴隶制国家——柔然汗国。柔然汗国的疆域北至贝加尔湖，南抵瀚海大漠，西到新疆焉耆，东达朝鲜。

为提高柔然军队的战斗力，社仑制定了柔然军制，“军将、幢帅皆魏制，社仑效而立之”，以1000人为一军，每一军置将一人；以100人为幢，每一幢置帅一人；由将、帅统兵作战。军和幢既是柔然汗国的军事基层单位，也是社会行政基层单位。柔然汗国还对作战勇敢和怯懦者做出奖罚：先登城池和战阵者有赏，懦弱退却者以石击首杀之。柔然的军队均为骑兵，行军时每人都携带着自己的牲畜、财物和妻儿。

随着柔然汗国的强大，北魏日益不安，不断出兵北击和征讨。双方兵革连年，相互攻伐，社会经济遭受了较大的损失。423年，北魏为阻止柔然人的南下，在河北省赤城县往西，至阴山山脉一线，绵延约1000千米，修筑了六镇，备置戍卒，设镇防守，对防止柔然族南进起到了一定的作用。阿那瓌为柔然可汗时期，双方的关系有所缓和，北魏孝明帝封他为蠕蠕王，赐以大批锦绣和牲畜。当六镇发生起义时，阿那瓌率兵10万南下，协助北魏镇压义军。

五、突厥的军制

突厥与匈奴同源，原是柔然人的奴隶，他们在阿尔泰山生产锻铁，为柔然汗国服役。柔然可汗鄙视他们为“锻奴”。5世纪末，突厥人不断反抗，逐渐摆脱了柔然汗国的奴役。6世纪中叶，突厥在首领阿史那土门的率领下，势力逐渐强大。552年，突厥大败柔然，随后在漠北鄂尔浑河的于都斤山设立牙帐，建立了突厥汗国。突厥汗国辖境广袤，疆域最盛时北到贝加尔湖，南抵大漠，东至辽河，西达里海。

关于突厥汗国军制的史料记载较少，只知可汗的子弟称特勤，领兵的将领称设，皆为世袭官。因汗国地域辽阔，一般分为三大地区。汗庭为政治中心，设在中部区；东部区置一设，通常称为“突利”，牙帐立于今承德市；西部区也置一设，通常称为“叶”，牙帐立于内蒙古五原县；设领兵驻扎在可汗两侧，护卫着中央汗庭。设的权势极大，是典兵之官，史料记载：“设分掌东、西兵马，号左、右设，士之精劲皆属之；可汗与母诱斩西设，夺其兵。”这把设的职掌说得非常清楚。特勤的政治地位虽较设的地位高，但如果不为设，就无典兵之权。

突厥汗国的畜牧业十分发达，这为突厥族的骑马文化提供了可靠的保障。如突厥沙钵略可汗执政时，拥有骑兵40万众，据此掠夺汉族人口，对奚、契丹等民族进行奴役。突厥作战时，攻势凌厉，战斗力极强，据史料记载：“突厥众不敌唐百分之一，所能与抗者，随水草射猎，居处无常，习于武事，强则进取，弱则遁伏，唐兵虽多，无所用也。”史料又载：“突厥所长，惟恃骑射，见利即前，知难便走，风驰电卷，不恒其阵；以弓矢为爪牙，以甲胄为常服；队不列行，营无定所，逐水草为居室，以羊马为军粮，胜止求财，败无惧色；中国兵行，皆反之，与之角战，罕能立功。”这里对突厥骑兵的机动性、灵活性的军事特点和战略战术做出了精辟的论述。

需要指出，游牧政权的官职的分工并不十分严格，他们以战争为生业，故不论大小官员都是领军作战的将领，军政合一、兵民合一的特性在突厥汗国尤显突出，故他们具有很强的内聚力和战斗力。

六、回鹘的军制

回鹘原称回纥，来源于北狄。夏商时期被称为鬼方，先秦两汉时期被称为丁零，公元3世纪后，又被称为敕勒、高车或铁勒。唐代时主要游牧于漠北草原和天山以北地区。743年，回纥贵族骨力裴罗在漠北草原自称可汗，唐玄宗册封为怀仁可汗，回纥汗国正式建立。788年,回纥改称回鹘。回鹘汗国最盛时，势力北到贝加尔湖畔，南抵阴山北麓，东达大兴安岭，西至伊犁河流域，是一个雄踞大漠南北的强大的游牧奴隶制国家。

回鹘汗国的政权组织主要沿用突厥汗国的制度。汗国的领兵将领称设。军事组织为左、中、右的配置和十进制的编制。中军立于可汗大帐周边，一般驻牧于鄂尔浑河流域。左翼和右翼分统汗国东、西诸部军队。当野战布阵时，他们往往采用左、中、右的战斗队形，这种布阵方式来源于他们集体围猎时的队形。十进制的编制主要指回纥军队中的十夫长、百夫长、千夫长和万夫长。

回鹘骑兵征战时，“逐水草为居室，以羊马为军粮，无警夜巡昼之劳，无构垒馈粮之费”。他们骑一马而备一马，有时“率一兵得四马”，以保持风驰电掣的长途行军速度。他们还忍饥耐渴，主食多为奶乳和肉，当食物匮乏时，能以草根鸟鼠果腹，甚至以“粉骨为粮”。回鹘还将征战视为产生财富的手段之一，时唐人称其为“以寇抄为生”，这也是回鹘军队在战斗中士气高涨的重要原因之一。

回鹘骑兵具有勇猛灵活的特点，作战中先用少量骑兵冲击敌阵，待敌阵混乱后，大军继而将敌人击溃，然后在追击中歼灭之。回鹘骑兵还有一战术是后发制人。待敌人发起进攻后，将主力迂回到敌方侧翼或后方予以突然袭击，继而全歼敌军。偷袭敌军也是回鹘骑兵的拿手好戏，如对敌酋的大帐经常采用突然袭击的方式予以打击。回鹘军队在出征前往往派出快探，对敌方的军情进行侦查，以便随时通报。据亲睹回鹘军队作战的阿拉伯人说："在所有的诸部中，没有哪一个比他们更强大，当他们同葛逻禄人交战时，他们百人能敌葛逻禄人千人，因此他们每战必胜。"

七、契丹的军制

契丹源于东胡，发源于西拉木伦河流域。早期分契丹八部，唐初形成了统一的大贺氏联盟。后又建立了遥辇氏部落联盟。先后依附于后突厥汗国和回纥汗国。

公元9世纪末，唐朝和回纥汗国走向衰败，契丹乘机而起，对外频频进行军事扩张，掠夺的人口和财富得以急剧增加。907年，契丹首领耶律阿保机统一各部，即可汗位。916年，耶律阿保机称帝，建国号契丹。947年，辽太宗改国号为辽。984年，又改称大契丹。1066年，复号辽。

图3–6　辽代铜箭簇和铜弩机（内蒙古博物院藏，刘洪洋／摄）

耶律阿保机废除了世选的大迭烈府夷离堇制度，创立了天下兵马大元帅府，将契丹国的军政大权牢牢掌握在手中。天下兵马大元帅的建立是奴隶制皇权制的体现。天下兵马大元帅府下设大元帅府和都元帅府。大元帅府设大元帅、副元帅之职，都元帅府设兵马都元帅、副元帅和同知元帅府事等职。耶律阿保机借机摆脱了昔日的世选军事首脑的惯例，使其成为契丹的最高军政机构。

辽太宗即位后，仿照宋朝枢密院制度，建立了契丹北枢密院，天下兵马大元帅的权力逐渐被契丹北院枢密使所取代，从而在辽朝建立起南北面分治的政治运作模式。北枢密院执掌军政大权，是辽朝封建集权加深的标志。史书记载："契丹北枢密院，掌兵机、武铨、群牧之政，凡契丹军马皆属焉；以其牙帐居大内帐殿之北，故名北院。"其官员有北院枢密使、北院枢密副使、知北院枢密使事、同知北院枢密使事、都承旨、副承旨、林牙、敞使、郎君、通事、掾史等职。

耶律阿保机立国后，在中央逐步建立起集权式的军事体制，形成了亲军、宫卫军、部族军、五京厂丁等。

亲军，亦称皮室军、腹心部，是耶律阿保机在长期的征战中，逐步建立起自己的亲军队伍。他们日夜侍卫在辽帝身边，遇有战事也外出征战。其心腹要人，多出任辽朝要职。

宫卫军，主要任务是守卫大帐，"为部族根本"。他们"入则居守，出则扈从，葬则因以守陵"。

部族军指奚族军队。奚族与契丹族在族源、风俗和语言上有许多共同之处，故辽帝选择其组建了部族军。他们与辽朝的正规军有区别，战时合聚出征，平时分地游牧。

五京厂丁是辽帝吸取宋朝地方组织建设的经验，在辖区内广泛建立乡兵性质的地方武装。该军队多由上京、东京、西京、南京和中京五都的契丹族和汉族组成。他们平时多从事辅助性的后勤工作，也配合辽朝正规军作战。

八、女真的军制

女真旧称黑水靺鞨，为渔猎民族，原为辽朝的属部，12世纪初勃兴于长白黑水之间。1114年，女真首领完颜阿骨打不堪辽朝的欺凌，聚众率兵反抗，一举击败辽军。1115年，完颜阿骨打建国称帝，定都上京，建立了金朝。

金朝参照宋朝的制度，中央军事机构大体经历了从中央辅政勃极烈制到都元帅府和枢密院的巨大转变。

“勃极烈”为女真语，为“长官”之意。勃极烈系泛称，金朝建立后，凡参与辅政的级别不同的要员，在勃极烈的头衔上均冠以谙班、国论、乙室、移赉、忽鲁、阿买、阿舍、昃、迭、札失哈等名号。金朝以武立国，中央辅政勃极烈诸成员组成了最高统帅部。

随着灭辽破宋战争的需要，新的军事机构又出现了。金世宗时期，金朝的军政权柄逐渐过渡到了都元帅府手中。都元帅府设有都元帅、左副元帅、右副元帅、元帅左监军、元帅右监军、元帅左都监、元帅右都监。都元帅府设于京城会宁府，左副元帅设于西京大同府，右副元帅设于燕京析津府。

完颜阿骨打时期，金朝就设置了南面官和北面官制度，枢密院即是南面官。为加强中央集权和适应对宋朝战争的需要，1150年，金朝改都元帅府为枢密院。枢密院设有枢密使、枢密副使、签书枢密院事、同签枢密院事等，他们掌握着金朝的军政大事。

女真族的军队编制主要是猛安谋克制度，这是一种军政合一、兵民一体、战垦一体的六级编制的军事社会组织。军队设有五夫长、十夫长、五十夫长（蒲辇勃极烈）、百夫长（谋克勃极烈）、千夫长（猛安勃极烈）和万夫长（忒母勃极烈）。因金军作战时使用猛安和谋克组织较多，故简称猛安谋克制度。他们平时四处游猎，战时聚合出征。经过完颜阿骨打的改编，以300户为一谋克，以3000户为一猛安，这样就把原来纯粹的部落首领变成了军政和生产合一的职官。

女真的军纪极严，史料记载："队伍之法，伍、什、百皆有长，伍长击柝，什长执旌，百长挟鼓，千长则旗帜金鼓悉备。伍长战死，四人皆斩；什长战死，伍长皆斩；百长战死，什长皆斩。"所以，女真族作战时，出生入死，奋勇杀敌，战斗力极强，有"女真满万不可敌"之说。

九、党项的军制

西夏初期的军事制度是在党项部族兵制的基础上吸取宋制而发展起来的，具有奴隶制的浓厚残余。李元昊即位后，"尚武重法"，立即改革军制，取消节度使统军的旧制，采用宋朝的军制，由枢密院总掌兵权，"掌军国边防兵备"。设立监军司，把全境划分为12个军区，后改为18个军区，每个监军司设都统军、副统军、监军使、指挥使、教练使等职官多由党项贵族担任，汉族人只能充任下级官员。每个监军司既是军事组织，又是社会政治组织。

军队由中央侍卫军、擒生军和地方军三部分组成。中央侍卫军包括质子军、皇帝卫队和京师卫戍部队。质子军人数约5000人，是由豪族子弟中选拔善于骑射者组成的一支卫戍部队，他们号称"御围内六班直"，负责保卫皇帝的安全，分三番宿卫，人月给米两石作为给养。另有皇帝亲信卫队3000人，号称"铁骑"，是从境内各军中精选出来的强勇之士组成，皆为重甲骑兵，分为10队，每队300人，随皇帝出入作战。京城地区还屯驻着一支训练有素的卫戍部队，共2.5万人，装备优良，光随军杂役人员就达7万人，是中央侍卫军的主力。他们长年驻扎在京畿周边，负责拱卫京城。擒生军人数约10万，是西夏的精锐部队。主要任务是承担攻坚和机动作战。因在战斗中多生擒敌军为奴隶，故而得名。西夏的地方军基本由旧有的部落为单位，由各监军司所辖，共有50万人，兵种主要是骑兵和步兵两种。最小单位是抄，每抄由3人组成：主力1人，辅兵1人，负担1人。西夏兵役制度为全民皆兵，平时生产劳动，战时参加战斗。

西夏后期，统军的体制又有所变化，枢密院被分权，军政大权逐步转移到了经略司、正统司和统军司手中。

西夏军队英勇善战，机动灵活，用兵很有特点。史书记载："用兵多立砦，设伏兵包敌；以铁骑为前军，乘善马，重甲，刺斫不入；用钩索绞联，虽死马上不坠；遇战则先出铁骑突阵，阵乱则冲击之，步兵挟骑以进。战则大将居后，或据高险；其人能耐寒暑饥渴；出战率用双日，避晦月；携粮不过一旬；昼举烟扬尘，夜篝火以为候。不耻奔遁，败三日辄复至其处。"这段记载将西夏军的用兵和勇猛描写得淋漓尽致。

党项族的军事制度主要有两大特点：一是全民皆兵的制度，平时劳动，战时出征，"人人能斗击，无复兵民之别，有事则举国皆来"。二是军士征战时，除自带武器，还需要自筹服装而行。"凡年六十以下，十五以上，皆自备弓矢甲胄而行。"带兵官就是享有很高声望的部落首领。

第三节　蒙古族和满族的军事制度

一、蒙古族的军制

蒙古族乃草原文化的集大成者，军制也是如此。蒙古族的孩童，自小就缚之马上随母亲出行，3岁时乘马从众奔驰，5岁就挟弓搭箭，及长便驰马如飞，并控马不坠。在疾驰中，他们能顾左而射右，回首都而发矢。妇女因从小训练，故也像男子一样精于骑射。

成吉思汗创制的蒙古兵役制度是军民合一、全民皆兵。他把军队分成宫廷卫队和战斗部队。据《元史》记载："蒙古军皆国人，探马赤军则诸部落也。其法，家有男子，十五以上，七十以下，无众寡尽签为兵。十人为一牌，设牌头。上马则被战斗，下马则屯聚牧养。"可知，蒙古社会基本上是全民皆兵。忽必烈即位后，由于战事减少，他对旧有的军制进行了改进，下令"佥蒙古军，每户二丁三丁者一人，四丁五丁者二人，六丁七丁者三人"，平均为二丁抽一。这对解放更多的劳动力具有积极的一面，是社会进步的反映。

由于战争的需要，成吉思汗还从被征服地区的民众中挑选合适人员到蒙古军中服役，这是对蒙古兵役制度的一种补充。如史书记载："蒙古军编土民什百为队。""蒙古军向钦钦察草原进军，从那一带的突厥游牧民中选出一万人派到攻打花剌子模的部队中去，归巴尼阿勒纳颜统率。""蒙古军的敌人乞降，青年人被编入军籍。”

大蒙古国成立后，成吉思汗把军队分为中军、右翼军、左翼军和“黄金家族”军，总计13.8万人。中军由那可儿制度演进而来，由纳牙阿担任万夫长。右翼军也称右手军，由孛斡尔出担任万夫长。左翼军也称左手军，由木华黎担任万夫长。“黄金家族”军共2.8万人，成吉思汗分给长子术赤4000人，分给次子察合台4000人，分给三子窝阔台4000人，分给五子阔列坚4000人，分给幼弟斡惕赤斤5000人，分给弟弟合撒尔的儿子移相哥等1000人，分给弟弟合赤温的儿子额勒只带3000人，分给母亲诃额仑3000人，其余军队和自己的斡耳朵全部赐给幼子托雷管辖。

忽必烈时期，在中央政权机构中设置了专门掌管军事部门的枢密院。它“秉兵柄”，掌管“天下兵甲机密之务，凡宫禁宿卫，边庭军翼，征讨戍守，简阅差遣，举功转官，节制调度，无不由之”。元朝对军权高度重视，一般均任命皇太子出任枢密使。在地方上，元朝设有行枢密院，其基本原则是“遇方面有警，则置行枢密院，事已则废，而移都镇抚司属行省”。该制度一直保留至元末。

蒙古统治者把传统管理军队的万户制定为元军的编制制度，无论是宿卫于内的怯薛军、侍卫亲军，还是镇戍各地的蒙古军、探马赤军、汉军、新附军等，都实行万户、千户和百户制度。在“万户之下置总管，千户之下置总把，百户之下置弹压。”各级军官按照级别佩戴不同的金、银虎符，成为有实权的主管官。

至元朝时期，军队已形成蒙古军和汉军两大系统。经过不断调整和改造，逐渐组成宿卫军和镇戍军。前者多由蒙古人组成，后者则由汉人和南人构成。宿卫军的建立，使蒙古族军制凸显出民族特色。

宿卫军组织大体可分两部分：一是蒙古贵族保留了旧制中的怯薛制度，由蒙古万户、千户、百户长的10000名子弟组成怯薛军，其中1000人为宿卫，1000人为箭筒士，8000人为散班，宿卫值夜班，箭筒士和散班值日班，各分4

队，轮流入值，每番三昼夜，各设长官统领，总称四怯薛，以保卫大汗的安全。成吉思汗时期的四怯薛长分别是博尔忽、博尔术、木华黎和赤老温。怯薛军的职能除护卫大汗安全，还负责服装、饮食、弓矢、车马、庐帐、医药、卜祝等起居事务。忽必烈即位后，对怯薛军进行了重组，任命博尔忽后代待代月赤察尔“领四怯薛太官”，令博尔术后代玉昔帖木儿主持“内膳之事”，表明他仍在执行“世领怯薛之长”的制度。元朝建立后，统治重心南移中原地区，怯薛军的任务大大增加，难以胜任昔日的任务，故扩大宿卫军组织已势在必行。二是元代侍卫亲军组织的建立。这支队伍是元代蒙古统治者“居重驭轻”的主要军事力量，它直属于元朝皇帝。侍卫亲军始建于1260年，忽必烈下诏“征诸道兵六千五百人赴京师宿卫”。这里的“诸道兵”是指蒙古军和投降元朝的各个汉军万户所掌握的军队。后这支队伍增加到3万人左右，又称武卫军。它担负着京城的安全与保卫，职能已大大超出了怯薛军的范围。

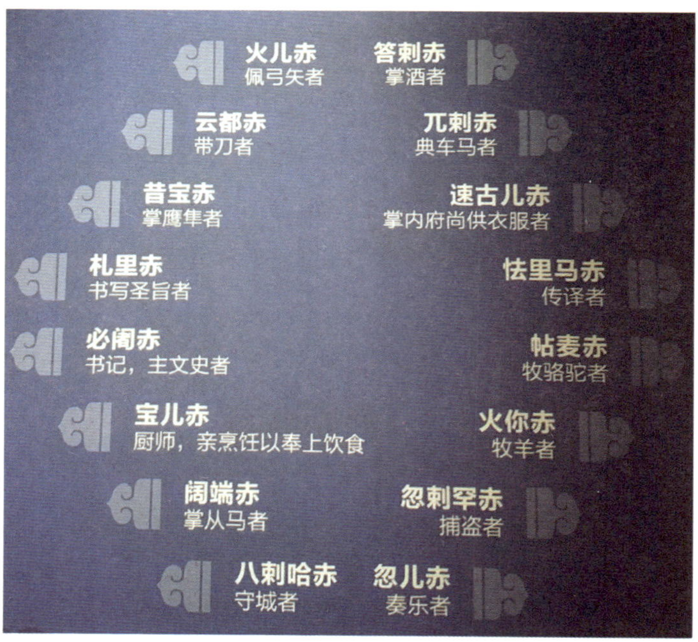

图3-7　成吉思汗宿卫军的职责与分工（内蒙古博物院展，刘洪洋／摄）

忽必烈即位初年，武卫军扩编为左、右、中、前、后五卫，其职责为“掌宿卫扈从，兼营屯田，国有大事，则调度之”。每卫设都指挥使一员、副都指挥使二员、佥事二员、经历二员、知事二员、照磨一员、令史七员、通事一员和知印一员。

元代卫军在五卫形成后又得以不断地增加，至元中期先后设置了东宫侍卫、蒙古侍卫、唐兀侍卫、东宫蒙古侍卫、海口侍卫、东路蒙古侍卫、钦察卫、贵赤卫、虎贲卫、忠翊卫、宗仁卫、西域卫等。卫军包括了蒙古族在内的各个民族，总人数约有30万。他们的职责以保卫京城为主，遇有战事则作为主力军出征。一般来讲，蒙古卫军和色目卫军的地位和待遇优于其他卫军。

镇戍军制是元代蒙古统治者在军事领域内推行的一项重要措施。镇戍军属于地方军队系统，它的基本分布格局是“以蒙古军屯河洛、山东，据天下腹心；汉军、探马赤军戍淮江之南以尽南海；而新附军亦间侧焉”。由此可知，镇戍军的排列基本是遵循了元代民族等级制度的顺序。

13世纪，蒙古军之所以能以少胜多、以寡集众，除了因为将领的卓越指挥和蒙古将士的英勇奋战，主要是有一套符合国情和民情的军队体制。志费尼的《世界征服者史》记载：“至于蒙古人的军队组织，从亚当时代迄至成吉思汗子孙统治天下大部地方的今天，历史上未曾有过，文献也未曾记录过，任何王朝的帝王拥有像鞑靼军这样的军队，如此坚韧不拔，对饱暖知恩图报，在顺逆环境中服从其将官，这既不是指望俸禄和采邑，也不是期待军饷和晋级。在整个世界上，有什么军队能够与蒙古军相匹配呢？”史料又载：“当作战冲锋时，蒙古军像受过训练的猛兽去追逐猎物，在无战事的日子里，他们又像绵羊去生产乳汁、羊毛和其他物品。在艰难困苦时，蒙古人不抱怨倾轧。他们是农夫式的军队负担各种赋役，缴纳一切分担给的义务，无论是赋税、杂役、驿站、马匹和粮食，从无怨言。蒙古人还是服军役的农夫，战争中无论老小贵贱都是武士、弓手和枪手。无论何时，抗敌和平叛的军令一下来，他们便征发各种物资，从十八般武器到旗帜、针钉、绳索、马匹、毛驴和骆驼等。人人必须按所属的十户或百户供应摊派给自己的那一份。倘若有强制劳动，恰巧本人不在家，其妻子要代替他履行义务。军队的检阅和召集如此有计划，以致废除了花名册，因为他们把全部人马编成十人一小队，派一人为其余九人之长，又从每十个十夫长中选一人为百夫长，这百人归他指挥，千夫长和万夫长依此类推。按照这种组织，大汗每逢情况紧急，都直接交万夫长办理，万夫长再交千夫长，千夫长又交百夫长办理。如果紧急集合，蒙古军将丝毫不延误时间。这和其他帝王的军队有多大的差别啊！”

蒙古族的军事文化，开辟了中国和世界史的一个崭新的时代。其独特的、鲜活的内涵，是蒙古族铁骑东拼西杀和所向披靡、征服欧亚大陆的根本原因。

二、古代满族的军制

满族原为东北地区较为落后的弱小民族，但最终建立了规模空前的多民族统一国家，其中八旗兵制起到了相当重要的作用。努尔哈赤在统一战争初期，仍沿袭着满族传统的军事编制："凡遇行师出猎，不论人数多寡，照依族寨而行。"这里的"族寨"是以血缘和地缘相混合而形成的自然单位，努尔哈赤就是以此组建军队的。他以满族狩猎时牛录的组织形式，即"十人之中立一总领，属九人而行，各照方向，不许错乱，此总领呼为牛录额真"。后每一牛录发展到100～150人。随着努尔哈赤势力的扩充，这种以族党和村寨编制军队的方式已与形势的发展不相适应，于是八旗兵制适时产生。

1601年，努尔哈赤先创建了四旗：正黄旗、正白旗、正红旗、正蓝旗。四旗均以色辨旗，并扩大了牛录编制。史料记载："将所聚之众，每三百人立一牛录额真管属。"这样就把牛录额真（佐领）正式定为官名，既是领兵官，又是行政官，把兵民合一性质的旗制确定了下来。同时还规定5个牛录编为1个甲喇（设甲喇额真，或称参领、协领），5个甲喇额真编为1个固山（设固山额真，或称都统、旗长），当时四旗有3万余人。努尔哈赤又确定了编审户籍制度。在牛录编成后，所属人丁须登记户口，建立户籍制度。这是编审丁口制度的开端，不仅保障了兵丁的来源，还加强了民众对本旗的依附关系。

经过十数年的军事扩张，昔日的四旗已容纳不下众多的归降人户。努尔哈赤审时度势，于1615年扩编了旗制，在原来四旗的基础上扩充为八旗，被编入八旗组织者称为旗人。八旗军制实行的是“以旗统人，即以旗统兵，隶乎旗者，皆可为兵”的世兵制度。它以军政结合、兵民结合、耕战结合为主要特征。满族的八旗制度最终确定。努尔哈赤下令：“每三百人立一牛录额真，五牛录立一甲喇额真，五甲喇立一固山额真，固山额真左右立梅勒额真（副都统）；原旗有黄、白、红、蓝四色，将此四色镶之为八旗，共称八固山额真。”每旗基层计25牛录，八旗共200牛录，有八旗兵约60000人。

努尔哈赤对牛录建设极为重视，他规定：“三百男丁设牛录额真（佐领）一人，其下设代子（骁骑校）二人，章京四人，嘎山拨什库（领催）四人，四名章京分领三百男丁编成达旦（组）。”由此可知，满族人军政一体，佐领既是领兵官，又是治民的行政官，战时负责带兵打仗，平时综理佐领内的户口、婚姻、比丁、授田、租赋、差徭、诉讼等。清初的佐领多为世职，分为三种：勋旧佐领、世管佐领、公中佐领。只有公中佐领不世袭，择优选拔。

清朝规定，牛录额真属下奴仆的生产所得归其所有，不许向其他人丁勒索财物，牛录额真与人丁的关系为官民关系。这里的人丁指以平民身份编成的牛录人丁，统称为正身旗人，他们当兵应差，受田纳粮。不属于正身旗人的奴仆则编入主人的户下档册，称为包衣牛录，或称户下人。属于皇室和贝勒的奴仆编入辛者库牛录、旗鼓牛录、管领分管牛录等。旗鼓牛录是仪仗兵，后称包衣汉军。入包衣牛录者，不应官差，称为皇室贵族的私属，他们的社会地位低于正身旗人。

八旗牛录的职能主要有三：生产职能、行政职能、军事职能。牛录原本是满族狩猎组织的生产单位，但努尔哈赤建立旗制后，性质发生了很大变化，他把围猎作为对八旗人丁进行军事训练的手段，注意的是行动纪律，并以此为奖罚的标准。他推行“计丁授田”的目的，就是将八旗人丁与八旗土地结合起来，以保障八旗兵的兵源军需供应。八旗制度在确立过程中，它的行政职能逐步成为统治平民的工具。满族昔日的社会组织是部族制，努尔哈赤打破之，在部族制的基础上建立起牛录制度。一般来说，一个部族编1个牛录，较小的部族编半个牛录，较大的部族编3～5个牛录，原来的部族长被任命为牛录额真和甲喇额真，原本部族长与本族成员间的管辖关系已不存在。在这种行政机构统辖下的旗丁，生产活动和社会活动都受到严格的束缚。在八旗制度的建立过程中，军事职能的增强是努尔哈赤的根本目的，编入旗分的旗兵，都被要求“出则为兵，入则为民”，战时他们外出作战，平时则从事生产劳动或军事训练。尤其在战争时期，八旗兵“自出兵日至班师日，各军勿得离本牛录旗，违者执之。详问其由，若甲喇额真不申法令于众，罚甲喇额真及牛录额真马各一匹，若谕之不听，即杀违令之人”。所以牛录职能的增强，扩大了满族贵族的封建特权。

牛录额真之上为甲喇额真，汉名为参领或协领，管领5个牛录事务，统领5个牛录兵丁，在八旗组织中是承上启下的官员。甲喇额真非世袭职务，由皇帝委任本旗人员充任。

甲喇额真之上为固山额真，汉名都统，管领5个甲喇事务。他的主要职责是出征行猎。他还为行政官，综理一旗事务。他还兼任议政大臣，和皇帝共同议处国事。固山额真不是世袭职务。

梅勒额真，汉名副都统，协助固山额真工作，或审断诉讼，或带兵驻防。梅勒额真不是世袭职务，由皇帝委任，平时遵照本旗旗主的命令行事。

1615年八旗制度确立后，努尔哈赤领正黄旗和镶黄旗，代善领正红旗和镶红旗，阿敏领镶蓝旗，莽古尔泰领正蓝旗，皇太极领正白旗，杜度领镶白旗。他们是所领旗的旗主，辖领各旗的固山额真。这八个旗主是世袭制，所领各旗由他们直接统率，直接向皇帝负责。政治上可以说呈现八旗贝勒共同执政的分权局面。随着中央集权制度的加强，清朝皇帝通过兵部和军机处等，将军政和军令掌握在自己手里，八旗贵族再也没有了干预皇权的权力。

皇太极统治时期，满族军制发生了变化，即建立了固定兵额的常备兵制度。1630年，开始实施“三丁抽一”的政策，就是一丁当兵，另两丁从事生产（也称余丁）。余丁要供应现役军人的征战物资和粮食，出征胜利后所获的战利品也要分配给余丁。这种固定兵额的常备兵制改变了此前的耕战结合的兵役制度，有利于八旗兵战斗力的提高和满族农牧业生产力的发展。

清军入关后，根据统治的需要，清朝在原有八旗建制的基础上，分为驻守首都的禁旅八旗和地方战略要地驻防八旗。禁旅八旗也称京旗，包括亲军营、骁骑营、护军营、前锋营、健锐营、火器营、步军营、郎卫营等，兵力达4万多人；驻防八旗在全国共有14处，分别为黑龙江将军、吉林将军、盛京将军、绥远城将军、宁夏将军、西安将军、荆州将军、江宁将军、杭州将军、福州将军、广州将军、成都将军、伊犁将军、乌里雅苏台将军，兵力达6万多人。清朝的禁旅八旗和驻防八旗构成了一支战斗力、机动性很强的队伍。

综上所述，中国古代北方草原民族的军事制度经历了一个漫长的历史发展过程。北方民族在军事活动实践中，发挥了各民族的骑兵传统优势，积极汲取中原军制的有利成分，创制了以骑马文化为特征的各种军事制度。可以说，北方草原民族的军事制度史，是中华民族军事文化的有机组成部分，它的演进历程促进了我国古代军事史的完善及发展。

第四章　马背民族的经济制度

中国北方马背民族的形成与发展，和中国多民族统一国家的形成与发展密切相关。中国北方地区的形成和发展与匈奴、突厥、鲜卑、女真、契丹、蒙古等马背民族的兴衰密不可分，其经济制度也是建立在游牧民族传统生活生产方式的基础之上。由于自然环境和人文、社会条件等方面的原因，北方经济区域类型和发展水平方面往往与内地有着较大的差别，其经济制度具有浓厚的马背游牧民族的特点。马背游牧民族们通过与其他民族的交流，逐步调整其经济制度，生产生活方式也有所改变。经济制度的调整和改变的同时，也促进了中国北方民族和汉族之间以及其他民族相互之间不断融合的过程。正因为此，对于马背民族的经济制度的研究具有重要的意义。

第一节　大蒙古国之前马背民族的经济制度

一、匈奴的经济制度

匈奴的经济制度是建立在草原游牧原始氏族经济瓦解，逐渐建立中央封建集权制的重要转折时期，故而其经济体制具有地方氏族部落制与奴隶制相结合的特点。也就是说，虽然匈奴的原始氏族制度处于解体之中，但其独有的适用于游牧生活生产方式却依然延续。匈奴作为部落集团，其源头可以追溯到夏商时期；匈奴作为一个北方游牧政权，国祚大体与两汉相始终；匈奴作为一个马背民族，他正是诸多后续马背民族的源泉，其经济制度基本上被后起的马背民族所继承。

匈奴建立了一套适应于游牧经济的政治制度。匈奴将统辖区分为左、中、右三个部分，实行左右翼区划制。中部为单于庭；两侧为左贤王庭和右贤王庭，分别管辖匈奴东部和西部。单于庭、左右贤王庭下有众多部落领地，由于匈奴部落逐水草而居，部落制度可以保持各个部落和氏族相对安宁稳定，使游牧生产和生活得以顺利进行。

匈奴上层贵族的驻牧地遍及蒙古草原，远及西域绿洲地区。王庭大都靠近山脉，集中在阴山及鄂尔多斯、漠北草原及贝加尔湖、萨彦–阿尔泰山地区及天山东部。匈奴东北地区是森林草原游牧民，以畜牧和狩猎为主要生业；匈

图4-1　内蒙古草原的游牧生活（蔺镇君／摄）

奴西部以绿洲和草原为特征，以畜牧、农业和贸易为主要生业；匈奴南部与汉朝接壤，以畜牧业、农业为主要生业，抄掠、通贡与贸易亦是一种补充。

匈奴的人口亦是一个变化不定的参数。但主要从事生产劳动的是匈奴社会底层的奴隶，由于“匈奴以战攻为事”，所以奴隶的构成中以战俘居多。匈奴还从邻族购买奴隶。例如东汉时，西方的羌人把掠夺得来的大批汉人转卖给南匈奴。此外，也有匈奴人因犯罪被罚为罪奴的情况。奴隶大部分被迫从事生产劳动，除了放牧，来自农区的人口被迫耕种，工匠则被迫从事手工艺，可分别称之为牧奴、农奴和工奴。

此外，匈奴传统游牧经济生活中已有明显的男女分工。牛一般由留在营地中的女性饲养，而马则由男性驱赶到较远的地区放牧。这是根据牲畜各自的特点和习性决定的，马在远处放牧，可以有效地避免和牛羊争夺草场；羊本身具有繁殖迅速的特点，故而能降低自然灾害带来的损失，并可以迅速在灾后恢复。从中我们不难看出，游牧经济具有平等性和分散性的特点。同时，游牧经济的分散性导致马背民族难以形成长期稳定的封建政权。封建政权更重视政治、经济的集中，集中则破坏游牧经济。北方草原社会的动荡不安，除了自然灾害的原因，根本原因是经济方式和政治组织之间难以协调的矛盾。

农业在匈奴的经济生活中占有重要地位。史书对于匈奴农耕的记载不详，但学者们推测，匈奴地区的农耕生产可能主要依靠中原农民，史料曾记录匈奴境内先后有数十万汉族俘虏和流亡者。匈奴也有定居的城郭，如陕西横山县十六国时期大夏统万城遗址。

图4–2　陕西省横山县十六国时期大夏国统万城遗址

狩猎业在匈奴的经济生活中也占有很重要位置。随着匈奴畜牧业和农业的发展，草原变为牧场、农田，随之野生动物种群数量的减少，狩猎业所占的比重有所下降。匈奴的狩猎业逐渐失去了经济意义，而被赋予了更多的军事意义。

匈奴手工业已经初具规模，其中青铜冶铸所占比重较大，也出现了冶铁业。考古人员发现了大量独具游牧民族特点的匈奴青铜制品，如铜镞铜剑、铜刀、铜马嚼、铜炉、铜炊具、铜勺、铜壶、铜鼎、铜钟、铜铃、铜镜、铜环等，表明匈奴已经具有相当高的青铜器制作水平。考古发掘出土大量匈奴时期的铁剑、铁刀、铁马嚼、铁锤、铁铧等，说明匈奴已进入了铁器时代。在阴山岩画中有大量车辆岩画，表明木器制造业可能成了匈奴独立的手工业部门。另外，匈奴的毛织业和皮革加工亦具有相当水平。

匈奴时代已完成了马背游牧民族的第一次社会大分工，形成了游牧与农耕两大经济类型。农业和畜牧业的社会分工必然导致商品交换。匈奴也十分重视与汉人互通关市。

有人认为战争或掠夺亦是匈奴的一种经济制度和经济方式，但是掠夺就其本质而言是一种政治行为，而不是一种有效的经济手段。纵观匈奴的战争掠夺活动，大体而言是得不偿失。实际上，掠夺对匈奴正常的游牧、农耕经济生活具有破坏作用，不但破坏游牧生产，而且破坏正常的贸易关系。但不可否认，武力征服对于匈奴具有极大的政治意义。

综上所述，匈奴的社会组织是民族部落制与奴隶制的混合，不同时代、不同地域各有不同。众多的奴隶对匈奴原来的氏族部落制度构成了巨大的冲击，但部落制度仍然有其顽强的生命力。当匈奴政权瓦解或衰弱之际，奴隶们纷纷逃离，匈奴又回到了氏族部落。虽然后来所兴起的马背民族均是从部落联盟开始，并没有直接继承匈奴的军政制度，但是匈奴的经济制度对后世北方马背民族具有重要的借鉴意义。

二、突厥的经济制度

隋唐时期，突厥有自己的文字、官制、刑法、税法等，加之，与中原统治阶级上层通婚，民间相互往来不绝，使得经济文化进行频繁交流。

突厥汗国有一套独具特色且区别于中原文化的社会等级制度、官员制度、刑罚制度以及军事制度，这些制度形成了一个较为完整的行政体系。这一套行政体系保障着汗国内部社会成员各自的经济利益。

突厥汗国主要由贵族、牧民、奴隶三个大的社会成员或等级组成。他们在经济实力上存在很大差异，从而导致其社会地位的悬殊。

突厥汗国的贵族阶层在汗国中经济实力最强，在社会中居于统治地位。贵族群体是由两个部分人员构成：一是以可汗为首的官僚群体，二是汗国贵族群体。不难看出，他们实际上是突厥汗国的封建领主阶层。突厥部落原有的酋长、征战获得战功者，构成了汗国军事官僚机构的主要成员；为了维护自身的统治，被突厥征服的其他民族的酋长、奴隶主也被吸收进统治阶级及贵族群体的一部分，他们接受了突厥汗国所分封的赐号，延续统治着本民族的牧民阶层。

与此同时，突厥汗国的众多贵族领主们又形成递相从属的封建等级制度，等级的大小则按照封建贵族领主所控制的分地的数量多少来确定。除了原有的封赏划分的土地，一些新兴的牧主贵族的牧地也会通过内部集团间战争掠夺手段来加以扩张。突厥可汗也会将通过战争获得的土地分封给新旧大小封建贵族领主们。

突厥汗国的牧民是拥有属于自己的少量牲畜和分地的为数众多的阶层。他们往往居无定所，逐水草而居。由于牧民需要使用封建贵族领主所有的广阔牧场进行放牧，故而又形成了土地租用关系。牧民成为封建贵族剥削和统治的对象。同时牧民还需要服兵役和其他各种劳役，对领主有着一定的人身依附关系。牧民在政治经济地位上远不如封建贵族领主，但比处于社会最底层的奴隶的地位要高，经济有一定的保障。

突厥汗国的奴隶是社会最底层阶层。隋唐时期，突厥汗国社会正处于由奴隶制向封建制转变的过渡阶段，社会中仍然保留着奴隶制社会的残余与痕迹，重要标志就是存在着为数众多的奴隶。这些奴隶主要来源于突厥汗国对外

图4-3　小洪那海石人雕像

发现于新疆昭苏县城东侧，系隋唐时突厥游牧民族的的墓前石人，高230厘米，头宽35厘米，宽身50厘米，面东而立，双手抱置胸前，右手似执有硫、盏之类东西，头发多辫，分披在身后，腰间刻有古代民族文字。专家推测，这尊石人很有可能就是西突厥汗国泥利可汗或其后裔的雕像。

征战中获得的战俘，他们被大批掳掠至突厥，沦为奴隶，供突厥汗国贵族阶层驱使。恩格斯在阐述奴隶制产生的基本条件时曾指出："特别是畜群完全转归家庭所有以后，家庭并不会像牲畜般迅速地繁殖起来，现在需要更多的人来看管牲畜，为了这个目的，正可以利用被俘虏的敌人，何况这些敌人像牲畜一样，也是很容易繁殖的。"例如西突厥汗国在几十年的短暂历史中，从未停止过对其他国家或部落人口的掠夺，西突厥汗国内部也一直存在着奴隶阶层，他们成为西突厥经济建构中重要的组成部分。

总之，突厥推翻柔然的统治建立汗国政权之后，其经济制度，可以从生产力的状况、政治制度的内容等方面得到体现。他们的经济制度是建立在军事奴隶主阶级的政权、奴隶主贵族君主制之上，是家庭奴隶制和封建君主制混合的体制。

畜牧业是突厥社会经济中重要的支柱产业部门之一。《隋书·突厥传》载："（突厥）其俗畜牧为事，随逐水草，不恒厥处。"首先，突厥畜群多以牛、马、羊群为主，同时畜牧业生产对当时的突厥社会的经济生活产生了重大而深远的影响，其"食肉饮酪""身衣裘褐""弯庐毡帐""善骑"为俗，可见畜牧业影响了突厥人生活的衣食住行各个方面；同时在突厥的丧葬、祭天游乐活动中畜牧也占有重要的位置和分量，如突厥有"死者，停尸帐中，家人亲属多杀牛马而祭之"，"择日置尸马上而焚之，取灰向葬"等与马相关的习俗。另外，在突厥人的社会经济生活中，牲畜也作为一种特殊的通用货币般的财产出现，例如在械斗中可作为赔偿之物，以抵其罪，史料载凡"斗伤人"，"折支体者输马"。

突厥社会经济实力的兴衰以畜群多寡为标准，即唐人所称的"突厥兴亡，唯以羊马为准"。另外，突厥"国富"的指标也以畜群数目估算为标识物。突厥的马匹与畜群也作为贡品和边疆互市中的重要贸易物资出现。在日常生活中，畜群是与生产者同等重要的生产资料，在战时则是重要掠夺对象和战利品。

畜牧业是突厥汗国的社会经济基础，但畜牧业经济本身所固有的分散、脆弱以及不稳定的特点也导致了突厥汗国的动乱。林幹先生就历史上北方马背民族的畜牧业经济与政治的相互关系问题做过这样的论述："游牧经济则是一种分散的经济，因为要追逐水草，所以必须四处迁移（虽然是相对的移动，而不是绝对的流浪）。而追逐水草的过程，在一定程度上只是利用自然而不是改造自然的过程。在当时生产力较低的条件下，抗拒自然灾害的能力很小，一遇大风雨雪，旱蝗病疫，牲畜便大量死亡，生产陷于萎缩，部族也趋向衰落。由于生产能力脆弱，因而经济状况不能长期稳定。这种经济上的分散性、脆弱性和不稳定性，反映在政治上便是组织松懈，政权难于长期巩固，国力忽强忽弱、骤兴骤衰，而各部分的势力也容易脱离领导中心，形成各霸一方的局面。由于迁徙无常，控弦士马流动性很大，加以统治阶级的操纵，故当强盛时，容易向外扩张，但当领土辽阔时，由于缺乏紧密的经济联系和严密的政治组织，因而最高首领对各部分势力往往鞭长莫及，难于控制，一旦统治集团发生内讧（甚或不发生内讧），而最高首领力不足以驾驭全局时，分裂局面尤其易于出现。”

突厥的狩猎业是经济生活中的一个构成部分，同时作为具有季节性质的狩猎活动，又是突厥社会经济主业的畜牧业的重要补充。

突厥的手工业生产多和攻战、畜牧、围猎时的兵器、工具制造相关联，包括冶铁业、铸造兵器业、箭杆制造业、穹庐的支架制造业、战车制造业、金银雕镂制作、琉璃烧锻制作、蒿布的纺织制作、鱼胶提炼制作等手工业。

对于隋唐时期北方草原上的突厥人的农业生产状况，文献记载甚少。据薛宗正《突厥史》考订，认为突厥曾视农业为“贱业”，只是为了部族首领“兼食饼饵”的需求，而命附属诸国以粮食交纳贡税，其生产或者基本由汉人担任。可以说，农业生产在突厥社会经济活动中所占的比重微乎其微。

突厥的商贸活动在社会经济活动中占有一定的比重。通过贸易互市、朝贡等商业活动，有效地活跃与繁荣了突厥社会的经济生活。这些商业活动主要是围绕突厥汗庭与隋唐王庭之间开展，在贸易方式上多以实物交换的等值等价交易方式进行。

突厥在马背民族的社会经济发展历程中是重要的、关键的历史阶段。这一时期突厥的社会经济完成了由原始社会经济向奴隶制社会经济的转变与过渡，同时在独具特色的生产领域中其经济的质与量较以往有了新的更大的增长。薛宗正在《突厥史》中提出“游牧奴隶制社会形态”，并且认识到“突厥游牧奴隶制社会同父系大家长私有制存在着密切的内在联系”。可以说，突厥的经济制度也是一种游牧奴隶经济制度兼封建君主制的混合形态。隋唐时期突厥的社会经济状况不但是突厥游牧奴隶制社会形态体系中重要的支柱性的构成部分之一，而且正由于受此社会形态的制约影响，还派生出诸多新的特色。突厥通过长期的物质文化生活与精神文化生活的实践，形成了具有自身民族特色、富有时代气息、充满活力的社会风尚与文化成果，通过与其他民族文化进行交流融汇、撞击之后，外播其影响的同时，也为北方草原地区后续的马背民族文化的繁荣兴盛做出了贡献，注入了新的活力，是中华民族传统文明历史宝库中的民族文化珍品之一。

三、回鹘的经济制度

回鹘社会经济生活中主要生产部门为畜牧业、狩猎业，经济流通部门为商业。由于回鹘协助唐朝平叛有功，从而获得了唐朝的回报式扶持，使得其经济有了快速的发展与进步。其社会经济发展的过程与取得的成绩，既是回鹘社会发展进步的重要而坚实的物质基础，又是当时北方草原地区经济开发与社会发展过程中重要的组成部分。

畜牧业是回鹘社会经济的支柱产业，也是部族成员的生活之源。在隋唐时期，回鹘正处于单一的游牧经济发展阶段，畜牧业主要是饲养、放牧马匹、大足羊、牛只、骆驼等，其中尤以养马著称，且具有相当大的规模。

狩猎是回鹘社会经济中的补充性产业。通过狩猎业，回鹘各部众可获更多的皮毛、肉食，以供衣食之用。狩猎获得的珍奇异兽的皮毛不仅是回鹘上层所享用的服饰来源，还是向唐朝朝贡的重要物资。

回鹘的农业与手工业虽然在社会经济发展中比重甚微，但是这两个生产部门确实存在。苏联的考古学家的考古发掘显示，鄂尔浑河畔的哈剌巴剌合孙城是回鹘农业与手工业集中的地区。在此遗址中，考古人员发现了松香、铜片、青铜块、台架、磨盘等手工业、农业生产资料和工具。

回鹘的商业活动是社会经济发展的重要组成部分。同时，回鹘还凭借自

图4-4　柏孜克里克石窟中的回鹘贵族壁画

身所处陆路交通枢纽的地理优势，在北方草原地区的经济开发、商品流通活动中充当着不可替代的重要角色，尤其与唐朝的贸易活动最为频繁。回鹘的商业活动为其政治军事实力的增长提供了重要的经济支持。

回鹘的社会经济制度体系是伴随着回鹘社会的发展演变而形成的，独具自身特色。这一社会经济制度体系又为回鹘社会经济各部门的发展协调开辟了道路，产生了积极而深远的影响。具体而言，回鹘的社会经济制度体系包括以下几个部分。

第一，哈剌布敦与匐两大主要阶级。哈剌布敦是回鹘社会中的平民阶级，同时他们也是社会经济活动的主要生产者。匐代表了回鹘各部落贵族、地方封建主，他们是回鹘社会中的贵族统治阶级，更是社会经济活动中的主要生产资料、生产主体的拥有者。

第二，荫客制度。由匐提供食宿，雇佣客为其做工、放牧群、制作生活产品及其交易商品。通过此种制度，使匐获得大量低廉的劳动力、成本低廉的劳动产品。

第三，荫客制度中客的主要来源是平民阶级。平民有对匐服兵役的义务，出战时还需自备兵器、马匹和干粮。但在征战中平民有需要将战利品的多数部分献给匐，也表明了贵族对平民阶层有一种的剥削关系。

第四，库尔是平民以外回鹘经济生活中另一部分生产者。“库尔”意为“奴隶”。“库尔”分为完全隶属于贵族的奴隶和不完全所有的半奴隶。库尔的来源大多来自战争俘虏，还有贵族的婢妾和突厥汗国遗留下来的汉人和西域人，以及由周边王朝境内私自购买其他民族。库尔阶级主要从事农业、手工业生产活动、家务劳动等，但他们并没有成为回鹘社会中的基本阶级。根本原因是库尔不能大量地投入在回鹘汗国主要社会经济部门的畜牧业上。

第五，匐的上一阶层为额尔。额尔是回鹘社会中的氏族贵族。他既可以指回鹘可汗氏族的贵族，又可以指回鹘内九姓的贵族（见图4–2）。

回鹘由于其自身所独具的经济、文化优势，在与中原及其他民族的频繁密切的经济文化交往中，充当与扮演着十分重要、独特的角色，发挥着积极而多元的作用。随着回鹘与中原地区、北方草原地区、西域地区各民族间交往的深化，加速了回鹘社会历史的转化与演变。加之回鹘统治者顺应历史发展的潮流，助唐朝平息“安史之乱”有功，更为回鹘社会经济和文化的发展繁盛，充当着陆路上东西交通、通商的重要枢纽与中介角色，充分显示与发挥着无可替代的历史作用。

四、鲜卑的经济制度

拓跋鲜卑在嘎仙洞时期是以射猎为主。考古工作者曾在嘎仙洞收集到大量陶片、石器、骨器和角牙器，其中狩猎工具占多数，并有大量的野猪、野鹿、野羊等物骨骼。拓跋鲜卑的铜铁冶炼业有一定的规模。考古发现了数量众多的铜器、铁器，制成品有铜饰针、铜扣、铜镯、铁镞、铁矛头、铁带钩、铁马衔等多种。

鲜卑在南迁之前以游牧业为主。各部落在各自的牧场上进行游牧，部落民众需要向部落大人或渠帅交纳畜税及服兵役、徭役，再由八部和“内入诸姓”大人把一部分畜税交给盟主。四方诸部渠长与盟主则保持一种“岁时朝贡”的关系。

拓跋部建立北魏后，逐步迈入封建社会。诸部落开始定居，变部落民为国家编户，实行计口受田、劝课农桑等制度。这些措施，促进鲜卑的封建化和向农业定居过渡，使得原本建立在血缘关系上的氏族转变为地缘关系的编户。一系列改革后，从事农业定居生产生活的人群，从汉人和汉化慕容鲜卑人拓展到相当一部分鲜卑部落。

图4–5　敦煌莫高窟第285窟北壁鲜卑男供养人像

随着统治阶级财富的集中，阶级分化日益明显。部落豪帅、大人等成为统治剥削阶级，他们拥有大量牲畜和奴婢。一般部落成员成为被统治、被剥削阶级。奴隶一般从事放牧、手工业制作、农耕或贸易活动。这个时期法律也显示出保护私有财产和统治阶级利益的性质。

北魏孝文帝改革之前，北魏的税收一般是以部落贡纳、牧民的畜牧税为以及一般农民的租调为主，其中农民的租调为最大收入。北魏规定租调税收为“户调帛二匹、絮二斤、丝一斤、粟二十石；又入帛一匹二丈，委之州库，以供调外之费”。租调是按户收取的，户的大小没有限制，孝文帝改革之前，三五十家组成一户的情形很普遍。徭役方面，兵役由鲜卑人担任。为政府服工、杂役的人数非常多，他们被编为隶户、军户、营户、府户、绫罗户、乐户等。

北魏统一北方后，经过各族人民长期的辛勤劳动和共同努力，社会生产力逐步得到恢复和发展，生产关系得到调整，社会经济得到显著的发展，其中农业、手工业都有十分明显的发展。

五、契丹的经济制度

契丹早期的社会经济主要是畜牧和渔猎。《辽史》记载：“大漠之间，多寒多风，畜牧畋渔以食，皮毛以衣转徙随时，车马为家。”辽朝建立后，国内有北方诸少数民族及中原部分汉族居民，社会经济结构也从原有的畜牧业和渔猎业，拓展至农业、手工业和商业等生产部门，使原有的单一经济体制逐步转变为多种成分共存的经济体制。

从《辽史》和《金史》的记载中可知，契丹住的是毡帐，食用牛羊肉及其奶制品，交通工具为驼车、马车，用以御寒的服饰以皮毛制成。宋神宗时奉命出使契丹的苏颂曾作诗生动地描绘了契丹人从事畜牧和渔猎的真实场景：“行营到处即为家，一卓穹庐数乘车。千里山川无土著，四时畋猎是涯。”

图4-6　五代契丹画家胡瓌创作的《卓歇图》（局部），描绘了契丹可汗率部下出猎后歇息饮宴的情景

契丹牧民饲养的牲畜主要以牛、羊、马和骆驼为主。牧民放牧主要占用部族共有的土地，牲畜则为私有。夏天进入夏牧场放牧，冬天则前往向阳背风的冬牧场放牧，所谓"秋冬避寒，春夏避暑，随水草就畋渔，岁以为常"。

畜牧业生产在契丹经济生活中占有重要地位，契丹统治者对畜牧业十分重视。据记载，耶律阿保机在建立政权后，为发展畜牧业生产，在各地建立群牧组织。群牧组织即在肥沃草场上建立国有牧场，再由国家设官统一管理。其上的牲畜按牛、羊、马、骆驼等分群牧放。辽太宗耶律德光时期，还于北面官中设置管理群牧机构，称"××路群牧使司，加强对群牧组织的管理。群牧使司下设群牧太保、侍中、敞史、都林牙等职。管理群牧的各级机构，又分别设立群牧地区，如西路群牧使司、倒塌岭西路群牧使司、浑河北马群司、漠南马群司、漠北滑水马群司、牛群司等，规模都很大。

契丹国建立后，捕鱼业和狩猎业在社会经济生活中的地位有所下降，但其习惯却一直被保存着。史载："有事则以攻战为务，闲暇则以畋渔为生。"而狩猎业与习武传统有关，也受到统治者的偏爱和重视。契丹狩猎的猎物主要以麋鹿、孢子、虎、豹、熊、猪、貂、兔、天鹅、野鸡等。

图4-7　敖汉旗克力代乡喇嘛沟辽墓出土的《备猎图》（局部），表现春猎出发前的情景

农业方面，据学者研究，契丹在古八部时期就已出现零星谷物种植。但正式开始农业产生当在耶律阿保机祖父匀德实时代。当时契丹族开始有了粗放式农业经济。耶律阿保机成为首领后，从战争中获得的战俘、中原地区汉族流民为农业的进一步发展打下了基础，此后契丹开始发展农业，并向半农半牧转化。统治阶级也大力提倡农业发展，农业在各部落中也得到了一定程度的传播。辽太宗对农业生产的发展尤为重视，曾多次下令禁止军队、侍从伤害农稼，遣人到水草丰美地区从事耕种。史书中的记载也充分说明了当时从事半农半牧在西北各部中已相当普遍。如在克鲁伦河流域，由于实行大规模屯田，不但使粮饷可以完全自给，而且有积粟“数十万斛”。

手工业方面在契丹社会中早已存在，不过契丹早期的手工业还不是一个独立的手工业部门，而是作为畜牧和渔猎业的副业而存在。契丹建国后，耶律阿保机把大批有手工技术的俘虏安置在多地，加速了手工业的大力发展，并逐步成为独立生产部门。其中规模较大的有矿冶、铸钱、造车、陶瓷和纺织等。

铁冶、银冶和金冶等矿冶业是契丹族的古老手工业部门。矿冶早在耶律阿保机父撒剌的为首领时就已存在。耶律阿保机继位后，为了扩张实力，在今河北沽源迤北一带银、铁矿丰富的地区置冶。此外，在上京道置长乐县，在东京道的银州、中京道的泽州等地又置冶炼银，于东京道置户部司以总理矿冶业。可见，当时矿冶业已相当发达。

契丹铸币在阿保机父撒剌的时代已经产生。据《辽史》记载，“置五冶太师，以总四方钱铁”，可知铸钱业在当时也具有相当规模。

图4-8　辽道宗大康年间铸造的大康通宝铜钱，背面为星和月图案

契丹自古便是以“车马为家”的马背民族，马具和造车业十分发达。契丹的马鞍制作精巧、造型美观，装饰极为讲究，与定瓷、蜀锦、吴纸、夏国剑等同被称为“天下第一”。辽墓中出土了为数不少的马具珍品。

契丹人以善制车帐得名，造车业发达。契丹车一般可分为毡车、大车和小车数种。毡车主要用于移牧睡卧，大车用于载重，小车则多供妇人乘坐。由于奚人的造车技术更为精湛，故而契丹贵族更偏爱使用他们所造的车。一般契丹牧民都拥有数辆车，故有“一卓穹庐数乘车”之说。

随着畜牧业、农业和手工业的发展与进步，契丹社会中商品交换活动也日趋活跃，并逐渐发展出商业活动的场地——城市。契丹早期从事畜牧和渔猎，原无城市之设。建立城市是在契丹建国之后，例如契丹出现的“五京”。

五京既是契丹族的政治中心，又是其经济和文化中心。除了五京，在各州县也有商业市场。例如上京道所属的祖州、中京道的辰州，商业活动都十分活跃。另外，在雄州、高昌、渤海等地还设有榷场，与北宋、西北诸部、高丽等进行互市。商业的发展为城市兴起创造了条件，而城市的建立又为商业的发展开辟了道路。城市的建立和发展，对于契丹社会经济的发展起到了重要的作用。

由马背民族契丹建立的辽朝历九帝，国祚200余年，它对中国古代北方草原地区的经济发展及中华民族历史发展都有杰出贡献。

六、女真的经济制度

1115年，女真首领完颜阿骨打建立金朝。立国之初，以女真族为主体的金朝已经确立奴隶制。女真社会分化日益明显，出现了因负债不能偿还而卖妻为奴，因犯罪不能自赎而折身为奴，因贫困无以为生而依附贵族为奴等现象，形成了奴隶主与奴隶两大阶级。在对外战争中，金军俘掠外族为奴，按军功分配奴隶，金朝奴隶制进入了高速发展的黄金时期。对辽战争中，金太祖完颜阿骨打为了提升军队战斗力，曾颁布措施释放奴隶，“汝等同心尽力，有功者，奴婢部曲为良，庶人官之，先有官者叙进，轻重视功”。金太宗时期，金军攻破汴京，“掠致宋国男妇不下二十万”，加强了女真奴隶主阶级的力量。

金朝奴隶制最鲜明的特点是牛头地制，纳税以牛具税为主。金朝对猛安谋克户口实行牛头地制度，“牛头税，即牛具税，猛安谋克部女直户所输之税也。其制每耒牛三头为一具，限民口二十五受田四顷四亩有奇，岁输粟大约不过一石，官民占田无过四十具”。依照此标准，金朝奴隶主所拥有财产是有上限的，可拥有牛120头，人口1000人（包括奴隶），土地160亩。在规定范围内，奴隶主根据奴隶和牲畜的数量占据相应的土地，但是土地国有，禁止买卖和出租。随着奴隶数量的增加，女真贵族的土地远远不够分配，故南下至中原地区掠夺土地。为此，金朝推行括地政策，将大量无主荒地辟为官田，分配给猛安谋克。

金熙宗和海陵王时期，女真开始逐步接受了封建经济体制，从奴隶制向封建制转型。1145年，金朝改革土地政策，实行“计口授田”。“计口授田”是以人丁为标准授田的一项制度，类似于北魏至隋唐时期的均田制。金朝有目的地将猛安谋克分散各地，对内迁的女真人按照人口数量分配官田，称为“计口授田”。当女真人土地不足时，金朝以各种名义强夺汉人土地。“计口授田”标志着女真人由渔猎为主的奴隶经济向以农业为主的封建经济过渡。不过牛头地制仍然占据主流，“计口授田”在金世宗时才成为土地分配的标准。猛安谋克户接受了土地租佃和买卖的封建经济关系，基本实现了汉化。女真贵族不再耕作，只是收取地租，从奴隶主转变为地主。

女真的经济制度从奴隶制转为封建制的局限甚是明显。一是民族压迫性。女真人经济转型建立在民族压迫的基础之上，也是疯狂掠夺汉族土地的过程。女真统治者通过各种手段侵吞汉族土地，导致民族矛盾日益激烈。汉族世代相传的田地被以女真统治者以各种名义巧取豪夺，汉族人利益受到严重损害，为日后的农民起义埋下伏笔。二是奴隶制度残余明显。女真人奴隶制残余明显，蓄奴、掠良为驱都保留了下来。蓄奴制的存在使广大底层民众及其他各族缺乏民族认同，大批底层民众沦为奴隶，致使民众反抗意识高涨。

女真统治者通过推行封建化的经济体制，一定程度缓和了民族矛盾，维持了其对中原地区近百年的统治。金太宗时期，女真统治者曾归还汉人土地，“给还燕人田业”，并且明确规定不得随意买卖汉人为奴或掠良为驱。

早期女真社会经济生活中渔猎、狩猎业也占据一定的比重。金朝建立后，由于农业和畜牧业的发展，渔猎业、狩猎业始逐渐退居次要或补充地位。随着社会文明的发展，金朝统治阶级逐渐意识到任意捕杀野兽对社会有害无益，因此曾多次下令禁止滥捕滥杀。

女真手工业主要有冶炼、采盐和纺织等。冶炼业是女真族的一个古老手工业部门。女真完颜部在绥可统治时期就已“教人烧炭炼铁”。冶铁业的发展，也为铁兵器、铁农具的普遍应用提供了物质基础。当时官方在各州府与猛安谋克均设专门管理铸钱的手工业机构；采盐业是女真金时的一个重要生产部门。在《金史》中提及女真进入中原地区后，盐场规模和数量也得到了进一步扩大，并设官治理。女真的纺织业主要是围绕家庭手工业进行的。女真所纺的细麻布因加工精致、耐用，颇受各族人民欢迎。女真人进入中原后，在真定、平阳、河间、怀州等处设立绫锦院，掌织造之事。除以上诸业，陶瓷、造纸印刷、火器制造、造船等也很发达。

图4-9　正隆元宝是金代最早铸造的铜钱，铸于1157年（海陵王正隆二年）。在此之前，金朝没有铸钱，都是使用前朝的铜钱

随着农业、手工业的进一步发展，女真的商业也有了长足进步。辽朝时女真地区还未形成真正意义上的商业城市。金国建立后，会宁逐步发展成为当时的经济中心。会宁城中不仅有宫殿、寺观、手工业作坊，还有规模不小的商业市场。1178年，金世宗命工部铸“大定通宝”，以促进商业稳定发展。

为了加强与周邻各族人民的交往，金朝还于边境建立榷场，如于西北招讨司燕子城、北羊城置场，与北方诸少数民族易换牲畜；为扩大与南宋的贸易，又于泗、寿、蔡、唐、邓、颖、密、凤翔、秦、巩、洮等州置场，以促进南北方各族人民的经济交流。

第二节　蒙古族的经济制度

一、大蒙古国时期的经济制度

公元7—12世纪的蒙古社会是一个等级制度分明的社会，社会等级决定了其经济结构。别乞、伯颜、太石、太子、王、汗是社会的统治阶级，哈剌抽或孛斡勒则是处于社会底层的被剥削和被压迫阶级。财富两极分化严重，占人口极少数的统治阶级占有社会中的绝大多数财富；人数占据多数的民众生活贫苦，有些甚至达到了食不果腹的悲惨境遇。这种剥削和压迫的制度已在此时的蒙古社会普遍确立，社会的一切矛盾都是围绕争夺牧场、属民和家畜的所有权展开的。符拉基米尔佐夫曾说："向在11—12世纪的蒙古社会里找到某些民族学家盼望的在原始部落里看到的，即个人自由与最密切的团结的和谐，是徒劳无益的。"

此时的蒙古社会统治阶级是通过控制牧场的使用权来达到对民众的压迫和剥削。牧场对游牧经济而言是最重要的生产资料，牧场面积的大小、植被的状况直接影响畜群的繁殖。牧场的所有权和使用权始终是社会矛盾的焦点之一，统治者往往将牧场的使用权牢牢地掌控在自己的手中。《蒙古秘史》中就反映出了当时猎场、牧场均各有其主，未经主人允许，不得擅自捕猎动物、放牧家畜的情况，并且能从中感受到牧场主对牧场的占有意识十分强烈。

图4-10　内蒙古草原上放牧的羊群（蔺镇君／摄）

统治者对牧场拥有支配权、分配权。1206年成吉思汗的大分封，实质上就是对蒙古高原草场资源的再分配。13 世纪初期，蒙古社会的“每一个首领根据自己管理下人数的多少，都知道自己牧地的境界，以及春、夏、秋、冬应该在何处牧放自己的畜群”，“如果没有皇帝的命令，无论什么人都不得驻留在任何地方。首领们驻留在何处，由皇帝本人下命令，首领们则给千户长指定场所，千户长给百户长指定场所，百户长给十户长指定场所”，最终落实到每一个牧户。蒙古统治者正是借助对牧场的支配权，强化了统治阶级与被统治阶级双方的依附关系。

赋税制度在蒙古语中被称为“忽卜赤里”或“忽卜赤周”，它是古代蒙古族社会中主要的剥削方式之一。赋税制度在蒙古统一前就已存在。

大蒙古国建立后，对赋税率和赋税量有了较为明确记载和规定，基本确定了赋税的数额。但因为当时的蒙古社会还未使用货币，故而赋税均以实物

（多为牲畜）形式交纳。

除了赋税，统一前后的蒙古族民众还负担着沉重的徭役。兵役是这一时期广大牧民最大的负担。出征时，牧民们需要自备马匹、武器和口粮，这无疑给贫困的牧民造成了沉重的经济负担。除了兵役，徭役还包括狩猎，为主人挤奶、拾柴，驿站服役等。

通过大规模的战争，蒙古统治者征服了中原、中亚、西亚和欧洲的广大地区，他们在各个地区也实施了相应的经济政策。13世纪初至13世纪中叶，蒙古统治者在中原地区采取了一系列的经济治理政策，如因不同地区采取了不同的治理政策，承认中原汉族世袭的原有权力，实行“五户丝制”等，这些赋税制度既保证了国家的利益，又满足了权贵们追逐财富的欲望，这是蒙古封建制度与中原经济制度相融合的产物。

针对被征服地区饱经战火、各族民众急需休养生息的情况，蒙古上层统治者主张减轻徭役赋税。窝阔台就针对中原政治经济状况颁行《便宜一十八事》，明确了司法、赋税问题。统治者也推行了一些低赋税的政策。

总体上而言，此时的蒙古统治者对被征服地区所制定的经济政策还属于过渡性政策。一方面，这些政策的实施阻止了部分蒙古封建主破坏农耕经济制度，另一方面在一定程度上满足了封建主的物质欲望，最终造成了被征服地区产生了名目众多的赋税名目的局面。

蒙古族统治阶层积极发展工商业、手工业。首先，游牧社会对手工业品有天然的需要。其次，为了保证战争中庞大的军需物资的补给，蒙古统治者对手工业高度重视。蒙古统治者每逢出征扩张之时，必广泛搜罗各族手工业匠人，把他们强行掳回蒙古地区。这些手工业匠人匠人为蒙古地区手工业的繁荣发展很大贡献。

13 世纪前半期的蒙古统治者继承了马背民族的传统，对商业贸易十分重视。蒙古统治者对中亚、西亚被征服地区商业贸易实行了一系列政策及措施。首先，蒙古统治者提高了商人的社会地位。早在蒙古人进入中亚、西亚之前，很多中亚富商就与蒙古统治者结成了联盟，他们的商业经营能力和理财能力得到蒙古统治者的赏识。当中亚、西亚被征服后，大量商人被任命为地方官吏或财务官员，从而使得社会地位得以提高。其次，开通商路。自成吉思汗、窝阔台确立驿站制度以后到13世纪中叶，驿站以哈剌和林为中心，南至燕京和中原主要城镇，向西延伸到南欧地区，商路四通八达、畅通无阻，为商旅往来提供了方便和安全保障。

二、元朝时期经济制度

元朝建立之初，忽必烈采用“汉法”维持金朝统治区的封建土地所有制，将金朝皇室、贵族、官僚、地主的土地重新分配给元朝皇室、贵族、官僚，元朝皇帝成为新的、名义上的全国土地所有者。

元朝统治者还通过分地、赐田和实行职田制，将土地分封给蒙古贵族和官僚，这些蒙古贵族和官僚成为新兴的大地主。不少汉族上层和金、宋时期的地主也获得了分地。这些新旧地主构成为元朝地主统治阶级的成员。

蒙古贵族中的宗王、后妃、公主、驸马、勋臣等构成了一个庞大的贵族集团。按照蒙古族的惯例，所得中原内地的百姓系“黄金家族”的共有财产，应在宗亲中进行分配。元朝除了向蒙古王公贵族赐拨分地，还从官田中拨出大量土地赏赐贵族、官僚，名曰“赐田”。蒙古贵族所受赐田，动辄百顷、千顷以至万顷、十余万顷，且大多为江南的膏腴之地。寺院一般都拥有大量的土地财产，主要是通过国家的赏赐、个人捐赠、巧取豪夺等方式获得，其数量大得惊人。

从占有形式看，元朝的土地分官田和民田两类。官田包括屯田（军屯和民屯）、赐田、职田、牧地等；民田包括官僚地主、富裕地主、寺院、自耕农的土地。

元朝政府也师徒减轻农民负担，以缓和日益尖锐的社会矛盾。忽必烈时期就采取了调整和完善中原赋税制度的一系列举措。例如，免除了封建王公贵族强加于农民的一些额外负担，限制了封建王公贵族的部分特权；允许农民自行开荒，对于农民开垦出来的田地，政府承认其使用权，并对垦荒的农民给以资助，从而缓解农民缺乏耕地的问题，提高了农民的生产积极性，

元朝为了巩固国家边疆经济，依据各地不同的特点，有所区别地定制了一系列的边疆税收制度。如对畏兀儿地区以征实物税为主，吐蕃农牧民则向领主交纳实物，各领主向元朝纳贡等。

元朝对蒙古本土以马、牛、羊征收实物税。窝阔台时税率有小幅度增加，但总体上仍然属轻税政策。除了牧业赋税，元代蒙古民众还有繁重的差役负担。主要是兵役和站役。属民随从领主出征时，要自备鞍马、兵器和食物等负担。站役是蒙古牧民要向驿站提供一切供应，站马等由其所在百户、千户内征发。元朝驿站众多，加上来往使臣的暴虐与站官的压榨，致使大量蒙古站户生活困苦不堪，负担愈来愈重。

三、北元时期的蒙古族经济

元朝末年，民族矛盾和阶级矛盾进一步激化，爆发了红巾军起义，摧毁了元朝的统治。1368年，明军攻占大都，元朝末代皇帝元顺帝退往上都，史称北元。此时的蒙古封建主还占据着漠南、漠北、东北、西北的广大地区，并且保持着强大的军事实力，在山西、陕西、甘肃、云南等地与明军较量，开始了蒙古封建主同明朝长达200余年的对峙局面。此时的蒙古各部主要分布在东自松花江、嫩江和辽河流域，西达巴尔喀什湖、额尔齐斯河及天山南北，北抵勒拿河、叶尼塞河和鄂毕河上游，南临明朝北部防线的广大地区。此外，明朝内地和南方各省还居住着几十万蒙古族。

此时的蒙古封建主仍然拥有世袭领地和牲畜等主要生产资料，也拥有世袭的属民（“阿拉特”）。大汗、济农、台吉、太师，太尉、大保、丞相、少

师、宰相的权势很重，有时能左右蒙古局势。大汗和济农是最高的领主和统治者，他们是全蒙古的宗主，是所有牧场的主人和分配者。达延汗统一蒙古前，东、西蒙古均有赛特（大人）领主。达延汗征服右翼后，废除了东蒙古赛特的世袭领地，也不再设承相、太师等职位，将赛特降为大汗和台吉之僚属。达延汗统一蒙古后，直辖察哈尔万户并统率左翼三万户，济农直辖鄂尔多斯万户并统率右翼三万户。只有“黄金氏族”的领主才能称为洪台吉、台吉，但明代后期，东、西蒙古的领主们也纷纷称汗，卫拉特的赛特领主们也打破传统，自命为洪自吉、台吉。

寺院通过各种手段积聚了大量财富，但不承担大领主的赋税、兵役、差役等俗务，形成僧侣贵族阶层。

被统治的蒙古平民叫作阿拉特，他们占总人数占总人口的八成以上，是蒙古社会的基本生产者。因为没有自己可以支配的土地，所以必然需要依属于某个领主，在其领主的土地上放牧、耕作、渔猎，向领主提供赋役。其人身、财产、牧地均受领主支配，禁止逃亡。阿拉特对私有财产的处理、与外族交往、入寺为僧、举办婚事等，都受领主控制。领主们还将这种人身隶属关系纳入习惯法。

阿拉特的负担十分沉重，除了交纳通常的赋税和服役，还有种种额外负担。阿拉特的义务包括劳役负担和交纳实物。劳役负担有多种形式，除了要替领主放牧，还要去领主的营盘中服役，如拾取牛粪燃料、储备饲料、挤奶、剪羊毛、加工备产品等，妇女则成为女佣，从事家务劳动。阿拉特每年向领主缴纳一定数量的牲畜、畜产品、猎物和其他手工制品，领主破产、穷困、牲畜不足，都由所属阿拉特来负担。农业地区的属民则向领主租佃土地、耕畜等生产资料，并向领主交租，为领主种地、盖房等劳动。有手工技艺者向领主交纳手工制品或到领主营地从事手工劳动。阿拉特还需要服兵役，出征作战时仍需要自备军械、鞍马等。驿站差役需要用一己之力来解决过往官员、使者、喇嘛等食宿问题。

蒙古社会产生了一种新型剥削方式——“苏鲁克”制，即封建主将畜群交付贫困牧民，按协议规定，如果家畜增殖，牧民可获得相应报酬；若家畜繁殖达不到协议数目或死亡，则需牧民赔偿。这一新型制度是蒙古族封建制度深化的重要标志，在经济史上具有重要意义，对后世影响极大。

北元时期是蒙古史上大分裂、大动荡，阶级矛盾、民族矛盾空前激化，封建制度进一步发展的重要时期，也是蒙古族的社会经济思想发生一系列变化的时期。南北对立的局面造成封建割据和战乱，切断了中原农业和北方畜牧业的正常交换，南北方的商品贸易几乎完全停顿下来，商路中断，商旅绝迹，维持北方居民基本生活和生产需要的粮食、手工业品、铁器等不能得到供给，北方经济急剧萎缩。南北战争又使蒙古族人数减少，畜牧业凋零，牧民生活日益恶化。北元社会也存在进步力量为消除封建割据，加强与中原地区的联系，推动社会经济发展而不断地努力。

第三节 古代满族的经济制度

满族入关前主要有两个重要的经济部门，即农耕和采集狩猎，两者之中更重采集狩猎经济。入关前满族采集而得到的东珠、人参，狩猎得到的珍稀动物的皮毛，都是与明朝、朝鲜互市的重要经济产品。同时，他们也换取中国、朝鲜的农产品、种子、农具、兵器等产品。另外，满族的冶铁业、畜牧业也有所发展。随着剩余产品的大量出现，私有制已经出现，且满族内部出现了阶级对立的情况，贝勒与诸申对立、额真与阿哈、包衣对立。随着农业的进一步发展，满族社会中则出现了名为“拖克索”，即“庄园”的农奴制度。

总体来说，满族入关之前，其经济制度主要是“拖克索”奴隶土地所有制，入关后则局部实施“计丁受田”令，开始向封建农奴制过渡。

清军入关后，首先颁布了“圈地令”。此令是以满族权贵、有军功的将领无处安置为理由，强行圈占北京附近州县的“荒田”以及无主的土地。这些土地最终被满族皇室、贵族和八旗所得。随后，清朝统治者多次下令圈占土地，规模有大有小。还出现了变相的圈地的“圈补”或“换拨”令。“圈地令”实则为了维护满族贵族特权，原来属于汉民的大批土地变为了“旗地”。在此期间，满族贵族又以“投充”政策大量吸收奴仆，而汉民为逃避徭役、地租等负担，大量成为了满族贵族的“世奴”。最终，“圈地”和“投充”所得的土地和劳动力又被清朝统治者再次分配，成为了皇家庄园、王室庄园和八旗子弟的财产。其中没有官职的兵丁也获得了少量田地，只是不得买卖，有世袭的权力。八旗官兵的生活和军备器械也从庄田收入中获得。

此后，清朝统治者为了维护清初实施“圈地”和“投充”等法令而形成的经济制度，颁布了一系列相关的法律典章。例如对后世影响较大的“逃人法”。“逃人法”尽可能详尽地规定了逃人窝主的奖惩办法及其相应的逃捕流程，其目的是为了维护其农奴制度、保持权贵土地上相应的劳动力人数。除了“逃人法”，还实施了一系列以保护八旗土地财产的法律条例，如禁止买卖、典当土地，禁止长期租用土地等。

“圈地令”“逃人法”等措施导致圈地人民流离失所，加剧了民族矛盾，引起了社会动荡。最终，统治者被迫改变政策，停止了“圈地令”的推行，有些地区将所圈之地如数归还给原来的土地拥有者。

为维护满族贵族的特权、保护农奴制生产关系，清朝实行特殊的经济政策，总的来说是全局和局部两套并行的经济制度。

从全局角度出发，农业仍然是清代最重要的经济产业。乾隆年间全国人口达到3亿，人口是发展经济的决定性因素之一。清代又对一些农业的生产工具、技术进行改进，同时引进了农产品新品种。在此基础上，清代土地得到了较为有效的开发和利用。在农业发展的基础上，其生产关系逐渐发生变化，原本旗地具有官田的性质，逐渐开始有了私有化的倾向，农奴制逐渐向租佃制转变。

清代主要的手工业为丝织业、棉纺织业、制瓷业、制盐业、矿冶业。清朝废除了匠籍制度，免去了对匠人等手工业者的人身束缚。在官营手工业中开始以计工的方式雇佣匠人，即以工给值。清朝废除匠籍制度极大地提高了匠人的生产积极性，从而提高了劳动生产率，促进了手工业的发展。

清代的商业虽有所发展，但从整体而言，政府仍推行“重农抑商”的经济政策。虽然统治者对商业的观念有所改变，但是封建制度抑制和阻碍了商品经济的发展。

清代的对外贸易有禁海、开海、“一口通商”三个阶段。禁海时期的对

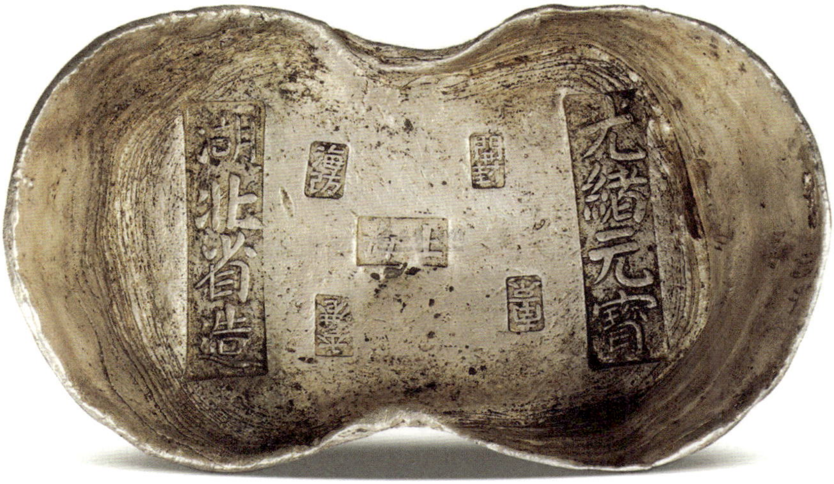

图4-11 清朝光绪年间湖北造五十两银锭

外贸易主要是通过民间走私贸易。开海时期进出口贸易空前繁荣，其对外贸易的经济制度也日趋完善。“一口通商”的背景则是在西方资本主义迅速发展，对中国进行野蛮掠夺日益严重的情况下，清政府实施的更加严厉的对外贸易政策。但就整体的贸易量来说，“一口通商”时期也是持续攀升的。

清代后期是中国经济的重要转折时期，国内民族资本主义的产生和发展，外国帝国主义列强的入侵，导致清代的经济制度也发生了历史性的变化。伴随着清代社会半封建半殖民地化，中国封建经济制度逐渐解体，取而代之的是半封建半殖民地经济制度。

首先，商品经济的发展促进了资本主义萌芽的出现，具体表现在大面积播种的经济作物和农工商部门出现了从地主为中心向宗族经济的整合趋势，私人占有土地变成集体占有土地的情况日益变多。其次，随着人口激增、粮食短缺，围垦沙田成为人民谋生的另一重要途径；比较激进的械斗在宗族族田发展中时有发生，也有宗族子弟以做官为途径来保护其田地。此类问题的发生，也在一定程度上加剧了社会矛盾。但是由于封建地主经济制度及其法律与发展资本主义的规律及其法律相左，清末改革经济制度仍是官僚、地主、买办阶级在新的历史趋势下的某种妥协和缓和之策，并不可能从根本上促进清代资本主义的发展。

北方马背民族的经济制度如实地反映了马背民族政权中占统治地位的生产力的发展要求。这些经济制度是马背民族组织社会经济活动时候所遵循的根本原则，是在社会经济活动的一定（或全部）范围内，人们普遍承认并且实际共同遵守着的一种行为规范。我们也可以看出，马背民族除了畜牧、狩猎经济，农业、手工业、商业也是其重要的生活生产部门。以历史发展的角度而言，这些部门的存在也间接地为我国民族融合做出了巨大的贡献，而马背民族政权所建立的经济制度也让我们看到了他们为加强与中原地区的联系，推动社会经济发展所付出的努力。

第五章　马背民族的社会制度

马背民族世代生活在辽阔的大草原上，“随畜牧而转移”，“逐水草而居”。在漫长的历史岁月中，马背民族创建了以游牧为主要经济基础的社会制度。马背民族创建的社会制度，以其自身独具的特点和影响力对当时社会的进步和发展起到过重要作用。

第一节　中国历史上消失的五大马背民族的社会制度

中国是一个统一的多民族国家，在5000年的历史进程中，经过吸收、合并、演变，发展成为今天的56个民族。有些古老的民族慢慢消失了，而在融合中一些新的民族又诞生了。下面给大家介绍一下中国历史上消失的五大马背民族——匈奴、鲜卑、突厥、契丹、女真的社会制度。

一、匈奴的社会制度

部族是匈奴基本的社会组织。匈奴部族有两种情况，一是单于统领的部族，二是异性王统领的部族。

匈奴单于统领的部族有10部，各部族首领称王，他们是左贤王、右贤王、左谷蠡王、右谷蠡王、左日逐王、右日逐王、左温禺鞮王、右温禺鞮王、左渐将王、右渐将王。这些王都有任命官吏、统率军队、治理人民的大权。各王都由单于的子弟担任，但不能世袭，各王死后，由单于另封其他子弟担任。

从匈奴社会单于继承制度来看，父子相继和兄终弟及在事实上一直是存在的，按照这种继承制的发展程序来看，最初应该是兄终弟及的，等兄弟行列依次传完后，再轮到下一代的兄弟。这种继承制度是和古代氏族同居共财的经济关系紧密联系在一起的，到匈奴建国以后，规定单于子弟的官爵谁升到左贤王的位置谁就可以继承王位，这是氏族制残余和新的社会发展因素结合的产物，是一种落后的不健全的世袭制度，尚处于刚刚由部落联盟公选制度脱胎出来的过渡状态。在整个匈奴时期，王位的继承问题一直没有得到很好的解决，常常由此产生争夺王位的内部斗争。这种状态一直持续到匈奴政权的灭亡。

为了便于统治，冒顿把全境分为三部分。单于庭是最高权力中心，它直辖匈奴中部地区，单于总揽一切军政大权，匈奴语称为“撑犁孤涂单于”，即“天子”。左贤王统治东方领土，权力和地位仅次于单于。右贤王统治西方领土。这样，匈奴的统治大权都集中到单支手中，于是单于成了一个专制君主。各王各有分地，在各自的驻牧地建有王庭，左方王居于单于庭东边，右方王居于单于庭西边。左右贤王以下的王都也都拥有部族军，大者数万骑，小者千骑。

异性部族主要是匈奴王族的通婚部族，以及通过征服或者主动归附而加入匈奴国家的部族。其中通婚部族有呼衍氏、须卜氏、丘林氏、兰氏四大贵族，还包括许多非匈奴的氏族、部落和国家——东胡、月氏、楼烦、白羊河南王、浑庾、屈射、丁零、鬲昆、薪藜以及西域诸国。这些被征服的氏族、部落和国家，在政治上隶属于匈奴，对匈奴负有纳贡的义务，匈奴人很少强迫他们的人口迁入匈奴，他们大多保持自己的传统、社会组织和生产关系，并未因纳入匈奴统治和加入匈奴联盟而使自身结构发生质的变化。

图5-1　汉代“单于天降”瓦当

（内蒙古博物院藏，刘洪洋／摄）

匈奴政权的机构是非常松散的和不稳定的。到了汉武帝刘彻时期，西汉政权巩固，经济繁荣，国力强盛，开始对匈奴开展一系列的的反击战，并取得了胜利。匈奴元气大伤，无法再对西汉进行大规模的进攻。匈奴连遭失败，威望大降，受匈奴奴役和压迫的部落和国家，纷纷起来反抗匈奴。匈奴单于的权力本来是不巩固的。胜利时，大贵族分享胜利果实，大家拥护单于的领导；失败后，人心涣散，众叛亲离，单于威信扫地。最终匈奴在内忧外患中分裂为南匈奴和北匈奴。南匈奴依附汉朝，逐渐内迁。北匈奴西迁。十六国时期，匈奴建立了汉赵、夏等政权。之后，匈奴作为一个独立的民族从中国历史中消失，融入了华夏族。

匈奴的婚姻制度较为复杂，收继婚是其最具特色的婚姻制度之一。史籍中匈奴的收继婚只笼统概述为“父死 ，妻其后母；兄弟死，尽取其妻妻之”。历史上，王昭君出嫁匈奴成为呼韩邪单于的阏氏，并生下一子，两年后呼韩邪单于去世，王昭君要按照匈奴习俗，嫁给新即位的单于复株累单于就是典型的例子。

图5-2　北魏骑兵俑

二、鲜卑的社会制度

秦汉之际，东胡被匈奴冒顿单于打败，分为两部，退居乌桓山和鲜卑山，均以山名作为族名，形成乌桓和鲜卑。鲜卑山在乌桓山之北，乌桓兴盛的时候，鲜卑和中原的接触还比较少。直到东汉初年，随着乌桓的衰落以及南迁，鲜卑乘机占据了这块地方，开始活跃起来。

当时，鲜卑仍处在匈奴的控制下，在匈奴强迫下不时骚扰汉朝边境。鲜卑各部还处于奴隶制社会，社会组织分为部和邑落。从鲜卑部落联盟的发展来看，它经历了早期部落联盟、晚期部落联盟和部落联盟国家三个历史阶段。

早期鲜卑部落联盟包括檀石槐部落联盟和轲比能部落联盟。这一时期的部落联盟分别以檀石槐和轲比能为中心而建立，延续了早期鲜卑部落以部帅之名作为部落名称的传统。早期鲜卑部落联盟是以个人为中心建立的，各分部大人由全体部民选举产生，部落权力归全体部民所有，此时的大人不过是一种部落职务，他们没有任何特权，亦不能指定亲族继任。但在部落联盟建立后，部落联盟领袖的权力随之扩大，他们不仅能够主宰部落事务，还通过分部大人来统管整个部落联盟事宜，部落大人的权威逐渐确立。随着阶级分化和私有制的确立，部落大人逐渐产生了皇权化倾向，最终形成世袭制。此后，部落大人由公众选举的部落职务转变为私相传授的社会地位。此时，大人的权力和地位尚不稳定，英勇善战和公正无私仍是部民对大人及领袖的基本要求。一旦失去这些特质，他们便会被部落成员所遗弃。早期鲜卑部落联盟解散后，其成员从中分离出来，沿着不同路径迁徙。在迁徙过程中，他们大多通过武力征服，将沿途势力较小的部落纳入其中，建立起新的部落联盟。

晚期部落联盟包括拓跋部落联盟、乞伏部落联盟、秃发部落联盟和吐谷浑部落联盟。这些部落联盟的中心部落大都曾是檀石槐部落联盟成员，加盟部落则多是被中心部落以武力征服而来。晚期部落联盟大都是由早期部落联盟成员组建的，继承了檀石槐部落联盟大人世袭制的传统，并将部帅传承禁锢在核心部落的部帅家族之中，部帅也由全体部民选举转变为由前任部帅指定，有时核心家族成员也会争相抢夺。随着晚期部落联盟与中原政权的交往日益频繁，他们受到中原政权的影响，国家建立的条件已然成熟，于是鲜卑部落联盟国家纷纷建立。建立在部落联盟基础上的政权大都采取行国体制，国家建立之初，尚无固定都城和疆域，抑或建立多个都城而往来其中。在这些国家中，仍延续了部落联盟的政治形式，即各以部众多寡而称“酋”、“庶长”。即便在北魏建国后，仍设置南、北二部大人，参与国家管理。东晋末，各政权纷纷割据称雄。在鲜卑行国中，以在拓跋部落联盟基础上形成的代国最早，但不久便被前秦所灭。随即，拓跋部部帅收集残余势力，建立起北魏。秃发鲜卑部落联盟、乞伏鲜卑部落联盟和吐谷浑部落联盟也先后建立了南凉、西秦和吐谷浑国。南凉、西秦因实力较弱，加之地处少数民族政权争夺的中心地带而迅速灭亡。北魏由于实力较强，最终统一我国北方地区，形成与南朝政权对峙的局面。吐谷浑则由于参与十六国争夺较少而得以存续，并逐渐发展壮大。还有内迁的鲜卑人多转向农业生产，渐与汉族及其他各族相融合。随着封建化进程的加深，同各民族的融合加快。到了隋唐时期，鲜卑作为民族实体和政权实体融入其他民族中，逐渐消亡。

在鲜卑社会中同样实行着收继婚习俗，这一点与匈奴大致相同。

三、突厥的社会制度

突厥是我国古代西北与北方草原地区一个重要的游牧民族。突厥包括阿史那、拔野古、同罗、思结、仆骨、浑、契苾、薛、回纥、延陀等10个部族，其中阿史那部族为可汗宗族部族。突厥可汗在阿史那宗族世传。随着汗国的对外扩张，异性部族不断增多。被征服的异性部族之地由突厥宗族子弟统领。当时，大部族中有小部族，称为木昆、莫贺。各级部族首领称为俟利发、设、啜、俟斤等。

583年，突厥汗国分裂为东、西两部。599年，东突厥南下臣服于隋朝，西突厥继续同隋朝顽抗。西突厥汗国分为10个部族，称为十设或十箭。十设又分为左、右厢，左厢五设，号为五咄陆部，每部首领称啜；右厢五设，号为五弩失毕部，每部族首领称俟斤。五咄六部居于碎叶川以东，五弩失毕部居于碎叶川以西，可汗居中。西突厥部族中还有被征服的其他西域部族。由于西突厥所统治的中亚诸国家，早在公元三四世纪时就已进入封建社会，因此西突厥由奴隶制走上封建制道路的时间要早于东突厥。东突厥虽然仍是奴隶制度，但已有封建制的萌芽。随着生产力的发展，到8世纪苾伽可汗的复国运动时，废除了奴隶法。其中，中原的封建制度和汉人在促进突厥汗国封建化的过程中发挥了积极的作用。

唐朝建立后，先后两次出兵突厥，灭亡了东突厥和西突厥。630年，东突厥汗国灭亡后，大批突厥降人被安置在河套南北，得到中原王朝输入的农业技术，从而改变了生产形态，生产力有了很大提高。另一部分则不断西迁，寻求新的生存空间。西突厥亡国后，唐朝在突厥原居地按中原王朝的方式设置州府，还让突厥人入唐为官。例如，唐朝设昆陵都护府分管五咄六部，设濛池都护府分管弩失毕部。

关于婚姻制度，《北史·突厥传》记述了突厥人的婚姻制度："男女咸盛服饰，会于葬所。男有悦爱于女者，归即遣人娉问，其父母多不违也。父兄伯叔死者，子弟及侄等妻其后母、世叔母及嫂，唯尊者不得下淫。"文中"唯尊者不得下淫"一语，表明它具有强制的性质。因而这并不是单纯的婚俗，而是突厥人的婚姻习惯法。

关于婚姻缔结问题，据上段引文，突厥青年是通过葬所之会来找寻对象的。这是由于游牧社会的分散性和流动性，不可能有经常的社交活动，因此只得利用"男女咸盛服饰，会于葬所"的机会来选择配偶。其次，从"遣人娉问，其父母多不违也"可知儿女私情通常是能够获得家长认可的。此外，聘礼虽不见于前引史料，但突厥刑法中有“输妇财”的赔偿方法，则“娶妇纳聘”应无疑义。

突厥法容许长辈收继婚与平辈收继婚相结合。当时妇女被当成了家庭财产，丈夫死后，由亲族继承，以保证家庭财产不致外流。因而，收继后母、寡嫂，抚养父兄的遗孤乃是族中男子的权力和义务。在突厥汗国的历史上，义成公主是一位著名的被收继人。她曾先后为启民可汗、启民子始毕可汗、始毕弟处罗可汗、处罗弟颉利可汗之妻。然而，以下两种情况不能履行收继婚：被收继人之夫未死；被收继人为收继人之生母。倘使不具备收继条件，则寡妇可以改嫁，如安禄山“少孤，随母在突厥中。母后嫁胡将军安波注见延偃”，就是因为安禄山是她的亲生子，不可能成为收继人。至于她的亡夫是否还有其他子弟侄，史无明载，不得而知。看来安禄山之母是在无法履行收继的情形下改嫁的。由此可以设想，当夫家不存在合法收继人时，寡妇有权改嫁，亲生子随母改嫁也被容许。收继婚的习俗在突厥人入侵中亚之后仍被继续保持，如7世纪初叶护可汗长子咀度设死后，“前儿特勤篡立为设，仍妻后母”。

四、契丹的社会制度

契丹发源于西拉木伦河和老哈河流域，唐初形成部落联盟，先后经过了大贺氏和遥辇氏两个部落联盟时代。

传说契丹族由8个部落发展起来。这时期部落之间“不相统制”，尚未进入部落联盟阶段。契丹部族制度的形成于唐朝初期的大贺氏联盟时代。部落联盟时期，联盟首领从固定的宗族内即大贺氏中产生，联盟中的各部族首领也是从固定的宗族中产生。契丹曾经臣服于突厥，受突厥影响，部族首领也成俟斤。然而，部落及部落联盟首领的产生，不是世袭而是民主选举，即民主世选制。契丹旧制，部落联盟首领可汗及八部酋长夷离堇（也称大人，后称大王），每三年推选一次。随着社会经济的发展，契丹社会逐渐进入奴隶制社会，这种三年一代的旧制也逐渐遭到破坏。907年，耶律阿保机成为契丹部落联盟首领，继续扩展势力，逐渐建立与完善契丹的社会制度，并吸收汉族文化制度，发展农垦，建立州县，以汉制统治汉人，迅速向封建制过渡。

在耶律阿保机建国前后，对契丹传统的部族组织进行了重大的改革。一方面将若干部落重新加以组合，把过去以血缘组织为基础的氏族集团转变为国家体制下的行政组织和军事组织，如太祖二十部、圣宗三十四部等，这种部落通称为“部族”；另一方面将若干氏族从部族组织中独立出来，如诸斡鲁朵、遥辇九帐、横帐三父房、国舅五房，称为“宫帐”。由此可以将契丹的部族组织划分为3种类型。第一种是部落，包括太祖二十部和圣宗三十四部。在契丹建国后，部落是作为中央集权下的国家行政组织而存在的，部落首长节度使是由国家任命的官员。第二种是宫帐，包括诸斡鲁朵（十二宫一府）、遥辇九帐、横帐三父房、国舅五房。宫帐与部落的本质区别在于它是由世袭首长统领的氏族组织，这些氏族首长的身份是头下世袭领主。第三种是部族，包括五院部、六院部、奚王府等。

图5–3　辽代画家李赞华（即东丹王耶律倍）《东丹王出行图》

有关婚姻缔结方面，契丹人实行一夫一妻多妾制、两姓通婚制、高门等级内婚制、族外婚制、聘娶婚制等形式。具体如下：

一夫一妻多妾制：契丹在立国前，就已经进入一妻一夫制的婚姻形态，对妇女而言只能有一个丈夫，辽代贵族男子在确立嫡妻地位的前提下，还可拥有若干个偏房小妾。嫡妻或者正室均需正式聘娶，纳偏房小妾则往往表现为买

图5-4　内蒙古库伦7号辽墓西壁壁画人物

卖婚形式，亦有依仗权势强行娶纳的。

契丹族特有的两姓通婚制：契丹人姓氏基本为耶律、萧二姓，他们的通婚也基本在这两个姓氏之间进行，与耶律通婚者为萧姓，与萧姓通婚者为耶律氏。但是这种婚俗也确实给契丹人带来某些不便，通婚只限二姓，选择余地少，并且长期不改，明显有些单调，于是1074年，耶律庶箴提议改革，“使各部自立为姓”，以扩大婚姻范围，增加婚姻单位，开辟新的婚姻之路，但是辽道宗以“旧制不可遽厘”为理由而拒绝。

高门等级内婚制：王族只能与后族通婚，贵族与庶族通常不许联姻。王族是指耶律阿保机家族；后族一般是指述律氏家族。辽代帝王娶后，只限于述律萧氏，在辽代九帝中，除世宗二后中甄氏为汉人，穆宗皇后世系不明以外，其余诸皇后均出于述律氏。辽代的高门等级内婚制，是同国家政体密切相关的，辽代实行皇族与后族联合执政，这种婚姻制度，可巩固其政治地位，是辽代统治的重要手段。

族外婚制：契丹统治者虽然限制贵族与庶族通婚，却不禁止与他族上层分子联姻。立国后，上自帝王，下至平民各阶层，与外族通婚的现象也日益普遍，契丹王族与奚王族建立了世系为婚的关系，又与汉、渤海等显贵们联姻。

聘娶婚制：辽代契丹人基本婚姻形式是聘娶婚，其主要特点是男方备一定的财物为聘礼，女方经过对男方家族考察、衡量，受聘则婚约成立，继而纳之，这期间要经过订亲、会亲、亲迎、拜奥四个程序，契丹人结婚要父母包办。

图5-5　赤峰市大营子辽驸马赠卫国王墓出土的鎏金马饰具

五、女真社会制度

女真部落联盟发展的层次，最初是把亲近的分散的氏族部落联合起来，出现众多的地方的小联盟，其次是把分散的不持久的小联盟结集成为大的联盟，最后以完颜部为核心，统一为一个巩固持久的庞大的联盟，这样国家即将产生了。在女真氏族社会的氏族部落中，出现了私人家族的家兵和部落兵——猛安、谋克。猛安、谋克是金代女真社会的最基本组织。它产生于女真原始社会的末期，由最初的围猎编制进而发展为军事组织，最后变革为地方行政组织，具有行政、生产与军事合一的特点，即它们的主要作用是向国家服兵役，同时也从事生产。猛安、谋克之职在固定的家族内产生，并以户数为计算单位。

从皇位继承制度看，女真建国前，完颜部采取了推选制汗位继承制度。始祖至景祖时期，采取的是父死子继的继承方式。世祖至康宗时期，为了统一诸部、摆脱辽朝控制和获取更好的发展机会，采取的是兄终弟及的继承方式。例如金太祖完颜阿骨打有4个儿子：完颜宗峻、完颜宗干、完颜宗望、完颜宗弼。完颜阿骨打死后，他的弟弟完颜晟（金太宗）继承了皇位。完颜晟死后，完颜宗峻儿子完颜亶（金熙宗）继承了皇位。完颜亶后来被完颜宗干的儿子完颜亮（海陵王）杀掉，完颜亮夺取了皇位。

在婚姻缔结方面，从女真贵族的婚姻状况看，女真人也是同姓不婚的。自昭祖石鲁以后，完颜氏贵族皆与异姓通婚。在婚姻缔结方面的姑舅表亲还相当普遍。而由于政治的需要和旧俗的影响，完颜氏还与部外贵族结成了较为牢固的婚姻集团。其择偶方式，既可由男女自行决定，又可由长辈代为选择。一般说来，贵族子弟的婚姻因与政治、财产关系密切，多由长辈决定，贫苦人家子女在配偶的选择上则享有较多的自主权。女真人中也有偷婚、抢婚、指腹为婚、收继婚的现象也普遍存在。

第二节　蒙古族的社会制度

蒙古族的社会形态经历了从部落时代、奴隶制社会到封建社会的过渡，在社会生活方面逐渐形成了各种约定俗成的社会规范或制度。本节将主要介绍蒙古族婚姻家庭、户籍管理和祭祀方面的习惯法或制度。

一、蒙古族婚姻家庭制度

蒙古族自古以来就是以游牧生产为主的民族，在长期的游牧生产中，形成了独特的生产和生活方式，同样也创造了与其民族特色相适应的富有特色的习俗文化。婚姻家庭继承领域中的习惯和习惯法即为其典型代表。

（一）婚姻制度

1．族外婚制

古代蒙古族为了保持氏族血统的纯洁性，禁止同一父系血缘亲族间结亲，同时男性同族的氏族间也不准结亲，即实行族外婚制。为使两个氏族缔结的婚姻关系为社会所承认，按习俗形成了一套规章礼制，即“约孙”。《史集》中记载，撒里黑汗警告蒙古人说：“我的蒙古小兄弟啊，任何时候你们不要相互结为亲家。”再如成吉思汗札撒规定：“不要娶他们（撒勒只兀惕部落）的姑娘，也不要把姑娘嫁给他们；因为他们遵守着亲属关系之道，使他们卓异于其他蒙古部落。”对此，符拉基米尔佐夫在《蒙古社会制度史》中说：

“任何一个氏族的男子都不能与同氏族的女子结婚，而必须和其他不同血统的氏族的女子结婚。”族外婚即当时蒙古婚姻制度的根本原则。

元代蒙古族仍然通行严格的族外婚，同一部族内禁止通婚。有些蒙古部落之间，通常保持着比较固定的通婚关系，世代称为“忽答”（亲家）。以元朝皇室（孛儿只斤氏）为例，他们同弘吉剌、亦乞列思、汪古等部落长期保持通婚关系。元朝皇后大多出自弘吉剌部；而弘吉剌部的男性领主，亦都具有驸马身份。元宪宗蒙哥、元武宗海山等人的皇后均出自亦乞列思部，该部的男性领主多娶公主为妻。汪古部领主多有驸马地位，许多“黄金家族”之女嫁到该部。此外，蒙古族女人出嫁后不改从丈夫家的姓氏，仍然保有父家的姓氏。

2．一夫多妻制

“在游牧生活条件下，在有着宗主氏族存在的氏族制度下，在不断的袭击、掠夺和战争的情况下”，男子总是“被杀死或者被当作兄弟编入胜利者的部落；妇女则作为妻子，或者把她们同她们尚存的子女一起收养”，一夫多妻制正是这种历史条件下的产物。因此，在部落时期，蒙古族以一夫多妻制作为基本婚姻制度。一夫多妻制是“健立在丈夫的统治之上的，其明显的目的就是要生育有确凿无疑的生父的子女”，以“继承他们父亲的财产”。因此蒙古的多妻制与继承制度直接相关。

元代蒙古族实行一夫多妻制，一方面当时蒙古社会以男子为中心，同时还存在着浓厚的原始婚姻制度的残余；另一方面因为频繁的战争使大量男子丧生而同时又俘获了大量妇女。特别是掌权的贵族，他们可以娶众多妻妾。据《出使蒙古记》记载：“每一个男人，能供养多少妻子，就可以娶多少妻子”。

一夫多妻家庭中，妻子有明显的长、次或正、次之分。在决定家庭事务方面，长妻有高于其他妻子的发言权，诸妻妾受长妻管辖和支配。《马可波罗游记》记载：“有十个或二十个妻子，家庭里大家相处也很和睦宁静，实在值得人赞美。从来听不到一句粗鲁无理的话语。”能够维持如此良好的家庭秩序，与长妻的传统作用密不可分。但长妻的地位并不是固定不变的，如长妻无子，地位就低于其他生子的诸妻。此外，长妻所生（嫡出）子女的地位亦高于庶出子女。蒙古人的系谱就是按照嫡子的系统传承下来的，庶子则不为人们所重视。至于汗位，只有嫡子才有权利继承。嫡庶有别从大蒙古国、元朝时期一直到清代都未改变，它对蒙古家庭和社会也有着重大影响。

3．收继婚制

收继婚，又称为“转房”或“接续”，指丈夫死后，寡居的妇女可由族中子侄或兄弟收继为妻，即所谓的“妻母报嫂”。在马背民族社会中，盛行收继婚风俗，“父死子可妻其后母，兄死弟可收其寡嫂”。收继婚的产生与财产、权力分配有着密切关系。这是私有制产生后，为防止家族财产外流，妻子被当作夫家财产，寡妇须留在夫家转嫁，由族内继承，以保证“财产不外流，政权不外溢，血统不外传”。再者，尽管在夫权面前妇女地位是低下的，但作为母亲，蒙古妇女在丈夫死后，她们享有财产继承权，这也使收继者所垂涎。

至元代，收继婚仍盛行，后受汉族影响而有所禁止。元朝法律规定：“诸兄收弟妇者，杖一百七，妇九十七，离之。”“居父母丧，奸收庶母者，各仗一百七，离之，有官者除名。”“诸姑表兄弟嫂叔不相收，收者以奸论。”有关婚律的条文中出现明令禁止汉人实行收继婚的规定。但是，蒙古族收继婚风俗根深蒂固，明令禁止并未根本改变此制。虽然异辈收继被扬弃，但平辈收继在遭禁的同时仍随处可见。

4．抢婚制

抢婚，亦称掠夺婚，是古代氏族部落外婚时用抢掠或战争手段俘获妇女的一种野蛮的强制性婚姻形态。到13世纪止，蒙古社会中仍存在着抢婚的迹象。如成吉思汗之父也速该的正妻诃额仑就是从蔑儿乞人那里抢来的。后来蔑儿乞人突袭铁木真家，抢去孛儿帖夫人。

到元代初期，这种抢婚已不多见，而象征性抢婚作为一种形式在蒙古人婚礼中保留了下来。如婚礼宴会上，新娘逃到亲戚家里躲起来。于是新郎和他的朋友们到处寻找，并佯装用武力将她抢过来带回家。但另一种抢婚在元代蒙古社会中仍在继续，那就是在战争中征服敌人夺取其妻女，这种情况比比皆是。这种战争中的抢婚还得到早期习惯法与后来的成文法的认可。如《卫拉特法典》第五十条规定："为了保卫生命，在战斗中杀夫者，作为褒赏得其妻。"

5．聘婚制

13世纪以后，进入封建社会的蒙古族普遍实行聘婚制。一般有以下几步程序：第一步是议婚。当男女当事人双方还是未成年时，父母就会从部落外寻找合适的对象。当时的父辈就具有主婚权。例如史料中记载的也速该与德薛禅为铁木真和孛尔帖缔结婚姻的详细过程。订婚要吃"许婚筵"，译为"不兀勒札儿"。《新译简注〈蒙古秘史〉》中注释"不兀勒札儿"是动物的颈喉部，这里指羊的"不兀勒札儿"。订婚筵席上用这个东西是象征两家的婚事不准再反悔的意思，故以"不兀勒札儿"指代"许婚筵席"。第二步是给付聘金。聘娶婚的一个重要环节就是由男方向女方交付一定聘金。从女方家的角度来看，聘金愈多则愈显荣耀。在物质财富极其匮乏的古代，缔结婚姻的聘金这一重要环节，更多地体现在男方迎娶正妻的情形下。在别妻、次妻的聘金上，则成为体现交换价值的买卖婚姻之对价。拥有财富多的贵族，可以娶到很多妻子，占有财富少的奴隶只能娶到少量的妻子或一个妻子，无财富的人可能无法娶到妻子。因此，蒙古先民的聘娶婚，往往会变成买卖婚。第三步是迎亲。迎亲是古代蒙古族婚姻的最后一道程序。从现有的史料来看，迎亲时，新郎带领着亲属到新娘家里，由新郎及其随来的亲属护送新娘到男方家中。在此过程中，新娘家里也会为女婿准备一份厚礼。这种婚姻形式，虽然因财产多寡决定娶妻多少而不利于贫穷者，但相对于容易引起无休止的复仇战争的抢亲制而言，更加有利于古代蒙古社会的安定和繁荣。

（二）家庭及财产继承制度

蒙古族家庭中，由于男人在生产领域占有支配地位，从而决定了男人的地位明显高于女人。在一般情况下，家长由最长辈的男人充当。最长辈的男人死后，其遗孀主持家务。生产和家务劳动主要由妇女承担。据马可波罗记载："家庭里面凡有什么买进卖出的商业（生意）由妇女经营。也就是说，丈夫和家庭所需的一切物品，都是由妇女准备。"至于男人们在家庭中的义务，"男人的时间，全都用来狩猎、放鹰和军事生活方面。他们拥有世界上最好的隼和最优良的猎犬"。男人在家庭中的义务还有制造弓箭、马镫、马嚼子和马鞍，建造帐幕和车子，照管马匹并挤马奶，搅拌忽迷思（即马奶），制造收藏忽迷思的皮囊，他们照管骆驼并把运送的东西装上驼背，照管绵羊和山羊，鞣制毛皮等。

蒙古族家庭子女婚配成家后，要离开父母立帐另过。姑娘到了年龄（15岁以上）要出嫁。成家另过的儿子可以继承家庭财产。古代蒙古习惯法规定，幼子要继承父亲的炉灶，但也要给其他儿子们分家财。因为财产继承中地位特殊，所以幼子呼为斡赤斤，意为"守灶者"。财产继承的分配原则是年长者多得，年少者少得，幼子继承父业。《史集》记载："缘突厥、蒙古之自古之风俗，首领及其生时，遗其诸长子居于外，分子财产、牲畜与属众；其余则尽属幼子。"据历史文献记载，如果蒙古家庭有养子养女，按古代蒙古习惯法规定，养子养女有分取财产和继承财产的权力。

二、蒙古族户籍制度

户籍制度是历代王朝的一项重要社会管理制度，大蒙古国和元朝时期户籍制度的建立和实行，改变了以往氏族、部落联盟自由结合的分散状态，从某种意义上来看，户籍管理制度对于稳定社会秩序、保障赋税交纳、发展畜牧业生产等起到了积极的作用。

（一）元朝建立之前的户籍管理

成吉思汗建立大蒙古国后，被统一在大蒙古国治下的蒙古各部落实行领户分封制度，封建生产关系开始居于主导地位，蒙古社会逐渐封建化。成吉思汗把蒙古部落原有部众和统一大漠南北过程中收集的众部族百姓，统统编制在十户、百户、千户和万户之中，依次由十户长、百户长、千户长和万户长统领。《成吉思汗法典》规定："社会组织实行十进制。分为十户、百户、千户和万户，成吉思汗任命万户长和千户长，千户长任命百户长，百户长任命十户长。"共编成95个千户，分别授予共同建国的贵戚、功臣，任命他们为千户那颜，使其世袭管领。千户上承万户，下辖百户和十户，处于中心环节，因此也把领户分封制称为千户制度。值得注意的是，每个千户的数量并非正好是1000户，实际户数有的多达数千。万户也并非正好是10000户，百户也如此。

成吉思汗推行的千户制度与十进制的户籍制度是紧密结合的。据《蒙古秘史》记载，蒙古的户籍簿册称为"青册"，其登记的内容包括户口和财产。成吉思汗任命失吉忽突忽为大断事官，其职责之一便是管理全蒙古的户籍。《成吉思汗法典》规定："建立户籍制度。每个人都辖属于十户、百户和千户，并承担劳役。每个人都只能居住在指定的十户、百户、千户辖区内，不能随意迁移到另一个单位去，也不能到别的地方去寻求庇护。如有违抗该命令的，迁移者要当众被处死，收容的人也要受到严厉惩罚。"通过户籍制度管理，大蒙古国的百姓都被纳入千户之内，在指定的牧地范围内居住。各千户所管百姓不许变动。国家按照在本单位户口内登记的民户，按户征派赋役和签调军队，所有民户都应在本管千户内"著籍应役"。凡年满15岁的男子都要服兵役，一旦有战事，便自备武器、马匹及粮草，由本管那颜率领出征。因此所有蒙古成年的男性牧民同时也都是战士，所谓"上马则备战斗，下马则屯聚牧养"。

窝阔台统治时期，进行了两次大规模的户籍清理。第一次称为"乙未籍户"，全面进行户口登记，让流民就地著籍；将社会职能不同、承担不同义务的人户，在户籍上区别开来，分别立籍，划分了民、站、打捕鹰坊、屯田、僧、道等户计；对驱口进行分检。这次编户，建立了较全面的户籍簿册，初步

图5－6　元代八思巴文“忠翊侍卫亲军弩军百户之印”铭铜印（内蒙古博物院藏，刘洪洋／摄）

划分了诸色户计。第二次建立了“壬子籍册”，一方面将漏籍、析居、放良等户尽量登记入籍，另一方面某些地方也将逃亡户据实削除。

（二）元朝统治时期的户籍管理

元朝时期，户籍管理的划分主要有户等和诸色户计。

1．户等

户等即按照资产多少，将居民划分成若干等级，作为合理摊派赋役的依据。户等制先分上、中、下三等，每等之内又分上、中、下三甲，是为三等九甲。户等划分完毕，将所定等级等详细情况登记在册，称为鼠尾簿，地方官府据以征发赋役、处理民事纠纷。户等制与赋役制度之间存在着密切的联系，特别是科差、杂泛差役、和雇和买的征派，原则上都规定以户等为依据。但是，由于元朝缺乏定期检核户籍的制度，户等制在很大程度上流于形式，与实际情况不符。

2．诸色户计

诸色户计是将从事不同职业的人户在户籍上区别开来，固定他们所承担的封建义务以满足统治者的不同需要。“色”，意为“种类”；“计”，意为“统计”。成吉思汗时，民户、匠户、站户以及僧、道户等户计的区别已经出现。到窝阔台“乙未籍户”时，正式划分了诸色户计。其中最基本的一种为民户，即一般百姓。其余户计大致可分为两大类，一类是承担国家特定徭役的户计，如军、站、匠等户；一类是在精神方面为统治者服务的户计，如儒、僧、道等户。这些户计由于都承担特殊的封建义务，因此都能或多或少地减免赋役。不同的户计隶属于不同的管理系统。人户经籍定为某种户计后，便世代相袭，不得擅自改籍，不得随便脱籍。不过，由元朝官府决定或经过官府允许的户计变更时常发生。

三、蒙古族祭祀制度

祭祀是蒙古族社会生活的重要组成。古代蒙古社会是父系氏族社会，当时的祭祀制度规定，只有本氏族成员才有资格参加祖先祭祀，非本氏族人，也就是非本血统的人是不准参加祭祀仪式的。即使是本氏族的亲族，若族长不让其参加祖先祭祀仪式，等于是将其从本氏族中驱逐出去了。这样做是因为氏族社会力求保持维系本氏族血亲联盟的血统关系的纯洁性和权威性。还有一种情况是有时候某一个家族的势力衰弱而被氏族其他成员所排斥，不被允许参加祭祀仪式。

蒙古族祭祀活动中，成吉思汗祭祀是最富有游牧文化特色的祭祀。13世纪初，成吉思汗统一了蒙古各部，建立了大蒙古国，成为蒙古族崇拜和敬仰的民族英雄，并被称为“一代天骄”。最初对于成吉思汗的祭祀，继承了蒙古族古代崇拜苍天、崇拜祖先的传统，窝阔台十分重视。这是蒙古宗室祭祀祖先的开始，并且形成了传统。忽必烈即位后，正式颁发圣旨，规定祭奠成吉思汗先祖的各种祭礼，使之日臻完善，代代相传。

1288年，元朝仿中原王朝的传统礼制建成太庙。太庙中供奉的祖宗牌位分为八室，即烈祖也速该、太祖成吉思汗、太宗窝阔台、定宗贵由、宪宗蒙哥及成吉思汗其他三子术赤、察合台和拖雷。元朝的太庙祭祀具有蒙古族特色：

1.祭祀的祝文用蒙古文书写，由蒙古巫祝宣读；2.祭品除了日常的膳食，增加了鹿、羊、葡萄酒、马湩以及其他野生禽兽；3.每年四祭，每祭令蒙古巫祝用蒙古语呼帝后名讳告祝。

绵延800年的成吉思汗祭奠，形成了一系列比较固定的规范和制度。由成吉思汗“黄金家族”后裔和成吉思汗守灵人达尔扈特直接传承。成吉思汗祭祀圣物都由民间组织机构守护和管理，形成了严格的传统规矩和管理制度，使各项祭祀代代相传。成吉思汗祭奠可分为三类：平日祭、月祭和季祭，都有固定的日期。专项祭奠一年举行60多次。祭品齐全，皆供整羊、圣酒和各种奶食品，并举行隆重的祭奠仪式。平日祭是祭祀者选择吉日良辰或是司祭的牙门图德根据祭祀者的要求认为可行的日子进行的一种祭奠。月祭从农历正月开始，到农历十二月每月都在固定的日期进行祭奠。季祭包括春季的查干苏鲁克大祭、夏季的淖尔大祭、秋季的需日格大祭和冬季的达斯门大祭。其中，每年农历三月二十一日举行的查干苏鲁克大祭是成吉思汗祭奠中规模最大、最隆重的祭祀活动。“查干苏鲁克”是蒙古语，意为“洁白的畜群”。据史料记载，查干苏鲁克大祭始于1211年，以祭天、祭祖仪式为主，保留了13世纪蒙古民族传统文化的特点，意在祈求人畜兴旺、大地平安。

第三节　满族的社会制度

自古以来，满族就是勤劳勇敢、善于骑射的游牧民族，历经战争，最终建立了统一的多民族的封建王朝——清朝。清朝统治时期，尤其在康熙、雍正、乾隆三代皇帝统治时，达到了鼎盛阶段，社会稳定，国力昌盛，对各族的统治也比较稳定。本节将就清朝统治时期，满族社会的宗族制度、婚姻制度、用人制度做一简单概述。

一、宗族制度

从清代满族社会来看，满族的宗族主要是父系个体家庭和父系家族的直接延长和放大，有时宗族也等于家族。宗族成员的身份是明确的，强调血缘的共同性。他们多修有族谱、祠堂，定有族规。

清朝雍正、乾隆时期，国力强盛，经济发展，宗族活动随之活跃起来。这一时期，政府比较重视宗族制度，实行族正制，将族正作为密切政府与宗族关系的中介。族正由宗族选出，经政府认可，或直接由政府任命。他的职责是代表官府督查族人是否守法，所以族正是官方的，与宗族自定的族长作用不同。宗族为更好地行使权力，管好族人，往往请求政府予以支持，而朝廷则批准祠规，承认祠堂族长的审判权、族法的合法性和有效性。

清朝实行传统的“以孝治天下”的方针，鼓励孝道、惩治忤逆的政策，并与宗族维护君主政权相结合，有条件地支持宗族对族人的治理。历代法律在族人、家人之间纠纷的量刑定罪方面，重情不重法，即重血亲之情、伦理之情，而将事情的是非置于次要地位。清代法律中关于族人之间犯罪的律条，有“十恶”中的“恶逆”，指殴打及谋杀祖父母、父母、伯叔父母及姑、兄、姊、外祖父母。还有一条“不睦”，指出卖及谋杀缌麻以上血亲。这两条都是“常赦所不原”的重罪。

清朝实行表彰模范宗族和孝子顺孙的政策。宗族为得到朝廷的表彰，努力与官府配合，争做模范宗族，以家族出现孝子烈妇为荣，树立牌坊为光彩。因此宗族更加自觉地实行宗法，教导和约束族人，对犯有错误的族人，情节轻微的祠堂加以教育，犯罪情节严重的，则由宗祠送官府按律惩治。

清朝对宗族公共财产，凡是祠宇、祭田、义庄田，只要在官府登记，他人就不得侵占、盗卖，否则处以重刑。官府另一项保护家族公产的措施，是在家族或主事族人犯罪的情形下不予没收公产。法律有对罪犯的“籍没”条文，即没收其一切财产，宗族公产也应属于没收范围。但由于清朝推行保护宗族财产政策，所以使宗族公产不在没收之列。

从另一方面来看，族正制的推行，使宗族民间化、普遍化，各个宗族势力得到相当的发展。宗族建立规模庞大的祠堂，家族公有经济力量雄厚，于是宗族内部、宗族之间出现种种不协调，乃至矛盾剧增。守法宗族协助官府征收钱粮，维护地方社会秩序，但是一些宗族称霸一方，反而不利于地方秩序的稳定。因此，族正制逐渐被废除。

二、婚姻制度

满族早期实行收继婚制。《大金国志》记载女真人是“父死则妻其母，兄死则妻其嫂，叔伯死则侄亦如之，故无论贵贱，人有数妻”。皇太极即位后，将收继婚作为一项陋俗而禁止，并以法律形式确立禁令。但长期存在于本民族的婚俗观念根深蒂固，因此后来的皇室婚姻中，我们仍能找到一些收继婚的踪影。

满族社会是从母系社会逐步向父系社会过渡的，男性逐渐在家庭中占统治地位，妇女处于附属地位，婚姻形态由一夫多妻转变为一夫一妻多妾。清初，满族婚姻重视民族高下，禁止满、汉通婚。入关以后，国家制度吸纳了汉族的典章制度与历朝统治经验，一系列政策措施明显被汉化。受汉族封建文化的影响，满族婚姻家庭也讲究礼制，妻妾之间不准逾越礼制。随着政权的建立，清代婚姻制度的一大特点是皇族婚姻制度的逐步完善，并且成为国家统治制度的重要组成部分。选婚、指婚制度的确立与完善，从某种意义上说超出了传统儒家礼法的思维模式，这是皇权政治在婚姻制度中的具体表现。

（一）选秀女制度

选秀女制度始于清军入关以后，历经康熙、乾隆、嘉庆等朝的多次修订，逐渐成为定式，直到光绪末年。清朝对选秀女非常重视，在选择范围和方式上有严格的规定。遴选秀女的目的在于“或备内廷主位，或为皇子、皇孙拴婚，或为亲、郡王之子指婚”。凡被选中的秀女，或为当朝皇帝充后宫，或配于皇室子孙。一旦被选任或晋升为皇后，即享有“椒房之尊”，佐君主，主内治。因此，秀女制度是清代皇室婚姻制度的重要组成。

挑选秀女由户部主办。凡是八旗13～16岁的女子，必须每三年参选一次。选中者，留在宫里随侍皇帝成为妃嫔，或被赐给皇室子孙做福晋。未经参加选秀女者，不得嫁人。清代后宫，上至皇后，下至宫女，大都出身于秀女。秀女挑选原则是先满洲八旗的女子，次蒙古八旗的女子，最后是汉军八旗的女子。阅选时，按八旗的顺序，一般七八个人站成一排，由皇帝、皇太后挑选。被挑选女子的名字，每排写一张单子，留宫中存档。这种名单，在档案中称为“秀女排单”。

（二）指婚制

清朝皇室婚姻制度的一个鲜明特点就是指婚。这种指婚是为了一定的政治和经济利益，通过联姻使两家构成亲戚关系。清代皇子、公主的嫁娶，“近支王、贝勒、贝子、公及外戚之子女既及岁者，开具姓名年龄进呈，即由太后指配与满洲、蒙古、汉军之贵族联姻，指定后，明发懿旨，以某女婚某王，或某某，名曰指婚，满语又谓之拴婚”。《燕京旧俗志》记载：“所谓满蒙贵族者，系指远近支宗室、觉罗，及蒙古、汉军、各王公、贝勒、贝子，各当权之京外大臣而言也。其所生育子女孙曹，因乃祖父之荣荫，照例于孩童时代，得以随从其母氏诸人，入觐宫廷，参预宴庆各大典，此类儿女，均系简在帝心者，其父母不敢轻易代为订婚。比至相当年龄，常由皇太后皇后代为做媒，口传谕旨，某人之第几女，指与某人之第几子为妻，宫廷间谓之指婚，无须征求其父母与本人之同意与否，亦无所谓合婚八字也。其父母等，均皆认为非常荣幸，次日即须率领其子女，入宫谢恩。”

清军入关前，皇室成员婚嫁并不具备完全的自主权，汗、皇帝对皇室成员有权为其择姻、指令婚嫁对象，并已形成了惯例或制度。入关后，清朝皇室延续入关前的惯例、制度，但是有所变化。清朝对皇室婚姻的控制与皇室的封爵、承继及人口的呈报等结合在一起，逐渐形成一整套比较严格的管理制度。乾隆初年，这一制度逐渐明晰并且形成定制，而明确记载则初见于《大清会典》：“宗室子女系皇帝伯叔兄弟所生，年至十有五，奏请赐婚。未及岁已议婚者奏闻，其余宗室所生，听本家自择成礼，毋致逾时。若女与外藩蒙古结姻者均奏请，得旨乃行。”1741年，指婚制只在近支宗室范围内实行，远支宗室子女不再由皇帝指婚。1828年，近支宗室也不再指婚。

（三）政治联姻

清朝的皇室婚姻制度，政治联姻占据了非常重要的一部分。清朝公主嫁到蒙古诸部，都是基于双方的政治互利。

满蒙联姻始于努尔哈赤时期，主要是宗室王公与蒙古王公之间的自行结姻。蒙古科尔沁部是最早归附清朝并与努尔哈赤家族建立通婚关系的部落，科尔沁部王公之女先后有19人做了努尔哈赤和皇太极的皇后、妃子；清朝公主先后有9人嫁给科尔沁部王公。在后金、清朝统一东北、征服漠南蒙古、征服朝鲜以及对抗明王朝的战争中，科尔沁部都发挥了重要作用。由此可见，通过世缔联姻，笼络了蒙古各部王公，加强了满族统治者的实力，对清朝的统治起到了重要的作用。

图5–7　呼和浩特固伦恪靖公主府

固伦恪靖公主，康熙帝第六女。1697年，19岁时下嫁喀尔喀蒙古土谢图汗部第三代土谢图汗、和硕亲王敦多布多尔济。

清朝的统治稳固之后，满蒙联姻成为所谓“北不断亲”的国策。满蒙关系的性质由“联盟”转变为“主属”，清朝与蒙古的联姻成为维护和巩固与下属藩部领辖关系的政治策略。尤其是入关以后，满蒙联姻主要是基于中央对边疆蒙古地区的强化性统辖与治理，清朝皇帝所娶蒙古公主的数量逐渐减少。乾隆时期，清朝统治者对蒙古王公在政治上控制更加严密，感情也日渐疏远。在满蒙联姻问题上的表现，是满洲贵族选择蒙古额驸数量的锐减和地域、部落范围的缩小。与此相适应的就是备指额驸制度的产生。它正式规定满洲贵族选择蒙古额驸，不仅排除了漠北蒙古、漠西蒙古各部王公，还排除了漠南蒙古东部七部十三旗之外的其他各部王公。这实际成为满蒙联姻逐渐走向松懈的标志。

图5-8 《康熙北巡会亲图》（部分，呼和浩特固伦恪靖公主府展，刘洪洋／摄）

图画再现了康熙帝在德尔济库木都和洛驻跸营地前接受恪靖公主、额驸敦多布多尔济和外孙等迎接的场景

三、用人制度

为了巩固政权，清朝确立了满汉复合官制，以满为主，重满轻汉。清朝也尽可能的吸纳汉族士人参政，但一些重要的职位，如军机大臣，一般都是由满人担任，而各地的总督、巡抚也大多为满人。由此可见，满人往往在朝廷和地方上占据了重要职位，地位远比汉人显赫。

清朝选拔任官的主要途径有军功、荫袭、赐官、科举选拔、捐纳等。

所谓军功爵制，就是按照作战功劳的大小来授予爵位，一定的爵位代表相应的政治地位和经济特权。清代封爵分为王爵与世爵。王爵也称显爵，是封给清朝宗室的。最初为十二等，乾隆时增为十四等，有和硕亲王、世子、多罗郡王、长子、多罗贝勒、固山贝子、镇国公、辅国公、不入八分镇国公、不入八分辅国公、镇国将军、辅国将军、奉国将军、奉恩将军。世爵是封给异姓功臣贵戚的，共分为九等：公、侯、伯、子、男、轻车都尉、骑都尉、云骑尉、恩骑尉。

清朝世袭主要有几种情况：1.一般由长子世袭爵位；2.世袭爵位一般比原爵位低；3.原被封爵的功臣功劳特别大的，后代亦可世袭原爵位；4.世袭一般袭三世。

清朝实行的捐纳制度，与科举制度互相补充，一部分人通过科举考试做官，一部分人通过捐纳做官。捐纳，即可以通过捐银捐物的途径而得到某种官职和荣誉虚衔。清政府出于解决财政不足、筹措饷银和开辟财源之需，从康熙年间开始实行捐纳，规定一般京官自郎中以下，外官自道台以下，都可捐纳，甚至武官在乾隆年间可以捐到参将。捐纳的规章称作“捐例”或“事例”，分暂行事例和现行常例两种。捐纳范围和人数时大时小，时多时少，凡遇国家财政紧张时机，便大开捐例。由于捐纳这种方法使适合做官的人数大为增加，势必造成与有限官职名额的矛盾，其结果不但导致候补官员过多，仕途混杂，而且随着捐纳泛滥，出现行政机构冗员充斥、吏治败坏等。所以，清朝政府有时不得不采取收敛的措施，但捐纳制度一直没有彻底废止，从康熙朝开始，经雍正、乾隆、嘉庆、道光几朝，一直延续到清朝后期。

通过科举制度来选拔官员，延续到清朝已经极其完善、严密。清朝的科举分为童试、乡试、会试、殿试。童试是参加正式科举考试前的预考，由县里考试，中第者为生员，又叫秀才或庠生，成绩最好的是廪生，其次是增生，新入学的称为附生。乡试由省里考试，每三年在省城举行一次，又称秋闱，中第者为举人，第一名称为解元。会试是在乡试后的第二年春天，在礼部举行，所以又称礼闱和春闱。中第者为贡士，第一名称为会元。殿试由皇帝亲自考试，分三甲录取。第一甲赐进士及第，第二甲赐进士出身，第三甲赐同进士出身。第一甲录取3名，第一名状元，第二名榜眼，第三名探花。又有国家特考，每一年或两三年由地方送年资长久的廪生入国子监，肄业的称为岁贡。逢国家庆典进贡的生员称为恩贡。每三年各省学政就本省生员择优保送中央参加朝政，合格的称为拔贡。乡试取入副榜直接送经国子监的称为副贡。

纵观中国历史上马背民族的社会发展，大体经历了从部落社会、奴隶制社会到封建社会的漫长发展。在这段历史中，匈奴、鲜卑、突厥、契丹、女真五大马背民族已逐渐消失，蒙古族、满族经过演变发展一直从远古走到今天。这些马背民族骁勇善战，具有北方游牧民族的鲜明特点，在不同时期建立了适合他们各自社会形态、风俗习惯等方面的社会规范和制度。在中国历史长河中，马背民族做出了重要贡献，推动了历史的发展，在历史上留下了浓墨重彩的一笔。

第六章　马背民族的文化制度

几千年来，我国北方马背民族逐水草而居，游牧在广袤的大草原上，积淀了古老的游牧文化。马背民族的衣、食、住、行等文化现象反映了在北方的气候条件下，从事游牧、狩猎等不同生计的需要，以及各自的审美观念等。随着马背民族的社会发展，进入阶级社会以后，尤其是在中原王朝的影响下，马背民族的衣食住行等逐渐具有了“别等威，明贵贱”的功能，上自部落首领、皇帝公卿，下至庶民百姓，贵贱有等，衣服有别，形成了各种文化制度。

第一节　匈奴的文化制度

匈奴文化是北方马背民族文化的典型代表，在战国以前就比较发达了。匈奴人的衣食住行等文化制度都与游牧、狩猎相联系。此外，匈奴在最鼎盛时期，其版图横跨欧亚大陆，对于沟通中西方文化交流中曾起过极其重要的作用，而且许多中原文化和其他外来文化的因素，经过重新整合而被匈奴文化所吸收，从而使匈奴文化变得更为丰富多样。

一、匈奴的服饰文化

匈奴服装中裘和靴最具代表性。《史记·匈奴列传》说匈奴人“自君王以下咸食肉，衣其皮革，被毡裘”。畜牧业是匈奴的主要生产部门，动物皮毛是他们主要的衣料。匈奴人也很崇尚穿汉族的丝织品，史书多次记载汉朝赐给匈奴统治者绢、锦、绣、缯等丝织品，但这只是供少数奴隶主贵族消费的，一般百姓只能通过汉匈的边境贸易获取丝织品。匈奴人的着装有两个特点：一是上着左衽圆领或交领、身长至膝的短袍，下着裤，腰间系带，足登短靴或长靴。二是衣服无男女样式的差别，皆可作为常服。匈奴这种装束被汉人称为“胡服”，并且在后来的史籍中称“上褶、下裤”。

匈奴人佩戴的帽子有尖锥毡帽和带护耳的毡帽，并以动物毛皮镶边。匈奴贵族主要用金冠为装饰，是贵族特殊身份地位和权力的象征。金冠上部为引人瞩目的雄鹰，张爪展翅，下踏狼咬羊图案。其下黄金带饰上有动物纹饰（马、羊、虎），整个金冠饰构思巧妙，碧绿剔透，气势不凡，而且随着佩戴者的移动，金冠半球上的雄鹰会呈现跃跃欲飞之姿态。

腰带在匈奴民族服饰中占有非常重要的地位，它既是实用品，又是装饰品。腰带一般用皮革制作。《史记·匈奴列传》记载汉文帝曾赠匈奴单于一条黄金饰腰带。匈奴人的腰带上一般都佩有透雕铜环，环上佩物，以起装饰和点缀作用。

匈奴人穿的靴子大多以皮革制作，也有在靴口处用其他材料装饰出图案、花纹的。匈奴人穿的革靴，一般都是用3片皮革缝合而成，即底部一片，帮和筒为形制相同、大小相等的左右两片。这种靴子便于骑马和涉草。

匈奴人的发型是脑后结髻，形状如椎，是为椎髻。男女发髻的区别是男子的发髻短而粗，女子的长而细。

匈奴人十分酷爱装饰品，佩戴装饰品不分男女老幼，非常普遍。按其质料可分为金、银、铜、玉石等。玉石又可分为绿松石、玛瑙、琥珀、碧玉、水晶，颜色有红、黄、白、黑、淡绿或孔雀蓝。按其佩带的部位分为耳饰、颈饰、身饰、臂饰。从各类匈奴墓出土的装饰品中，明显反映出匈奴社会的等级差别。

二、匈奴的饮食文化

匈奴作为以畜牧经济为主要生计的游牧民族，他们的饮食具有自己的特色，同时在长期与其他民族的交往中，也吸收了汉族及其他民族的饮食文化。匈奴人的食物构成是以肉食为主食，主要吃畜肉、猎物肉，以谷物为副食。广柔的北方草原，不仅是放牧畜群的天然草场，也是黄羊和其他兽类以及鸟禽的良好栖身之地。畜群是匈奴民族的主要财富，也是他们的生产资料和生活资料，主要是牛、马、羊、骡、驴、骆驼等。狩猎是匈奴人获取食物的又一重要手段，可以视为畜牧业的补充。在和平无战的时候，畜牧和射猎常常是合二为一的。

匈奴人的饮料主要有牲畜的乳汁、奶酒、酒。马背民族很早就利用畜乳。史书中记载的“酪”就是指用乳汁制成的奶酒。关于奶酒的做法，历史文献中讲到“取其汁挏治之，味酢可饮”。《汉书·礼乐志》记载“其七十二人给大官挏马酒”，可见奶酒是将马乳用力搅拌后发酵而成的。匈奴人在每年农历正月、五月、九月有3次盛大的集会，平时也喜欢相聚娱乐，这些聚会中奶酒是不可缺少的饮料。匈奴时期，酒是比较高级的饮料。史书记载，匈奴贵族为了提高军队士气，鼓舞士兵作战，规定士兵杀一人，便赐酒一杯，“斩首虏赐一卮酒”。

三、匈奴的住行文化

匈奴过着“逐水草迁徙”的生活。正因为四处游牧，居无定所，才出现了既轻便，容易搬迁，既坚固便捷，又具有良好保暖性能的居住形式——穹庐。制作穹庐的主要材料是毡和木条。用于制作穹庐的毡是匈奴人自制的，其做法是用羊毛或骆驼毛，经湿热、挤压等物理作用织成块状、片状的毛织物，具有良好的回弹、防震和保暖性能。而木条则是用来做柱梁的，每个穹庐所用材料不多，较轻便，易搬迁，一般可供四五个人居住，也有大型帐幕制成的较大穹庐。

匈奴也建有城市。秦汉时期，匈奴在阴山河套地区建有头曼城、龙城。头曼城为头曼单于所居之地。龙城又称为龙城，为召集群臣聚会，祭祀祖先和天地鬼神之地。通过匈奴城市遗址的考古发掘，发现其房屋建筑风格在很大程度上受到汉族的影响。

匈奴人制造车辆作为军事运输和日常交通的工具。《盐铁论》卷六《散不足》中说:“胡车相随而鸣。”“胡车”就是匈奴制造的车辆。匈奴的造车工场规模很大，数量也很多。例如据史书记载，109年，汉军在常山、中山一带击败南匈奴单于，获其穹庐及车千余辆；134年，汉军在西域车师附近的闾吾陆谷袭击北匈奴，也获其车千余辆。

匈奴人有效地驯养了马，他们以马代步，驴、骡、骆驼等多用于驮载。马矫健敏捷，善于奔跑，在匈奴人的生产、生活和军事中应用非常广泛。特别是在军事中，马匹起到举足轻重的作用。威武的匈奴骑兵队伍，气势宏大壮观，可谓北方草原的一大风景线。匈奴的马具也很完整，有马衔、马镫、马鞍辔、鞍峰、马嚼、马面饰等器物，且质料亦多样，有铁制的、铜制的、木制的和骨制的，也非常精美。此外，闲暇时节，赛马是匈奴民族主要的娱乐活动之一。马匹的快速、健壮、敏捷等特点，以及马匹同人类的亲和力和协调性在比赛中得以充分体现。

第二节　辽、金、西夏的文化制度

辽、金、西夏分别是以契丹、女真、党项为主体民族，三国地处北方，冬季漫长而寒冷，无霜期短，干旱少雨，农作物种类偏少，粮食产量较低，而畜牧业则很发达。这样的自然环境，对辽、金、西夏的衣、食、住、行文化产生重大的影响。

一、辽、金、西夏的服饰制度

（一）辽代的服饰文化

契丹早期的生产方式以狩猎、游牧为主，衣服原料来源于野兽和牲畜皮毛。契丹人也种植桑麻，有原始的纺织业。契丹人占领燕云十六州以后，把那里大批的绫罗绸缎运往本土，并且参照中原制度，制定了辽朝的衣冠制度。就朝野分，有官服和民服之别；就民族分，有国服和汉服之别。国服指契丹服饰，汉服指汉人服饰。国服包括祭服、朝服、公服、常服、田猎服、吊服等。汉服有祭服、朝服、公服、常服等。

辽代契丹服饰有着严格的等级界限。除上述国服中的六种服饰有着严格的君臣区分并要求契丹臣僚按要求穿戴，还制定一些其他方面的服饰规章，令臣民严格遵守，如一般契丹人不准随便“冠巾”等，如若逾越，则被视为犯科。

契丹人服饰的主要特征是窄袖、短衣、长袍、左衽、长靿靴（即长筒靴）、佩蹀躞（金属佩饰件）等。这些特点是同契丹人的生活环境相联系的。窄袖利于骑射。短衣、长靿靴便于在草地上行走。蹀躞是用来挂弓箭、磨刀石之类的。左衽，衣襟向左，与汉族右衽相反，是许多马背民族服饰的共同特点。

辽朝承袭了中原王朝的制度。皇帝上朝时身着衮冕、红袍和长靴，称作国服衮冕。大臣头戴毡冠或纱冠，是依季节而定的。皇帝在参加祭奠时穿祭服，戴金文金冠。皇帝、大臣在朝仪和祭奠以外的场合，多着幅巾和幞头。如公服、田猎服，都用幅巾。在辽墓中发现有多件上层男女戴的鎏金银冠及纱冠、毡冠、幞头等实物。其中辽宁省建平县张家营子出土的二龙戏珠鎏金银冠，周边印有如意云纹，冠冕花纹凸起，中心为一个大火焰珠，两侧有二龙相对，翘尾昂首，张口扬鬣，形象生动。内蒙古奈曼旗陈国公主墓出土的两件鎏金银冠更为精致。一件是男性冠，由16片鎏金银片重叠组合而成，冠正面饰有对凤，围绕正面对凤的上下左右缀有鎏金银圆形冠饰，各饰件上刻有凤、鸟、鹦鹉、火焰、花卉等纹样。另一件为女性冠。此冠先用薄银片锤成各部位的形状，然后组合加固。冠正面镂空并刻有花纹。正中刻有火焰宝珠，两侧有昂首翘尾的金凤。冠顶缀有鎏金元始天尊银造像。

图6-1　内蒙古奈曼旗辽陈国公主墓出土的公主戴的高翅鎏金银冠

图6–2　内蒙古奈曼旗辽陈国公主墓出土的驸马戴的鎏金银冠

契丹人的靴，有短靴和鞠靴之分，一般由皮革或毡制成。

契丹男服，以圆领、窄袖、左衽、长袍为主，也有着直领、对衽、短衣。颜色有红、黄、土黄、绿等。长袍里有内衣，腰间系有腰带。契丹女服多直领（立领）、左衽、长袍，称“团衫”。契丹女子下衣通常为裙与裤。

契丹衣着还有一些配饰。陈国公主墓的随葬物中，有多种形制的金、银、铜蹀躞带，而日常生活中的蹀躞带多用皮带制成。扞腰是一种皮质的套筒，骑射时着装，以防腰部扭伤。

契丹人无论男女老幼，都要剃去部分头发，即髡发。契丹男子要剃去颅顶头发，保留其余部分，额两侧各留一绺不相连的长发，额前正中留一条状短发，与额两侧所留的两绺长发相连或不相连，剪去其他部分头发，或者额两侧各留一绺头发，剪去其余部分。女子要剃去前额边沿部分，保留其余头发，剃后的前额又长出一点短发，未剪的头发，在颅顶部用捐带结扎，另在左侧分出一小绺，编成小辫。耳后及脑后的长发，下垂到颈部以下。辽朝中期以后，契丹上层妇女多流行高髻，就是在头顶上盘绕起高高的发髻。

图6–3　宣化下八里辽墓壁画，右一女性为髡首的契丹女性

契丹女人有一种一种奇异的面妆，称为佛妆。当时很多出使过辽国的宋人诗文中都有记述。如张舜民《使辽录》中说，契丹妇女“以黄物涂面如金”，称作“佛妆”。彭汝砺有一首咏佛妆诗说：“有女夭夭称细娘，真珠络髻面涂黄。华人怪见疑为瘴，墨吏矜夸是佛妆。”大意是说漂亮的女子，头上戴着珍珠做的发饰（即璎珞），脸上涂着黄色。中原人以为她得了病，原来就是所谓的佛妆。契丹佛妆，是贵族世家女性采用的一种兼具保养护肤和美容装饰作用的美容术。化妆品的主要原料是栝楼提取物。佛妆主要用于冬季和初春季节，将化妆品一层层涂抹敷加在脸上，形成一种黄色的保护膜，直到春天暖和时方才洗去。佛妆可以抵御沙尘风雪对皮肤的侵袭，经过整整一个冬天和春天的

图6–4　河北宣化下八里契丹贵族墓壁画中的髡发男子

保养，暮春时节洗掉这层面膜时，皮肤会洁白如玉，焕然一新。

图6-5　鎏金契丹人形银缨罩

（二）金代的服饰制度

金朝初期，女真人的衣着主要以动物皮毛和麻布为原料。秋冬季节，无论贵贱之人都穿毛皮衣。随着统治区域的扩大和社会经济、文化的发展，女真人的服饰较前期有了较大变化。在服饰材质上，罗、纱、绫、绢、丝绵等各种丝织品已经成为女真服饰必不可少的用品，包括。

女真人模仿辽朝的统治制度，重视服饰礼仪制度，上自皇帝，下到百官，服饰皆参照历代服饰制度而定的，包括天子之服、视朝之服、皇后冠服、皇太子冠服、宗室及外戚并一品命妇、百官的朝服、祭服、公服、常服。其中，皇帝、皇后、官员等人的服饰纳入金代服饰制度中。

女真人制定了严格区分等级的服饰制度。如在官服的色彩和花纹上，规定五品以上文官服紫。三师、三公、亲王、宰相一品官服大独科花罗，径不过五寸；执政官服小独科花罗，径不过三寸；二品、三品服散搭花罗，谓无枝

图6-6　哈尔滨阿城金朝齐国王幕出土的紫地金锦襴绵袍（男袍）

图6-7　哈尔滨阿城金朝齐国王幕出土的紫地云鹤金锦绵袍（女袍）

图6-8　哈尔滨阿城金朝齐国王幕出土的褐绿地全枝梅金锦绵襜裙

叶者，径不过寸半；四品、五品服小杂花罗，谓花头碎小者，径不过一寸；六品、七品服绯芝麻罗；八品、九品服绿无纹罗。以不同的颜色和不同品种的花卉标志品官等级的不同，反映了官服的等级性。女真人服饰的等级性还表现在不同群体的衣着不同，按社会地位的不同遵从等级区别着装。

最能反映女真人服饰特点的是常服。女真人的常服主要有巾、盘领衣、束带、乌皮靴等四个部分组成。巾以皂罗（黑色稀疏而轻软的丝织品）做成，在上面结成方顶，折垂于后。顶的下边有两角，角下还缀两条带子。盘领衣是女真人的常服，多为白色，窄袖，盘领。前胸和肩袖有文饰。在不同的场合要穿绘有不同文饰的服装。比如，随从皇帝“春水”时，多着绣鹰鹘捕鹅及花卉等图案的服装；随从“秋山”时，则穿绣熊鹿、山林图案的服装。这些图案和颜色能起到既可不被凶猛野兽发现，起到保护自身的作用，又便于靠近猎物。束带由皮带和吐鹘组成。吐鹘是附于腰带上的扣板，用金、玉或犀、象骨角等制成，其质料、数目随时代或饰者的身份而有所不同。乌皮靴是自王公到文武官员着公服时配穿的足服，亦有白皮靴。女子上衣称团衫，直领，左衽，前后拖地；腰系带，用黄色；服襜裙（系在衣服前面的围裙），多为黑紫色。

（三）党项人的服饰

西夏有发达的畜牧业，盛产牦牛、马、羊、骆驼等。牦牛、羊、骆驼的毛及牛、羊的皮都是编织、缝制衣装的上好原料。党项人的衣服原料除了皮、毛，还有锦、绮、绫、罗等丝织品和价格低廉的麻布制品等。颜色鲜艳的锦绣等丝织品只是皇室、贵戚、官员等上层人才有能力享用。西夏的丝织品主要来自与宋朝的榷场贸易和宋朝的回赠。党项人的服饰构成有毡帽、皮裘褐衫、褐衫、长靿（长筒靴）、短靿（短筒靴）、袍、裤、屐等。

西夏对各阶层和群体服饰的样式、颜色、花纹等有严格规定。西夏建国，元昊衣着为白衫、窄袖、毡帽，帽后垂红绶带。文官的冠服，头戴幞头，身穿紫衣、绯衣。武官较为繁缛，头戴金贴起云镂冠、银贴间金镂冠，身穿紫长衫，腰间束带，垂蹀躞（佩戴），带短刀、弓、箭袋等。西夏对大小官员、

图6–9　甘肃榆林窟第29窟南壁东侧西夏男供养人壁画展示的西夏男性服饰

图6–10　甘肃榆林窟第29窟西夏女子供养人壁画

僧人、道士穿戴服色和花纹也有明确规定，《天盛改旧新定律令》卷七“敕禁门”载，禁止大小官员、僧人、道士穿戴石黄、石红、杏黄、绣花、饰金、有日月，及原纺织品中有日月、团身龙图案的衣服，违者判徒刑两年。在家和尚穿袈裟、裙等为黄色，出家和尚的袈裟，则是另外一种黄色，而非纯黄。若违律，依律治罪。“民服青绿”，即普通百姓只能穿着青色、绿色的衣服。

二、辽、金、西夏的饮食文化制度

（一）契丹的头鱼宴与头鹅宴

渔猎和畜牧是契丹人早期的两个主要生产门类，而头鱼宴、头鹅宴就是同渔、猎相联系的契丹名宴和盛典。

按照契丹风俗，每当冬去春来、江河解冻之前，皇帝要在群臣的护卫下到捺钵地，如达鲁河边、混同江畔等地凿冰钓鱼、放飞鹰鹘、捕捉鹅雁，头鱼宴和头鹅宴便在这个季节里举行。

从相关史料、诗文的记载，对契丹头鱼宴可以大致归纳出如下几点：第一，头鱼宴是在一年之始的春季举行，契丹人有以钓鱼多少来占卜年成好坏的意思，头鱼宴表达了契丹人在新的一年里对获得丰收的期盼。第二，头鱼宴的内容包括祭祀天地祖宗、饮酒、奏乐、舞蹈等仪式。第三，头鱼宴是辽朝的盛典，除了皇帝，只有贵族、近臣及外国使者才有资格参加。1054年，北宋吏部侍郎王拱辰出使辽国，辽兴宋在混同江边接见并设头鱼宴款待他。每当钩得一条大鱼，兴宋都要劝王拱辰饮酒、食鱼，并亲自为他弹琵琶助兴，友好亲切，场面动人。1112年，辽天祚帝去春州，到混同江边钩鱼。按照制度，千里之内的女真首领都要定期来朝，这次恰逢头鱼宴，因此更加隆重。当酒至半酣时，天祚帝命女真首领依次起舞，唯有有完颜阿骨打推辞不舞，天祚帝再三要他起舞，阿骨打就是不从，惹得天祚帝十分恼怒。事后，天祚帝对枢密使萧奉先说：“前天头鱼宴上，阿骨打意气雄豪，桀骜不驯，我们干脆找个借口把他杀掉算了，否则必生后患。”萧奉先说：“阿骨打本是个粗人，不知礼仪。如果没有大过就把他杀了，恐怕会伤害各部落的向化之心。即使他有异志，女真不过是个蕞尔小国，成不了什么气候，还是不杀为好。”天祚帝听了萧奉先的一番话，才打消要杀阿骨打的念头。

头鹅宴的季节稍晚于头鱼宴。据《辽史·营卫志中》载，每当江河化冻的时候，群臣扈从皇帝来到河边捕捉鹅雁。先有侍臣敲击扁鼓，惊起水中的鹅、鸭，然后放飞一种叫海东青的名鹰，捕捉鹅、鸭，或者先由皇帝用弓箭亲自射鹅。每当射得头鹅后，先用来敬天地、祖宗，接着君臣纵饮。有时还要把鹅毛插在头上，以此为乐。射得头鹅者，能够得到上白金的重赏，还有可能加官晋升。辽道宗时，鹰坊使耶律杨六在一次头鹅宴上因获头鹅被提升为工部侍郎，宰相耶律仁杰也曾因获头鹅而加官侍中。

三、辽、金、西夏的居住文化制度

契丹、党项等马背民族以车马为家，居无定所，到处游动的车帐、穹庐、毡帐就是他们的住所。随着农业的出现和发展，他们从原住地迁往内地，那些改事农业生产者也逐渐转为定居，有了草房、板屋乃至砖瓦建筑。女真人则早就从事农业生产，有固定的居所。辽、金均设五京，其建筑多仿中原制度。

（一）辽金居住文化

契丹人过着“随阳转徙”的游牧生活，居住的是便于迁徙的庐帐和车帐等。皇帝所用的毡帐或车帐比普通牧民的居帐大得多，可以容纳千百人，故又称“行宫”或“行殿”。

契丹人建国以前就建筑了城市，其中最具代表意义的是上京和中京。

耶律阿保机称帝后，于918年以礼部尚书康默记为板筑使，仿效汉制，修建皇都。926年平定渤海后，又在原来皇都的基础上扩展城郭，建造开皇、安德、五鸾三大殿。938年，辽太宗即位，改元会同，后晋派遣使者祝贺契丹改元，并献燕云十六州图籍。辽太宗下诏，改皇都为上京，所在地为临潢府。上京分南北城，城高二丈，幅员二十七里。北城为皇城，南城为汉城。皇城高三丈，有楼橹（用来瞭望、攻守的无顶盖的高台）。皇城四面各有一门，按东、南、西、北顺序，分别为安东、大顺、乾德、拱辰。皇城之中有大内（皇帝宫殿）。大内南门称承天门，有楼阁；东门称东华门；西门称西华门。大内之外，正南街东有留守司衙、盐铁司、南门、龙寺街。再往南是临潢府衙和临潢县衙。府衙、县衙之南，有寺庙、道观、国子监、孔子庙及衙署等。汉城，南为横街，有楼对崎，下面是市井、店铺。南门东有回鹘营，是西城回鹘商贩在上京的聚居地。西南有同文驿，为接待外国使者的馆舍。

中京是辽朝中期城市建筑的代表。传说，辽圣宗“尝过七金山，土河（今老哈河）之滨，南望云气，有郛郭楼阙之状”，于是决定在此建城。为此，从燕、蓟调来大批熟练工匠，历时两年修成。城市设计，如城郭、宫掖、楼阁、府库、市肆、廊屋等一律仿照中原制度。修成后，将汉人迁入城中，号中京，所在地称大定府。北宋史学家路振出使辽朝时记载：“契丹国外城高丈余，幅员三十里，南曰朱夏门。三里至第二重门城，城南门曰阳德门，城幅员约七里。自阳德一里至内城，门曰阊阖门，东西掖门去阊阖门三百步，东西角楼相去约二里。”外城还有大型砖塔一座（即今大明塔）。整座城市建筑体现了高超的布局和科学的规划，是当时世界一流的都市建筑。

女真人早期是穴居，即半地穴式的房屋。后来有了简单的住室，称为“纳葛里”，意为“居室”。女真建国的初期房屋之制，仍是依山而居、联木为栅，屋高数尺，覆以木板、桦皮或草苫盖，墙壁以木，门屋东向。环室为土床（即炕），炽火其下，以取其暖。其后，女真人的居室条件有了较大改观，还在发源地建造了上京城。海陵王时修建的中都城，更是美轮美奂。

（二）四季捺钵制度

辽朝虽有五京，但是皇帝居住的时间不多，而是四时各有行在之所，称作捺钵。捺钵，又作纳拔、纳钵、剌钵、纳宝等，契丹语，即皇帝的行营、营盘、行在之意。契丹人主要以畜牧、射猎为业，春夏避暑，秋冬避寒，随水草而居。四时捺钵制度，是这种游牧习性所决定的。大约到辽圣宗时，四时捺钵有固定的地点。春捺钵在长春州的鱼儿泺（今洮儿河下游的月亮泡）捕捉鹅雁，在混同江凿冰钩鱼，或在鸳鸯泊（今乌兰察布市集宁区东南黄旗海）行猎；夏捺钵在永安山（今东乌珠穆沁旗东境）或炭山（今沽源县黑龙山支脉）避暑、议政。秋捺钵在庆州伏虎林（今巴林左旗西北察哈木伦河白塔子），射虎、鹿。冬捺钵在广平淀（今西拉木伦河和老哈河和流处），避寒，射猎，讲武，商议国事，接受外国礼贡。每年四季，周而复始。辽朝皇帝四时捺钵所居住的行宫称为牙帐。牙帐，就是帐篷、穹庐。夏天用布帐，春、秋、冬用毡帐。将支撑帐篷的立柱施以彩绘，穹庐内壁挂上锦绣，地上铺一层黄布。

契丹四时捺钵制度，被金、元、清三代在不同程度上承袭下来。

四、辽、金、西夏的行文化制度

辽、金、西夏各族人的行旅，陆路以马、牛、驴、骡、骆驼等牲畜为脚力或用它们牵引车辆，水路交通则靠桥梁、舟船和皮筏等。辽、金还承袭了自古以来的驿站、驿馆制度，为官府传递文书，中外使节往来及庶民出行提供了便利。

图6-11　河北宣化辽墓壁画中的契丹人出行图

（一）金朝车舆制度

金初，在对辽、宋的战争中，掳获大批辽、宋礼仪物品，逐渐有了自己的车舆之制。1140年，金熙宗巡幸燕京，开始用特制的天子车驾。到金世宗时，正式制定车舆制度。1171年，金世宗到中都南郊祭祀，命太常寺按宋南郊礼安排卤簿（古代帝王驾出时扈从的仪仗队）。卤簿用玉辂、金辂、象辂、革辂、木辂、耕跟车、明远车、指南车、记里鼓车、崇德车、皮轩车、进贤车、黄钺车、白鹭车、鸾旗车、豹尾车、轺车、羊车各一，革车五，属车十二，然而当时并未能筹备齐全。皇后之车有六，分别称为重翟车、厌翟车、翟车、安车、四望车、金根车。其他如妃嫔、皇太子、公主以下百官的车，也各有定制。对车的数量、形制、质料、颜色、装饰等，均有具体规定。庶人的马鞍许用黑漆，以骨、角、铁为饰，不得用玉及金、银、犀、象装饰辔鞍。

（二）浑脱

西夏的水路交通工具中有木筏及浑脱（即皮囊），而后者尤具地方特色。

图6-12　现代的浑脱

浑脱是北方民族中流行的用整张剥下的动物的皮制成的革囊或皮袋，可用作渡河的浮囊，也可作为盛放水浆饮料的容器。唐、宋、元史料中多有西北（包括西夏）、西南地区使用浑脱渡河的记载。如《旧唐书·东女国传》记载："其王所居名康延川，中有弱水南流，用牛皮船以渡。"据记载，蒙古将领石抹按只攻宋，遇到宋军守将抵抗，不得过江。石抹按只聚军中牛皮，做浑脱及皮船，乘之与宋军作战。《明史·唐龙传》载，嘉靖"十一年，陕西大饥。吉囊拥众临边，延绥告警。诏进龙兵部尚书，总制三边军务兼理振济，赍帑金三十万以行。……时吉囊居套中，西抵贺兰山，限以黄河不得渡，用牛皮为浑脱，渡入山后"。西北地区人们用皮囊渡河的风俗一直保留到现代。

第三节　元代文化制度

元代的衣食住行，带有鲜明的时代和民族特色，出现不少新现象。服装在样式、花色、材质、制作等都大大超过了前代。饮食文化丰富多彩，也改变了饮食结构。居住形式风格各异，有草原的毡帐、都市宫殿、山区窑洞、水乡船屋、平原宅院、沿海城市的石屋和中亚、西亚风格的建筑等。道路交通是连接各地的重要纽带，陆路、水路、海陆是元代交通建设的三大基石。元代在全国范围内开辟了多条驿道，建立了较完善的驿传制度。

一、蒙古人的衣冠服饰

大蒙古国时期，蒙古大汗服饰并没有定制，无论材质还是样式都很随意。元世祖时期，元朝已经开始制定官员的公服制度。元代公服制度以官员等级为准则，各级官员的公服有严格的区分。此外，还规定了社会各阶层、吏员、军人和怯薛歹的服饰着装。在元代社会，服饰是一种身份等级的标志。

（一）皇帝服饰

元朝建立之后，基本继承了金制，对服饰做出了相应的身份等级规定，制定皇帝冕服制度。元朝皇帝穿的礼服称为冕服，有衮冕、衮龙服等。皇帝头上戴的皇冠称冕。冕用漆纱制成，青表朱里，上盖称作綖，四周环绕云龙。綖的前后有用珍珠串成的旒各12条。綖上面横穿天河带一条，左右至地，长度超过前代。一支玉簪横穿于冠。皇帝身上穿的衮龙服用青罗制成，声色销金为饰，绘有日、月、星、山、水、华虫、虎蜼等图案，其图案种类和数量也超过前代。与衮龙服相配的有裳、中单、蔽膝、玉佩、大带、玉环绶、红罗靴、履等。裳是下身穿的衣服，用绯罗制成的，形状如裙，饰有16行五彩纹绣，每行绣有藻、粉米等图形。中单是祭服、朝服的内衣，料用白纱、红边，黄腰带。蔽膝是系在袍上的衣物，用红罗缝制，有绲边，形状像围裙，上绣龙图。衣服上佩戴各种美玉组成的玉佩。身上系的大带，是用红、白二色罗合缝而成。玉环绶用金锦制成，上有3个小玉环，下有青丝织网。脚上穿的袜用红绫做成；靴是高靿红罗靴；履用金锦做成，有双耳、带钩，上面装饰有珍珠。靴子基本上是采用蒙古皮鞋的形制。采用新的冕服制度后，龙、虎、日、月等图案就成为皇帝的专用品。皇帝的衣料材质，色彩鲜明，除了在纱、罗、绫上加金的织金锦，还有外来的细毛织物速失以及紫貂、银貂、白狐、玄狐等皮毛。

图6-13　元朝画家刘贯道所绘《元世祖出猎图》（局部）中元世祖忽必烈的服饰

（二）皇太子服饰

元朝皇太子也有专门的冠服。1275年所拟定的太子冠服由衮冕、玄衣、纁裳、中单、蔽膝、玉佩、大绶、白袜、赤舄组成。衮冕是白珠九旒，红丝组为缨，青扩充耳，犀簪导。穿黑色上衣，绛色的下身衣服，白纱中单，衣外加围裙，皮革腰带饰玉佩，系大绶带，穿白色袜子、涂金带银扣红鞋。衣服上还有山、龙、华虫、宗彝等图案。

（三）百官公服

大蒙古国时期，官服没有定制。元朝建立后，各项制度逐渐完善，官员的公服也有了定制。规定公服所用衣料材质为罗，形制为大袖、盘领，一律右衽，戴黑纱展角幞头，穿皂皮靴，并以花纹、色彩、质地等分为不同等级。文官公服按照品级分为紫罗服、绯罗服、绿罗服三等。一品用直径五寸大独科花的紫罗袍，系玉腰带。二品用直径三寸小独科花的紫罗袍，系花犀腰带。三品用直径二寸无枝叶的散答花紫罗袍，系荔枝金带。四品、五品用直径一寸五分小杂花紫罗袍，系荔枝金带。六品、七品用直径一寸的小杂花红罗袍，系乌犀角腰带。八品、九品用无花纹绿罗袍，系乌犀角腰带。花卉是元朝官服的重要标志。用大独科花、小独科花、有枝叶无枝叶、小杂花、散花等区分等级，成为一种常用的做法。1314年，元仁宗命中书省定立百官公服的服色等第。即职官一品、二品服浑金花，三品服金答子，四品、五品服云袖带襴，六品、七品服六花，八品、九品服四花，五品以下系腰许用银。对降职官员，规定应穿现任品级的服饰。官员不叙职，要穿着庶人服饰。元朝严格规定“服色等第，上得兼下，下不得僭上”，即地位高的人，可以穿地位低的服装；而地位低的人，不允许穿地位高的服装。

（四）质孙服

质孙服是元代宫廷最具特色的服装。“质孙”又称作“只孙”，蒙古语意为“颜色”。质孙服参加大忽里勒台或者宫廷宴会时穿的一色衣。元代对质孙服的穿着有十分严格的规定。要求每一位参会人员穿一色质孙服。质孙服只能由皇帝赏赐给大臣，是身份地位的象征，在当时被视为特别名贵的服装。每当宫廷举行大宴，皇帝、宗室贵戚、大臣、近侍以及乐工、卫士都要穿质孙服，且每天换一次，所以参加宴会的人员都备有多套质孙服装。质孙服在精粗、形制上有等级的区别，但衣服的颜色上下一致，与蒙古袍类似，只不过腰间褶皱和配饰等细节有所区别。

质孙服制作的精细程度在元代服装中无与伦比。质孙服用金锦等制作。这种金锦不同于普通丝织品，是一种加金箔片和捻金线（丝线为胎，外裹金箔）而织造的织锦。元代设有专门的官署负责管理织锦的制作。从事质孙服制作的是专职工匠，其他人不允许私自制作。元代对制作质孙服的匠人管理很严格，规定："织造只孙人匠，除正额之外，无得附余夹带织造，暗递发卖，如有违犯之人，严行治罪。"窝阔台时，曾于诸王大会宣谕条令，其中有一律条规定："诸妇人制质孙燕服不如法者，及妒者，乘以骣牛徇部中，论罪，即聚财为更娶。"蒙古妇女如果质孙服做得不符合形制，要受到示众及判离婚的惩罚。

质孙服的衣、帽、腰带配套，装饰有珠翠宝石。质孙服分冬装和夏装，两季服装选用的衣料不同。天子质孙服和百官质孙服也有区别。天子质孙服，冬季穿的有11种，夏季穿的15种。大致穿何种颜色、材质的衣服，要配以相同材质、颜色的帽子，即"各随其服之色"。百官质孙服，冬服有9等，夏服有14等，以不同服色和锦缎、珠翠制成。每当朝廷举行盛大国宴，皇帝和百官穿着考究的质孙服聚会时，场面十分壮观。质孙服只有在朝廷大宴时才能穿戴，平时不允许私自穿着，"禁卫士不得私衣侍宴服，及以质于人"。

（五）罟罟冠

元代蒙古族贵妇多戴罟罟冠。"罟罟"一词为蒙古语"孛黑塔"，意指已经结婚妇女所戴的冠饰。其样式和制法极为奇特。罟罟冠是木质为骨架，外包以红绡金帛，形状如圆柱，顶部正方，高二尺左右，上插羽毛，按等级分为大、中、小三种。蒙哥时期，法国人鲁不鲁乞奉国王之命出使蒙古，他描述说："妇女也有一种头饰，他们称之为孛哈（bocca）。这是用树皮或她们能找到的任何其他相当轻的材料制成的。这种头饰很大，是圆的，有两只手能围过来那样粗，有一腕尺多高，其顶端呈四方形，像建筑物的一根圆柱的柱头那样。这种孛哈外面裹以贵重的丝织物，里面是空的。在头饰顶端正中或旁边，插着一束羽毛或细长的棒，同样也有一腕尺多高。这一束羽毛或细棒的顶端，饰以孔雀的羽毛，在它周围，则全部饰以野鸭尾部的小羽毛，并饰以宝石。富有的贵妇们在头上戴这种头饰，并把它向下牢牢地系在一个兜帽上，这种帽子的顶端有一个洞，是专作此用的。她们把头发从后面挽到头顶上，束成一种发髻，把兜帽戴在头上，把发髻塞在兜帽里面，再把头饰戴在兜帽上，然后把兜帽牢牢系在下巴上。”

图6-14　戴罟罟冠的元世祖的皇后察必画像

元朝建立后，罟罟冠随蒙古妇女进入内地。元代的罟罟冠与早期蒙古的罟罟冠，前后形制并无多大变化，只是上缀的名贵珠宝玉石饰物增多。元代，罟罟冠是贵妇人的极贵、甚贵的重要头饰。依照贵妇身份的不同，所用材料不同，级别高的多用金锦绫罗、宝石珠玉作为装饰，级别低的多用粗毛织物或者纸糊，用鸡毛作为装饰。

（六）社会各阶层的服饰

在元代社会，服饰是一种身份等级的标志。因此，元朝除规定官员品级公服，对社会各界层人士也有一定的服饰规定。1314年，朝廷颁布的定服饰诏书，规定：

第一，凡命妇（授品级的官员家属）所穿衣服，一品至三品服浑金，四品、五品服金答子，六品以下只许服绡金及金纱答子。佩戴首饰，一品至三品许用金珠宝玉，四品、五品用金玉珍珠，六品以下用金配饰及仅许耳环用珠玉。

第二，黎民百姓着装，不得穿用赭黄色，只许穿粗布、丝绸、绫罗、丝绒等制成的暗花衣服。所戴帽笠，不许用金玉装饰，靴子不得裁制成花样。首饰许用翠花、金钗、篦子各一件，耳环可以用金珠碧甸，其余允许用银。

第三，艺人服饰，与庶人相同，演戏所用道具服装不受限制。即艺人平时穿戴与老百姓一样，衣服和配饰要按等级规定穿戴。但在舞台上因演出需要，用的道具不受限制。

第四，官衙门中从事杂役的人员服装，只许穿绸绢缝制的衣服。不允许

图6-15　元代诸色人服饰

服用金锦等名贵的衣服，形制上并未有过多的规定。

第五，娼妓之家，只服皂褙子。对于娼妓的服饰，最初并未有严格规定，“多与官员，时俗同着衣服，不分贵贱”。1271年，元朝颁布条令规定，娼妓之家只能穿皂衫，戴角冠。娼妓之家长和亲属裹青头巾，妇女着紫袜子，而且须经常穿戴，不许戴笠和穿带金衣服。1314年，新定服色等级时，又进一步重申“娼家出入，只服皂褙子”的规定。黑色的布衫和无袖的坎肩和青头巾，是娼家的服饰标志。

第六，儒士的服饰，“无以异于常人”，只是礼服要求为戴唐巾和穿有襕带的衣服。唐巾，式样像幞头似的一种头巾。常见幞头一般两角下垂，而元代唐巾“两角上曲作云头”，即在头顶上翘出两角，像白色云团。“有襕带的衣服”是一种长袍并系腰带的服饰。

第七，僧人服饰，讲主穿红袈裟、红衣服，长老穿黄袈裟、黄衣服，其余僧人穿茶褐色袈裟、茶褐色衣服。

（七）怯薛的服饰

“怯薛”是蒙古语的音译，意思是“轮流值宿守卫”，其成员称为怯薛歹。怯薛最初为草原部落亲兵，后发展成为元朝皇帝的贴身宿卫。元朝建立后，军政体制发生了很大变化，但是皇帝周围仍保留了上万名怯薛歹。怯薛歹出任朝官，不经过中书省选官程序，直接由怯薛长举荐给皇帝。出任随朝官员后，仍要按照惯例入宫廷番值服役。由于怯薛歹直接接触皇帝，因此社会地位极高。这部分人员不仅身份特殊，而且服饰极为特殊。怯薛头戴的有交角幞头、凤翅幞头、学士帽、唐巾、控鹤幞头、花角幞头、锦帽、平巾帻、武弁、甲骑冠、抹额、絁巾、兜鍪。身上所穿衣服的种类有衬甲、云肩、裲裆、衬袍、士卒袍、窄袖袍、辫线袄、控鹤袄、窄袖袄、乐工袄、甲、臂鞲、锦螣蛇、束带、绦环、汗胯等。脚上穿的相比衣帽来说较为简单，主要是鞋、翁鞋、云头靴等。怯薛的服饰是蒙古服饰与传统汉服的结合体，主体部分是蒙古服饰，其他部分则多用汉服，例如袍、袄、帽、靴为蒙古服饰，而幞头、巾、裲裆、云肩、行縢等多为汉服。

（八）甲胄

甲胄是军人的专用服装。元代甲胄的制作，已经达到了很高水平。甲胄主要有皮甲和铠甲，具体分为罗圈甲、柳叶甲、胸甲、锁子甲、蹄筋翎根铠等。从颜色上看，分为朱甲、朱画甲、青甲、青铁甲、青勒甲、白铁甲、金饰黄甲、金饰白甲等。罗圈甲是用六重皮革制成的甲胄。胸甲是由四部分铁甲组成，即前胸、后背、两肩、双腿各一片铠甲。柳叶甲是用薄铁片制成形如柳叶的甲片，然后用皮带连接成一幅铠甲。锁子甲是承袭前代的一种铠甲，特点是五环相连，一环受箭，诸环拱护。元代最著名的甲胄是蹄筋翎根铠。这是窝阔台时甲匠孙威创制的一种铠甲。据《元史·孙威传》记载："善为甲，尝以意制提跟翎根铠以献，太宗亲射之，不能彻，大悦。"当时，窝阔台亲自弯弓射此铠甲，箭不能穿透。以后，蹄筋翎根铠成为元军将领作战穿用的主要甲胄。孙威由于制甲有功，被授予顺天等路工匠都总管，佩以金符。孙威的儿子孙拱，"后袭顺天安平怀州河南等路甲匠都总管。巧思如其父，尝制甲二百八十袭以献。至元十一年，别制叠盾，其制，张则为盾，剑则合而易持。世祖以为古所未有，赐币帛。丞相伯颜南征，以甲胄不足，诏诸路集匠民分制。拱董顺天、河间甲匠，先期毕工，且象豹异兽之形，各殊其制，皆称旨"。说明元代造甲工艺流程已可以将甲胄分解，由不同地区织造，而后组装一起。盾牌已经可以张开与合拢，易于携带。甲胄还可以制成"象虎豹异兽之形"，可见造甲工艺水平很高。与铠甲配套的是兜鍪，即头盔，有皮质与铁质以及皮和铁结合制作的。元代仪卫，一般戴皮制五色涂金兜鍪。

元代设有专门制造军器甲胄的机构。如镇江路有杂造局，"军器岁额水牛皮甲七十六"，其中包括"黑漆、红漆、绿油、黄油各一十九副，紫真皮盔、甲袋全"。庆元杂造局每年造甲额度是"人甲一百五副"。1273年闰六月，元世祖下令"诸道造甲一万、弓五千，给淮西行枢密院"。说明当时的造甲能力很强。

元代全国大一统之后，铠甲的需求量有所减少，用于仪仗性的铠甲增多。这种铠甲，更多的是追求外观的华丽。当时流行五色甲，一般用于上尊号、受册、祭告天地等仪式上的仪仗队穿戴。

二、元代的饮食文化制度

元朝建立以前，蒙古族主要是以畜牧业和狩猎为生，以肉类和乳品为主要食物。家畜以羊、牛为美餐，猎获物以兔、鹿、野猪、黄鼠、野马以及河源之鱼为佳食。游牧和狩猎均离不开马匹，蒙古人一般不杀马。忽必烈统一全国后，仿效汉族帝王亲耕藉田和祭祀神农后稷，同时采取一系列发展农业的措施。设立司农司管理全国农业，刊行《农桑制要》以推广先进的农业技术。元朝还令驻扎各地的蒙古军队屯田耕种。元朝的建立，南北的统一，加强了各地区和各民族间的交流，对改变食物结构起了促进作用。

（一）羊肉烹饪技术

元代是羊肉烹饪技艺的高峰阶段，烹、烤、煮、炒、蒸，人们几乎掌握了各种羊肉和羊杂的烹饪方法。当时，流行羊肉菜肴有炙羊心、炙羊腰、带花羊头、熬羊胃子、羊肉饼儿、脑瓦剌、攒羊头、细乞思哥、肝生、柳蒸羊、河西肺等。

羊膳是宫中最常见的菜肴。元代宫廷之中的御膳房分为大、小两个厨房，小厨房主要烹饪珍奇菜肴，大厨房则负责日常饮食，其中主要是羊肉类菜肴，正如杨允孚《滦京杂咏》上所言：“大厨房则宣徽所掌，汤羊是也。”杨瑀《山居新语》记载，元代皇帝每天的御膳要用5只羊，元顺帝即位后，“日减一羊”，受到人们称赞。此外，皇帝的赏赐、官府的膳食供应也大都离不开羊肉。元朝皇帝喜欢吃羊肉习惯传播得很广，当时的汉人也对羊肉菜肴很感兴趣。关汉卿《窦娥冤》杂剧中就有蔡婆婆生病后，“想羊肚儿汤吃”的剧情。

元仁宗延柘年间（1314—1320）的宫廷饮膳太医忽思慧，写有一部宫廷

图6–16　蒙古族特色美食——手把肉

饮食养生专著《饮膳正要》，全面总结了元代宫廷饮食。卷一之《聚珍异馔》篇，共记述各种菜肴94种，其中以羊肉或羊脏器为主料烹饪的菜肴就超过了70多种。可以看出当时羊肉在宫廷饮食中的地位。

（二）诈马宴

元朝制度，每年元旦、六月吉日、朝会、庆典、祭祀、宗王来觐、新皇帝即位、皇帝巡幸、帝后生日、皇后以及太子册立等活动，都要在宫殿里大排筵席，招待宗室、贵戚、大臣、近侍等。元代把这种国宴叫作“诈马宴”，又叫“质孙宴”。“诈马”为波斯语，意为“衣”。凡参加诈马宴的人，上至皇帝，下至卫士，均穿质孙服。

每次举行国宴时，当天清晨，王公大臣穿戴镶嵌珠宝的质孙服，各持彩仗，列队进入禁中。皇帝则穿戴天子质孙服，坐御殿临观。赴宴者按照职爵高下，依次入座。皇帝面南高坐于宝座之上，食案设在座位前，皇后位于左侧。皇子和诸王列坐右侧，座位较皇帝宝座低，头部仅能与皇帝的足部平行。其他文臣武将的食案依次降低。皇后左边摆列着高低不等的食案，是专为公主和大臣妻女等女眷准备的席位。宴飨有羊、马、鹿、驼、黄羊、兔、野鸡、熊掌、天鹅、大雁等肉类菜肴，菜蔬果品不计其数。所谓“诈马宴开，盛陈奇兽”，说的就是宴会上奇珍异兽等肉类食物很多。羊、马是主要食材，通常一次大宴，要用羊2000只、马3匹。宴飨的主要饮料是上等葡萄酒和马奶酒。以银制和镀金大盏，盛满诸种酒。

国宴开始前，还要举行一项庄严的仪式。先由一两位大臣从石室金匮中取出《成吉思汗大札撒》，宣读若干条文。而后，“诸坊奏大乐，陈百戏”。这时方可饮酒用膳。宴饮之人要有节制，不能狼吞虎咽，纵情狂欢。宴飨期间，还有一个称作“喝盏”的礼仪，蒙古语为“斡脱”，又作“月脱”“斡脱克”，意为“请用”。进行喝盏礼仪时，一人执酒觞立在右阶，一人执拍板立于左阶，执板板者高喊一声：“斡脱！”执酒觞者应声和曰：“打弼（意为‘就坐’）！”于是，执板者击板，各种乐器随后齐奏。执酒觞者走至皇帝面前进酒，皇帝接盏饮酒后，授还酒觞，众乐停奏。随后，乐队一曲再奏响，众人遂开怀畅欢。宴会通常要举行3天，赴宴者每天都要更换质孙服。由于元朝这种宫廷大宴规格很高，又常常在席间商议国事，因此官员以能参加此宴为荣。

三、元代的居住文化制度

（一）蒙古包

在大蒙古国和元朝时期，蒙古人在草原上居住的是穹庐，即毡帐，后人俗称蒙古包。穹庐一般分为两种：一种是以树枝和细木棍为骨架，搭建成圆形，外面和顶部以毛毡覆盖；前面开有门，也是毛毡制成；顶部形状如伞，中央留有一个圆孔，叫作天窗，为采光和使账内炊烟散出。这种穹庐可以卷舒拆卸。另一种是先以柳木编织成硬圈，上面铺钉毛毡。这种穹庐不能卷舒拆卸，迁移时放在车上拖载。穹庐一般用白色毛毡围盖，蒙古人喜欢在毛毡外涂上白黏土，从而使穹庐更洁白。这与“国俗上白，以白为吉”的习俗有关。蒙古人到达水草丰美的地方，首先要安置穹庐，门一般要向南开。穹庐中有床、木桌和长凳等生活用具，也有无床的只在地上铺设毛毡皮革。墙壁上挂着毛毡制成的偶像，视为整个穹庐的保护者。穹庐中央以石垒做炉灶，灶上置锅，用马粪做燃料。

富人蒙古包内把顶端圆框四周的毡子饰以各种图案，在蒙古包入口处悬挂各种装饰有彩色图案的毡子，有藤、树、鸟兽图像。汗王还把大毡帐设在专门的车上，不用拆卸。

（二）斡耳朵制度

“斡耳朵”是蒙古语，意为“宫帐”。成吉思汗时建斡耳朵制度，设大斡耳朵及第二、第三、第四等四斡耳朵，分别属于4个皇后，其中3个斡耳朵分别位于怯绿连河、和林、萨里川哈老徒，而第四个斡耳朵的位置尚不明确。大汗的私人财富分属四斡耳朵，大汗死后由四斡耳朵分别继承。元朝建立后，为四大斡耳朵设置专门管理机构，征收五户丝和江南户钞。封宗王甘麻剌和他的子孙为晋王，镇守漠北，兼领四大斡耳朵，称为“守宫”。忽必烈也有四大斡耳朵，同样占有大量财富和私属人口。其他皇帝都各有斡耳朵，死后都由后妃继承守宫，并设专门官衙管理。

四、元代的交通制度

从大蒙古国时期起，蒙古统治者就对道路交通很重视。成吉思汗时，不但重视道路建设，而且注重道路的维护。以后的几代蒙古大汗同样重视道路的建设和管理，许多重要道路已经在这一时期开通和修复。当时，蒙古地区以和林为中心，开辟了多条通往其他占领区的道路，尤其是中亚和西亚地区的道路。元朝建立后，设立辽阳、岭北、河南、陕西、甘肃、四川、云南、江浙、湖广、江西等10个行省以及腹里、吐蕃两个中央直辖区，并在前代原有的驿传制度基础上，结合行省制区域管理，逐步建立起四通八达的陆、水、海交通网线。

（一）陆路

元代的主要道路以大都为核心，大致分为北路、南路、东路、西路等干线。从主干线中又不断延伸出分支道路，像蜘蛛网一样连接起各个方向，从而达到“条条大路通大都”的作用。

北路交通线，从大都北行至上都，这是元朝皇帝最重视的路线。皇帝两都巡幸，蒙古人返回漠北老家，都要依靠北路到达目的地。北路又分为驿道、黑谷东道、古北口东道、西道等四条线路。

南路交通线，从大都南下，经良乡到涿州，然后分两路：一路走定兴、白塔、保定，由此分道走出山西东部和河南北部。一路南至新城、雄州、任丘、河间、献州、阜城、景州，入山东陵州，而后继续南行。

西路交通线，从大都西行至宣德、夏永谷，入山西天成，然后到大同，再从大同分别向宁夏、甘肃等地延展。

东路交通线，主要分为两路：一路从大都东行至通州，经夏店、蓟州、遵化，通往辽阳行省的大宁路。一路经玉田、丰润、迁安、卢龙等地，或由此路往大宁。

（二）驿站

“驿站”一词出现在元代，蒙古语为“站赤”，原意为“掌驿站者”，后成为与驿站等同的名词。

元代幅员辽阔，交通发达，驿站制度应运而生，成为效率极高的交通设施。元代全国遍设驿站，东连高丽，东北至奴儿干，北达吉利吉思，西通伊利汗国、钦察汗国，西南抵吐蕃，南接安南、缅国。在官方备案的驿站，腹里、河南、辽阳、岭北、江浙、江西、湖广、陕西、四川、云南、甘肃等行省共设立1400处，岭北行省的三条驿道设置119处，宣政院直属的吐蕃地区设置27处，全国近1600处驿站。驿站有陆站和水站之分。陆站备有马、牛、驴、车、轿等交通工具。水站设于水路沿岸，备有船只，为过往官员提供服务。驿站有固定场所，有馆舍提供住宿、马厩、船坞供牲畜和船只休息停靠。驿站的大小，并未有统一的规定，因地制宜，有的多达150余间房，有的仅有十几间房。使臣利用驿站，根据级别享受不同的服务。驿站住宿和使用交通工具，必须要有官府颁发的证件。驿站的管理机构原属于通政院，1311年撤销通政院，改由中书省兵部直接管理。元仁宗时，恢复通政院，再次接管驿站。

（二）急递铺制度

急递铺是与驿站相辅而行的交通系统，主要用于官方通信，其传舍亦有特定标志。

元代急递铺制度始建于忽必烈时期。1260年四月，忽必烈下令在燕京（今北京）至开平设立急递站铺，“凡有合递文字，依已前体例，严里限次递送”，并“自京兆府直至开平府，验地里远近，人数多寡，立急递站铺”。五月，“令随处官司直接邻接两界传递驿至本路宣抚司，宣抚司置铺连接至朝省”。此后，急递铺制度逐渐完善。全国统一之后，各地遍设急递铺，主要用于重要公文的传递。元代急递铺采取“十里或十五里、二十五里，设一急递铺，十铺设一邮长，铺设卒五人”。急递铺传递公文邮件的速度，规定为一昼夜传递八百里，采取接力式传递，每铺负责本铺到下一铺的传递。铺兵递送邮件，备夹板一个、铃攀一幅、缨枪一杆、软绢包裹一伯、油绢三尺、蓑衣一领、回历一本。急递铺备有两种传递文书的包装。一种是匣子。这种匣子长一尺，宽四寸，高三寸，用黑油红字书写匣号，在匣子上面写上发件的部门函件、传递的时间、经过的地点、接送的衙门等。另一种是邮袋，属于信封式。这种纸质包装信封，用于一般文书的传递。急递铺本身有一套管理程序：一是昼夜值班制度。铺所要求有人全天值班，“每遇夜，常明灯烛”，随时准备接送邮件。二是邮件登记制度。急递铺中设“铺历两本，上司行下一本，诸路申上一本”。铺历即往来邮件的登记册。三是邮件的编号管理制度。每份邮件都用牌子编号，“其牌长五寸，阔一寸五分，以绿油黄字书号”。同时，对负责传递邮件的铺兵有严格的纪律规定，“铺兵私下将所递文字开封发现者，根究得获，责付合属牢固收管，听候申部呈省详断”。如果丢失邮件，则要受到惩处。

第四节　清代的衣食住行文化制度

一、清朝的服饰文化制度

清代的服饰，不仅色彩缤纷、形式多样，还严格区分了统治者与被统治者之间的服饰的等差，严格区分了统治者内部之间的服饰等差。1652年，清世祖命礼部制定了《服色肩舆永例》，成为是清代各阶层人员必须遵守的服饰规范。《服色肩舆永例》对皇帝、皇子、亲王、郡王、贝勒贝子、文武官员、士庶人等，以及皇后（含太皇太后、皇太后）、皇子等（含亲王、世子、郡王）福晋与贝勒贝子夫人、官员命妇的服饰，对其冠、服、袍、罩、褂、裳、衣等，以及各种服饰的颜色、质料、数目，均有具体而详实的规范，如有违制，则以“僭越”治罪。

（一）龙袍箭衣与帝王服饰

1．皇帝服饰

清代皇帝的服饰既是实用衣物，又是封建等级的标志，包括饰物、冠、裳、甲胄等。

皇冠分为朝冠、吉服冠、常服冠、行冠、雨冠等。皆分为冬、夏两种。冬冠用黑狐皮毛或海龙、熏貂、紫貂皮、黑羊皮、青绒、青呢制作。夏冠则用玉草或藤丝、竹丝为质。冬朝冠用黑狐皮毛制作。檐上仰，上缀朱纬，长出

图6-17　清圣祖康熙皇帝朝服像

檐，顶三层，每层有四条金龙，每条龙含东珠一颗。夏朝冠表以罗，缘石青片金二层，里用红片金或红纱。檐敞，上缀朱纬，内加圈。前缀金佛，饰以东珠十五颗，后缀舍林，饰以东珠七颗，冠顶与冬朝冠相同。

皇帝的服制有衮服、朝服等。衮服为石青色，上绣五爪正面金团龙四，两肩及前后各一。左肩绣日，右肩绣月，前后篆文寿字并搭配以五色云纹。朝服分为冬、夏两种，均为上衣连下裳制。冬朝服又分二式，俱用明黄色，但祭圜丘、祈谷用蓝色，朝日用红色。夏朝服也用明黄色，但常雩祭祀时用蓝，夕月时用月白色，余制与冬朝服二式相同。

皇帝的袍褂主要为龙袍，为明黄色，领、袖俱为石青色，片金缘绣文金龙九条。列十二章纹，点缀以五色彩云。领前后各绣正龙一条，左、右及交襟处各绣行龙一条，袖端各绣正龙一条。下幅为八宝立水图案，襟为左右开，质料为棉，袷、纱，裘不等，各唯其时而已。另有常服袍、行袍、常服褂、行褂、行裳、雨衣、雨裳、端罩等各有定式。

清代皇帝的服饰除了冠与服，还有身上挂的朝珠以及腰间束的朝带、吉

日

月

星辰

山

龙

华虫

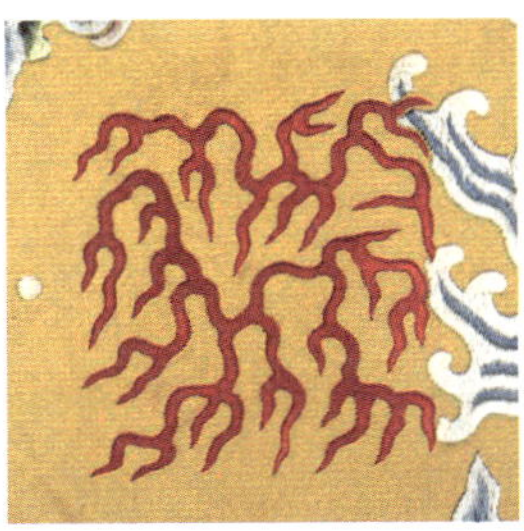

火

宗彝

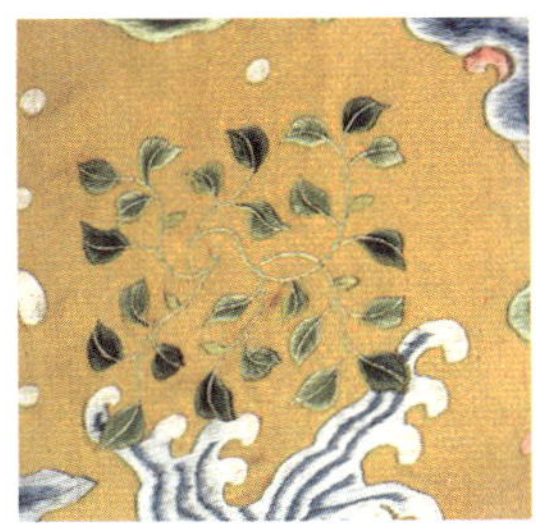

藻

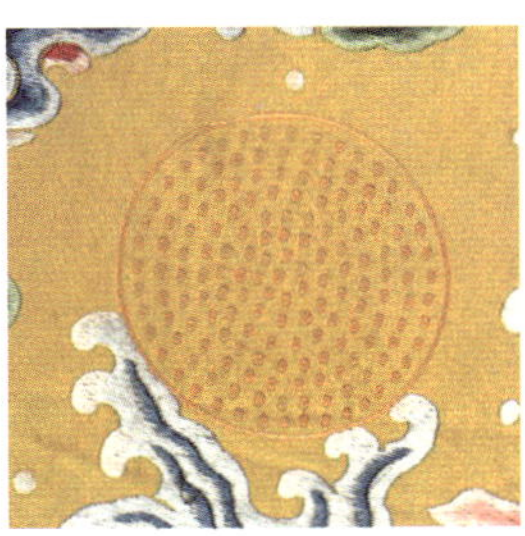

粉末

黼

黻

图6-18　清朝皇帝龙袍上的十二章纹

服带、行带、常服带等附件与饰物等。

清代，对帝王与官民的服饰服用有明文规定，不得违制。每年，服饰四时更换之命，皆由宫中传出并发邸抄而颁行于各部署衙门，每岁春季换用夹朝衣，秋季用缘皮朝衣，定例农历九月十五日或二十五日御冬朝冠服，十一月朔至上元冠用黑狐，服用海龙缘及表面加紫貂，袖端熏貂并穿端罩，帝、后、王公贵族、文武百官均如此。

凡遇祭圜丘等祀典，豫日诣斋宫斋戒，皇帝则穿龙袍衮服。皇帝燕居宫中，冠红绒结顶。皇子、皇孙皆以为礼服。近支王、贝勒得赐者，许常冠戴。

2．清朝王公贵族的服饰

清代皇族有皇子、亲王、郡王、贝勒、贝子等，异姓封爵有公、候、伯、子、男等，其冠服各有等差。

（1）皇族王公的冠服

皇族王公的朝冠分冬、夏两式。冬朝冠按时节用熏貂、青狐皮制作，上缀朱纬，长出檐。顶有金龙二层，饰东珠数颗，上衔东珠数颗，上衔红宝石。支梁二根，在顶左右檐下，两旁垂带交项下。皇子、亲王顶饰东珠十颗，郡王顶饰东珠八颗、贝勒顶饰东珠七颗、贝子顶饰东珠七颗并戴三眼孔雀翎一根，镇国公顶饰东珠五颗并戴双眼孔雀翎一根，辅国公顶饰东珠四颗并戴双眼孔雀翎一根。夏朝冠，用玉草或藤、竹丝制作，边沿为石青色片金二层，里用红片金红纱，檐敞，上缀朱纬，内加系带的圈。前缀舍林，后缀金花，均饰有东珠数颗，余制如冬朝冠。皇子、亲王顶前饰东珠五颗，后饰四颗，戴三眼孔雀翎一根。郡王顶前饰东珠四颗、后饰三颗，戴三眼孔雀翎一根。贝勒顶前饰东珠三颗、后饰二颗，戴三眼孔雀翎一根。贝子顶前饰东珠一颗、后饰一颗，戴三眼孔雀翎一根。镇国公与辅国公顶前饰东珠一颗，后饰绿松石一颗，戴双眼孔雀翎一根。

朝服亦有冬、夏之分。皇子朝服用金黄色，亲王、郡王用蓝及石青色。冬朝服有两种：一种为披领及裳均表以紫貂皮，袖端用熏貂皮制作。朝服绣文为两肩前后正龙各一条，襞积行龙六条，间以五色彩云。通绣蟒纹均为四爪。另一种为披领及袖均为石青色，片金加海龙边。绣文为：两肩前后正龙各一条，腰围行龙四条，中有襞积，裳有行龙八条，披领行龙两条，袖端正龙各一条，下幅为八宝平水。夏朝服绣文制同冬朝服第二种。

贝勒、贝子、镇国公、辅国公朝服除不准用金黄色，可选用任何颜色。通绣蟒纹均为四爪。

补服均为石青色。亲王绣有五爪金龙四团，前后身各有正龙一团，两肩各有行龙一团。郡王前后身及两肩各绣五爪行龙一团。贝勒前后身各绣四爪正蟒一团。贝子前后身各绣四爪行蟒一团。镇国公、辅国公前后身各绣正蟒一团。

（2）异姓公侯的冠服

异姓公侯的朝冠有冬、夏之分。冠顶有镂花金座。公爵冠顶饰东珠四颗；侯爵冠顶饰东珠三颗；伯爵冠顶饰东珠二颗；子爵冠顶饰东珠一颗；男爵冠顶饰小红宝石，上衔镂花珊瑚。

朝服亦有冬、夏之分。颜色可选蓝或石青色。冬朝服有两种：第一种披领及裳表以紫貂皮，袖端用熏貂皮，两肩及前后身各有正蟒一条，襞积有行蟒四条。第二种是披领及袖均为片金加海龙边，两肩及前后身各有正蟒一条，腰围行蟒一条，中有襞积，裳有行蟒八条，披领行蟒二条，袖端正蟒各一条，下幅为八宝立水。夏朝服为片金边，余则同冬朝服第二种。

朝带用蓝或石青色，有镂金衔玉圆版四块，每块均饰有宝石一颗。公爵圆版每块饰猫睛石一颗，侯爵圆版每块饰绿松石一颗，伯爵、子爵、男爵圆版各饰红宝石一颗。朝珠则珊瑚、青金、绿松、蜜珀随佩戴者选用，绦为石青色。

补服可选蓝色或石青诸色。公爵、侯爵、伯爵补服通绣九蟒，子爵补服前后绣麒麟，男爵前后绣狮。

3. 补服图案及官服等级

除了官服服饰，清代区别官职大小还表现在朝冠顶子、翎子，补服上所绣的禽鸟、兽类，以及杂色纹样的补服图案上。

（1）朝冠顶子

朝冠顶子共有三层顶上为尖形宝石，中为球形宝珠，下为金属底座。一品顶镂花金座，中饰东珠一，上衔红宝石。二品顶镂花金座，中饰小红宝石一，上衔镂花珊瑚。三品顶衔蓝宝石，余与二品同。四品顶镂花金座，中饰蓝宝石一，上衔青金石。五品顶中饰小蓝宝石，上衔水晶石。六品顶上衔砗磲，余与五品同。七品顶中饰小水晶一，上衔素金。八品顶镂花阴文，金顶无饰。九品顶阳文镂花，金顶无饰。未入流的顶子同九品。从耕农官，顶同八品。一等侍卫的顶子同文三品。二等侍卫的顶子同四品。三等侍卫的顶子同文五品。蓝翎侍卫的顶子同文六品。

图6-19　乾隆时期名臣傅恒三眼花翎朝服像

（2）吉服冠顶

吉服冠顶子包含球形宝珠和金属底座两部分，底座用金或铜，上面镂刻花纹。顶珠的颜色及材料有多种，反映不同官员的品级。一品官员顶珠用红宝石，二品用珊瑚，三品用蓝宝石，四品用青金石，五品用水晶，六品用砗磲，七品用素金，八品用阴文镂花金，九品阳文镂花金。顶无珠者，即无品级。侍卫吉服冠顶子同朝冠。

（3）翎子

清朝的礼帽，在顶珠下有翎管，质为白玉或翡翠，用以安插翎子。翎子分为花翎（孔雀翎）、蓝翎（羽制成），以花翎最贵。

花翎有单眼、双眼、三眼之分，三眼最贵。所谓“眼”指的是孔雀翎上的眼状的圆，一个圆圈就算做一眼。武职五品以上，文职巡抚兼提督衔及派往西北两路大臣可佩戴花翎。贝子、固伦额驸戴三眼花翎。镇国公、辅国公、和硕额驸戴双眼花翎。镇国将军等戴单眼花翎。品官须奉特赏始得戴用，一般为单眼花翎。亲王、郡王虽然爵位尊崇，但是非蒙皇上特赐不能戴花翎，已经赐有花翎者，遇到朝冠晋见时仍不能戴用。

蓝翎，无眼，赐予六品以下、在皇宫和王府当差的侍卫官员享戴，也可以赏赐建有军功的低级军官。

（4）补服图案

文一品绣鹤。二品绣锦鸡。三品绣孔雀。四品绣雁。五品绣白鹇。六品绣鹭鸶。七品绣鸂鶒。八品绣鹌鹑。九品绣练雀。未入流同九品。

武一品绣麒麟。二品狮。三品豹。四品虎。五品熊。六品彪。七品犀牛。八品同文八品。九品海马。未入流同文九品。

监察官的补服与其他文官不同，文一品的都御使、文三品的副都御使及按察使、文四品的道、文五品的给事中和御史，不分等级，补服均绣獬豸。

（5）文武品官朝带样式

一品，朝带镂金衔玉方版四，每具饰红宝石一。二品，朝带镂金圆版四，每具饰红宝石一。三品，朝带镂花金圆版。四品，朝带银衔镂花金圆版四。五品，朝带银衔金圆版四。六品，朝带银衔玳瑁圆版四。七品，朝带素圆版四。八品，朝带银衔明羊角圆版四。九品，朝带银衔乌角圆版四。未入流，朝带制如九品，银衔乌角圆版四。

（6）士庶人等的衣冠服饰

在清代，举、贡、生、监谓之士，其他则称为庶。他们的衣冠服饰，虽

一品文官仙鹤补服

二品文官锦鸡补服

三品文官孔雀补服

四品文官鸳鸯补服

五品文官白鹇补服

六品文官鹭鸶补服

七品文官㶉鶒补服

八品文官鹌鹑补服

九品文官蓝雀补服

图6–20　清代文官补服图案

自成体系，却与文武官员的服饰，有相通之处。《清稗类钞》记载：“会试中式贡士朝冠，顶镂花金座，上衔金三枝九叶。吉服冠，顶用素金。举人吉服冠，顶镂花银座，上衔金雀。袍，青绸为之，蓝缘，披领如袍饰，带如文八品。吉服冠，顶银座，上衔素金。贡生吉服冠，镂花金顶，余皆如举人。监生吉服冠，素银顶，余皆如贡生。生员吉服冠，顶镂花银座，上衔银雀。袍，蓝绸为之，青缘，披领如袍饰，带如文九品，吉服冠顶如监生。外郎、耆老冠顶以锡。从耕农官，袍，青绒为之，顶同八品。补服，色用石青，前后绣彩云捧日。袍，青绢为之，上加披领，腰为襞积，不加缘，月白绢里。祭祀文舞生，

一品武官麒麟补服

二品武官狮子补服

三品武官豹补服

四品武官虎补服

五品武官熊罴补服

六品武官彪补服

七品、八品武官犀牛补服

九品武官海马补服

图6–21　清代武官补服图案

图6–22　清代监察官獬豸补服

冬冠，骚鼠为之，顶镂花铜座，中饰方铜，镂葵花，上衔铜三角，如火珠形。袍，绸为之，其色，南郊用石青，北郊用黑，祈谷坛、太庙、社稷坛、朝日坛、帝王庙、文庙、先农坛、太岁坛，俱用红，夕月坛用月白。前后方襕，销金葵花。带，绿绸为之。武舞生，顶上衔铜三棱，如古戟形。袍，绸为之，通销金葵花，余具如文舞生袍之制，带如文舞生。祭祀执事人，袍，绸为之，其色，南郊用石青，北郊用黑，不加缘，太庙、先农坛、太岁坛，俱用青色，蓝缘，祈谷坛、社稷坛、朝日坛、帝王庙，俱用青色，石青缘，夕月坛用青色，月白缘，带如文舞生。乐部乐生，冠顶镂花铜座，上植明黄翎。袍，红缎为之。一前后方襕绣黄鹂，中和韶乐部乐生执戏竹人服之。一通织小团葵花，丹陛大乐诸部乐生服之。带，绿云缎为之。卤簿舆士，冬冠，以豹皮及黑毡为之，顶镂花铜座，上植明黄翎。袍如丹陛大乐诸部乐生，带如祭祀文舞生。卤簿护军，袍，石青缎为之，通织金寿字，片金缘。领及袖端，俱织金葵花。卤簿校尉冬冠，平檐，顶素铜，上植明黄翎，袍及带如卤簿舆士。”

（7）品官命妇的服饰

清代，文武官员的妻子并有诰命封授的夫人，被称为“命妇”。命妇的冠服序列，与官员服饰序列相较，既有类似之处，也有自身的特点。《清稗类钞》记载：“一品命妇朝冠，顶镂花金座，中饰东珠一，上衔红宝石，余皆如公夫人。二品命妇朝冠，顶镂花金座，中饰红宝石一，上衔镂花珊瑚。吉服冠，顶镂花珊瑚。余皆如一品命妇。三品命妇朝冠，顶镂花金座，中饰红宝石一，上衔蓝宝石。吉服冠，顶用蓝宝石。余皆如二品命妇。四品命妇朝冠，顶镂花金座，中饰小蓝宝石一，上衔青金石。朝袍，片金缘，绣文，前后行蟒各二，中无襞积，后垂石青绦，杂饰惟宜。朝裙，片金缘，上用绿缎，下石青行蟒妆缎，皆正幅，有襞积。吉服冠，顶用青青金石。蟒袍通八蟒，皆四爪。余皆如三品命妇。五品命妇朝冠，顶镂花金座，中饰小蓝宝石一，上衔水晶。吉服冠，顶用水晶。余皆如四品命妇。六品命妇朝冠，顶镂花金座，中饰小蓝宝石一，上衔砗磲。吉服冠，顶用砗磲。余皆如五品命妇。七品命妇朝冠，顶镂花金座，中饰小水晶一，上衔素金。吉服冠，顶用素金，蟒袍通五蟒，皆四爪。余皆如六品命妇。”

4．民间服饰

清代服饰以袍、褂、帽子、坎肩、裙子、裤子、靴、鞋为主，具有鲜明的时代特色。较之明代服饰，既有继承，又有变化。而紧袖箭衣、下身开叉衣裤的盛行，更是满汉服饰文化交流的结晶。

（1）男子服饰

马褂：长袍或长衫配马褂、马甲，腰束湖色、白色或浅色长腰带，后系手巾，是清代男子一般通穿的服装。马褂长仅及脐，左右及后开楔，袖口平直（无马蹄袖端），形式有袖长过手或袖段至腕、对襟、大襟、琵琶襟诸式。对襟马褂当作礼服，大襟马褂多当作常服。

马甲：马甲即背心、坎肩。马甲为无袖的紧身式短上衣。有一字襟、琵琶襟、对襟、大襟、多纽式等款式。除多纽式无领，其余均有立领。

长袍：长袍紧窄，袍长至脚背，多为圆领或立领，对襟、大襟、琵琶襟，皆用纽扣系合。长袍造型简练，前后衣身有接缝，下摆有两开衩，四开衩和无开衩几种类型。

衬衫：衬衫穿于袍衫之内，衬衫的形状与长衫相似，也有上面不用二袖，上半截用棉布，下半截用丝绸，在腰部相逢接而成的，成为两截衫。颜色初尚白，后一度流行玉色、蛋青色、油绿色或白色镶倭缎、漳绒边的。

短衫短袄：有立领右衽大襟与立领对襟两式，与裤子相配，外束一条腰裙，是一般劳工人民的服装式样。南方农民夏穿牛头短裤，即传统的犊鼻 发展而来。长裤于裤脚镶一段黑边。北方人穿长裤，用带子将裤脚在髁骨处扎紧，东夏都如此。冬天的套裤，上口尖而下口平，不能盖住腿后上不部及臀部。

裤子：裤子有单夹棉皮之分，身份之人多穿于内，走卒农夫穿于外，上着短衫、短袄，头戴毡帽、斗笠。中原一带男子穿宽裤腰长裤，系腿带。

披领与领衣：遇庆典，除冠帽袍，还要在礼服上另加披领，这是因为清朝礼服一般无领的缘故。春秋季节用浅湖色的缎，冬天则用绒或皮。领衣形似牛舌，俗称“牛舌头”。质料用布或者绸缎，前面是对襟，用纽扣系住，束在腰间。

帽子：帽子大致分为暖帽、凉帽、便帽。暖帽，冬季所戴，圆形，帽檐为上翻形，帽顶有红缨作为装饰。凉帽，无檐，形状像东北农村酱缸上的缸盖“酱斗篷”。便帽，俗称“瓜皮帽”，是清代最普及的一种帽子，老幼皆戴，六瓣缝合而成，帽顶要缀上一个丝绒结成的大疙瘩，俗称“算盘结”。为了区别帽子的前后，在帽边的正中间钉上帽正，多用美玉、翡翠等宝石装饰。

鞋：公服着靴，便服着鞋，有云头，双梁，扁头等式样。另有一种快靴，底厚筒短，便于出门时跋山涉水。

（2）女子服饰

旗髻：系指两把头、大拉翅等满族头髻。两把头的梳法是先将长发向后梳，分为两股，下垂到脖后，再将两股头发分别向上折，折叠时一边加黏液，一边复压使之扁平，微向上翻，余发上折，合为一服，反复至前顶，随用头绳（红丝线或棉线绳）绕发根一圈扎结固定，其上插扁方，余发绕扁方上，使扁方与发根之柱状合成T字形。前戴大花卉及珠结，侧面垂流苏。后来，旗髻逐渐增高，两边角也不断扩大，上面套戴一顶形似扇形的冠，一般用青素缎、青绒做成，称为旗头或官装，俗称大拉翅。

马褂：款式有挽袖（袖比手臂长）、舒袖（袖不及手臂长）两类.衣身长短肥瘦的流行变化与男式马褂差不多。但女式马褂全身施纹彩，并用花边镶饰。

坎肩：又名紧身、搭护、背心、马甲，为无袖短身的上衣，式样有一字襟、琵琶襟、对襟、大捻襟、人字襟等数种，多穿在氅衣、衬衣、旗袍的外面。

褂襕：为妇女们在春秋天凉时穿于袍衫之外的长坎肩。这种坎肩系圆领、对襟、直身、无袖、左右及后开气、两侧开气至腋下，前胸及开气的上端各饰一个如意，周身加边饰，两腋下个缀有两根长带，身长至膝下。

衬衣：清代女式衬衣为圆领、右衽、捻襟、直身、平袖、无开气、五个纽扣的长衣，袖子形式有舒袖、半宽袖两类，袖口内再另加饰袖头，是妇女的一般日常便服。

氅衣：与衬衫款式大同小异。不同的是衬衣无开气，氅衣则左右开气高至腋下，开气的顶端必饰云头；氅衣的纹饰更加华丽，边饰的镶滚更为讲究，在领托、袖口、衣领至腋下相交处及侧摆、下摆都镶滚不同色彩、不同工艺、不同质料的花边、花、狗牙等。尤以江南地区，俗以多镶为美。

围巾：穿衬衣和氅衣时，在脖颈上系一条宽约二寸、长约三尺的丝带，丝带从脖子后面向前围绕，右面的一端搭在前胸，左面的一端掩入衣服捻襟之内。围巾一般都绣有花纹，花纹与衣服上的花纹配套。

裙子：主要是汉族妇女所穿，满族命妇除朝裙外，一般不穿裙子。至晚清时期，汉满服装相互交融，汉满妇女都穿。清代女子穿的裙子有百褶裙、马面裙、干裙、鱼鳞裙、凤尾裙、红喜裙、玉裙、月华裙、墨花裙、粗蓝葛布裙等。

旗鞋：受祖先削木为履的风习影响，满族女子穿木底鞋，称为旗鞋。其特点是在鞋底中间部分有一个高10厘米左右的高底，高底的形状有的像花盆，称为“盆底鞋”，有的像马蹄，称为“马蹄底鞋”。鞋跟都用白细布裱蒙，鞋面用刺绣、穿珠绣等工艺施加纹饰。

二、清代的饮食文化制度

清代的饮食生活可以概括为“盛”“雅”“艺”“精”四字，它是专业性与群众性烹饪技艺人员共创的产物。

（一）“千叟宴”与宫廷饮食

清代的宫廷饮食活动，具有礼仪隆、规格高、席面豪的特点。既是饮食“礼”文化的生动体现，又是历代宫廷饮膳、筵宴活动美食、美味、美器之集大成者。

清代帝后妃嫔在宫中日常与年节膳食，不但对饮食与烹饪技术十分考究，而且礼制也极为严格、烦琐。

宫廷日常与年节饮膳。清代皇帝平时吃饭称为“传膳”“进膳”或“用膳”，其地点并不固定。皇帝每天分早晚两次用膳，早膳多在早晨六七点钟之后，晚膳在中午12点至午后2点。每晚6点前后，还要进一次晚点。每到传膳的时候，太监先在传膳的地点布好膳桌，当膳食从御膳房运来后，迅速按规定摆好。如无特别旨意，任何人都不能与皇帝同桌用膳。按规矩，凡皇帝、太后、皇后用膳后余下未动用过的菜点膳食，一般赏赐给妃嫔、皇子、公主、大臣等；而妃嫔用膳后所余菜点膳食，则多赐给宫女、太监等人。

按照规制，清代皇帝每逢年节节日，还要在宫中举行各种宴会。这些宴席活动，有着各种政治目的。例如，除夕宴、凯旋宴、乡试宴、恩荣宴、经筵宴、临雍宴等。此外，还有规模盛大的“千叟宴”。每次千叟宴均是在特定背景下举行的。

第一次千叟宴在1713年，适值康熙帝60岁大寿，各地著名耆老为贺帝寿，自发来京。该年农历三月二十五日、二十七日两次在畅春园宴赏参宴耆老，包括各省现任、退休文武汉大臣官员士庶等，年65岁以上者2800余人。第二次千叟宴在1722年农历正月新春，康熙帝为庆贺登帝位60年，先后召群臣耆老及八旗满洲、蒙古、汉军文武大臣等1000多人，分满、汉两次入宴。席上，康熙帝作《千叟宴诗》一首，此宴由此得名。第三次千叟宴在1784年，卷帙浩繁的《四库全书》告竣，乾隆帝又添五世玄孙。于是，正月在乾清宫举行千叟宴，当时有3000名耆老入宴。第四次千叟宴在1795年。因上一年各省收成平均达九成，十月又降瑞雪盈尺，于是该年正月，乾隆帝在宁寿宫、皇极殿举行千叟宴，入宴群臣耆老和并未入座者达5000余人，规模空前，也是最后一次此宴。

据《御茶膳房簿册》记载，为置办千叟宴，物资耗费巨大。这既表明宴席的盛况，又证实宫中财力、物力充盈，盛极一时。

（二）满族食品特点

满族主要从事农业生产，并以狩猎和畜牧为副业。其饮食特点如下：

第一，主食以面食为主，品种多样，风味独特，特点是酸、黏、酥、凉。

第二，是主食粥饭，主要有小米饭、黄米饭、黏高粱米饭、高粱米水饭、小豆甜粥、八宝粥等多种。

第三，主食有鲜明的季节性，且每年秋收后，还有“荐新”祭祀的风俗。

第四，副食品式样多、品种全、做工细，在菜肴方面，火锅是其传统烹饪方式之一。

第五，酿酒历史悠久，酒的种类有清酒、醴酒、烧酒、黄酒、汤子酒、松苓酒等。

第六，满族饮食中最有特色、最能体现各民族间饮食交流文化的是“全羊席”与“满汉全席”，具有礼仪隆重、用料华贵、菜点繁多、格调高雅等特点，是中国规模最大的古典宴席。

三、清代的居住文化

清代居住建筑以及由此衍化与衍生出的居住生活、居住习尚，是社会物质文化生活中的一个重要组成部分。清代建筑具有阶级性、审美性、实用性、多元性、变异性等特点。

（一）皇宫选址与紫禁城规划

清代，上自天子王公贵胄，下至普通百姓，对居住地址的选择，十分慎重，大多遵循《黄帝宅经》的理论原则。

清代都城及皇宫地址的选择与规划，以明代永乐年间以后都城构建为基础，并有所改造与扩建。清代定都北京后，统治者在明代皇宫的基础上，经重建和改造，较明代更加辉煌、巍峨壮丽。在居住礼仪方面，也有诸多规仪与禁忌。北京皇家宫殿区称“皇城”，又名“紫禁城”。它是清代顺治朝到宣统朝，历朝帝后、宫妃、太监等生活、居住、办公的处所，也是皇帝日常接见臣僚、外国使节，接受朝贺、批览奏章、应对臣工、处理各种军政要务的地方。

皇城分为外朝与内廷两大部分，外面用宫城城墙围绕。宫城的正门午门，不仅是宫门，还是献俘与颁布诏令的所在。外朝建筑以太和、中和、保和三大殿为主，前面有太和门，两侧又有文华、武英两组宫殿。内廷建筑以乾清宫、交泰殿、坤宁宫为主，是帝后居住的地方。这组宫殿的两侧有居住用的东西六宫与宁寿宫、慈宁宫等。最后面有一座御花园。宫城内还有禁军的值班房和一些辅助性建筑，以及太监、宫女居住的矮小房屋。午门至天安门之间，在御路两侧建有朝房。清代紫禁城的主要建筑，从总体上考察，基本上是附会《礼记》《周礼·考工记》及封建的传统礼制来布置的。社稷坛位于宫城前面的西侧（右），大庙位于东侧（左），这是附会“左祖右社”的制度。而太和、中和、保和三殿更是附会“三朝”的制度。大清门到太和门之间的5座门是附会“五门”的制度。前三殿与后三宫的关系形象、生动、完整地展示了

“前朝后寝”的制度。

（二）宫廷居住礼仪

1．行政礼仪

在紫禁城的三大殿与午门，是实施皇家政治礼仪的场所。

（1）太和殿是皇帝处理国事、政务、颁布诏令的场所。

（2）中和殿是皇帝祭祀及收藏“玉牒”的地方。

（3）保和殿是皇帝每年除夕宴请外藩与新科进士之处，更是储藏宝训、实录的处所。

（4）午门既是紫禁城的正门，更是皇帝圣驾出入以及举行“受俘礼”、颁发时宪书、恩诏的场所。

2．生活礼仪

在保和殿之后，即“大内”，亦称紫禁城的后宫，是帝后、妃嫔们起居生活的地方。

（1）乾清门内东宫及诸王读书之所有东书房、西书房，而翰林院直庐称为南书房。此外，尚有御花园、御书房、御茶坊、钟粹宫、古董房、敬事房、养心殿、兆祥所、遇喜所、东库房、西库房、鹰房、大小狗房、鸟枪房、鸽子房、裱房、药房、露房等设施。

（2）慈宁宫为太皇太后的居所。

（3）毓庆宫为皇太子宫。

（4）宁寿宫为皇太后的寝宫，每日清晨，后妃们有前往宫中问候皇太后的起居的礼仪，名为“跪安”之礼。

（5）咸安宫则为近支宗室子弟的读书处。

（6）英华殿为皇太后、皇后礼佛之地，殿前专门种植菩提树七棵，并采摘菩提籽，作为皇室手中的念珠之用。

（7）传心殿为专门供奉并祭祀帝师、先圣、先师牌位的处所，则在。

（8）如意馆为宫中专门供绘工、文史及雕琢玉器、裱褙帖轴工匠技师工作的场所。

（9）帝后日常因季节更替、寒暑时变而变换生活环境者，则有诸多行宫、游乐处，如热河行宫、奉天行宫、西安行宫、圆明园、颐和园、南苑、南海、北郊斋宫等。

3．禁忌礼仪

在清代紫禁城居住禁忌礼仪，主要是为维护皇权而制定。

（1）在建筑材料的质地、颜色及高度上，禁止官民使用或超越宫城。

（2）严禁宦官弄权干政。

（三）满族居舍与居习

满族多聚居在松花江上游一带，其居舍建筑可分为居民街坊、城镇大型住宅、乡村居舍3种类型。

居民街坊型，可分为城镇街坊、村屯街坊。前者大街为商店街，小街为住宅街。后者村屯多聚族而居，更以姓氏作屯名。

城镇大型住宅，多在吉林乌拉一带，为休致回原籍官员住宅。特点为宅墙相连，大门栉比，且构式规整。在居习上，大门、二门之间左侧，设有索罗杆子，以为祭天之用。

乡村居舍型，与城镇住宅相仿，且宽大整洁，多为三间，俗称“三间草房四铺炕”的构式。在居习上，每户正房脚柱上端供有“天地牌位”，供祀祖宗于上屋西墙与北墙上，每逢年节，皆陈列香供五彩，燃放鞭炮祭祀。

四、清代的车行文化制度

清代随着统一多民族封建国家社会经济发展，区域交往增加、邮驿需求扩大，进而促进了交通、邮驿事业的完善和发展。清代后期，随着西方交通工具和邮电通讯工具的传入与应用，更发生了重大变化。

（一）辇舆制度

清代帝后升殿、出巡、祀天时，乘坐专门的车轿，通称“龙车凤舆”或“辇舆辂车”，并有盛大的仪卫。据《清稗类钞·舟车类·帝后五辂》载：“国朝初制，玉辂、大辂、大马辇、小马辇、香步辇，并称五辇。大朝日，设于太和门东。”1743年，改大辂为金辂，大马辇为象辇，小马辇为革辂，香步辇为木辂，而玉辂则仍旧，并成为五辂。1748年，“钦定五辂之制”。

1．皇帝五辂

皇帝五辂均为圆盖方轸。玉辂为木质漆以朱色，驾象一，且用二马驾辕。金辂，也为驾象一，黄饰，且衔4个金圆版。象辂，用前6匹、服马4匹拉车，且安装游环和铃。木辂，用服马2匹、骖马4匹驾辕，辂车设游环和铃。革辂，服马1匹、骖马3匹驾辕，亦设游环和铃。

2．皇帝辇舆

皇帝辇舆共有玉辇、金辇、礼舆、轻步舆、步舆五种。玉辇的形制为木质，漆以朱色，圆盖方座，辇为金圆顶，镂金垂云，用36个人抬。金辇为圆盖方轸，冠以金圆顶，黄缎垂幔，用28个人抬。礼舆的舆冠为金圆顶，镂刻有金云纹，抬舆者16个人，此为皇帝专用。步舆为木质涂金，不用舆幔，中为盘龙

图6–23 《乾隆南巡图》中的皇帝辇舆

座，抬舆者16个人，此为皇帝銮驾之用。轻步舆，木质所制，漆为朱色，不用舆幔，象牙为座，足踏几漆为金色，此为皇帝骑驾时所用。

3. 皇后舆车

皇后舆车分为仪舆、凤车、凤舆三种，均为木制，漆以明黄色。仪舆，舆为金圆冠顶，涂有金檐，用明黄缎垂幨。幨为明黄色，绘有金凤图案。抬舆者为8个人。凤车，车冠为金圆顶，用明黄缎垂幨。凤车四柱绘有金凤图案纹饰，用驾马一匹拉车。凤舆，车冠为银圆顶涂金，用明黄缎垂幨。凤舆四柱不加绘饰，里面漆为浅红色，用驾马一匹拉车。

（二）官员车轿的制度

清朝对文武百官所用轿子与车辆的形制、饰物的质量、颜色、车辆引马的数量都有严格的规定。

1. 王公舆车

辅国公以上均有明轿、暖轿各一。亲王的明轿为木制，轿盖、轿辕、轿杆均漆以朱红色且饰金。暖轿为银顶，金黄盖幨。郡王明轿、暖轿均为红盖，红幨，红帏。贝勒均为红盖，红幨，青帏。自贝勒以上，均用轿夫八人。贝子均为红盖，红幨，青帏。辅国公均为青盖，红幨，皂青帏。自辅国公以上，每轿均用轿夫四人。

2. 官员车轿

乾隆以前，京师官员大多数乘坐轿子上朝。乾隆以后，始易轿为车。至于武职官员，大多数乘马。官员乘坐的轿子，有四轿、八轿、显轿之别。

四轿，前后各二轿夫。级别较八轿低。乘坐者多为京官，外官则为“自藩、臬以下”官员。此轿四周多帏以蓝呢。

八轿，因有轿夫八人，又称八抬大轿。轿的四周多帏以绿呢。京官无人坐八轿，在京外则为督抚、学政官员在大典时乘用此轿。将军、提督官员也偶尔乘坐八轿。

显轿，又称明舆。乘坐此轿的官员，多为乡试入围时的主考、监临、监

图6-24 清朝京官出行，乘坐4个人抬的轿子

试、提调，郡邑迎春时的知府、同知、通判、知县、教官、县丞、典史等。乘坐显轿的官员，必须“朝衣朝冠，端拱而坐”。迎神赛会时，显轿为神乘用。

清代后期，易轿为车后，在车辆的形制、尺寸、装饰、夫役等方面，则因乘坐者的职阶高下而有等差。如车就有方车、长辕车，大鞍车、小鞍车的不同类别。

官员若外出行水路则乘官船，官船分为座船、差船两种。前者为官署专用，后者为官署差遣用船，均不载货、不运货。

第七章　马背民族的宗教制度

纵观人类的历史，宗教的产生是早于政治的。当人类还很弱小，面对随时可能毁灭自己的自然力，会有一种畏惧和崇敬的心理。于是，在等级、私有财产这些足以产生政治制度的因素出现之前，人类便已经有了宗教，将自己无法驾驭和支配的神秘的自然力量作为崇拜的对象加以膜拜并供奉，“万物有灵”的原始宗教随之产生。

人类虽然敬畏神奇而无所不能的自然力量，但同时也希望能够有方式与神明沟通，而不仅是被动地接受裁决。于是，人类想方设法寻找与神明沟通的方式，让神明知晓人的心愿，从而达到驱灾降福的目的，同时希冀通晓神的意愿、想法和要求获得更大的福报。因而逐渐产生了履行人与神灵之间沟通交流职责的人，这就是巫。

巫是人类早期宗教状态的神职人员，各个文明的初始阶段均有巫。早期的巫因为具有和神沟通的能力，受到人们的敬仰，往往也是部落首领。巫因代表神，可以解释神谕，从而可以安排部落成员的生活，处理内外大小事务，遇到各种天灾人祸，巫可以通过各种祭祀仪式祈求消灾解难，以安抚人心。

随着人类组织形式的不断进化而出现改变，巫逐渐演化为专职，不再担任部落首领，原因是首领平日处理公共事务已经很繁忙，再去主持各种宗教仪式活动会力不从心，因而宗教活动开始由专职的巫来完成。而当首领与巫的身份不再合一，政治与宗教的关系便成为人类的课题之一，不同的文明从而产生的不同的宗教制度。

学术界将古代的政教关系归纳为三种形态，即神权政治、国教政治、以教辅政。神权政治是指宗教高于世俗政权，世俗政权以宗教为依归，伊斯兰文明的政教合一便是这种形态。国教政治则是指国家有着统一的宗教信仰，虽然世俗政权与宗教并不合流，但宗教影响着世俗政治的方方面面，中世纪的欧洲便是如此形态。以教辅政是宗教不足以与世俗政权并驾齐驱，其作用是辅助世俗政权，为世俗政权服务，古代中国便是这种形态。

马背民族在政教关系及宗教制度上有着特殊性。马背民族身处农耕地区的边缘，生存环境恶劣，又由于游牧的生活方式和行国的组织方式不足以长期建立稳定的集权制度，因此抵抗自然力的能力较农耕地区更低，对于自然力的敬畏更为纯粹，故而难以自发产生超越自然信仰的一神教，长期保持着人类早期形成的自然信仰。而作为各大文明之间的媒介和传播文明的主力军，马背民族又会接受不同文明的宗教。在保持原有自然信仰的同时对不同宗教文明的兼收并蓄，是不同时代马背民族都具有的特色。由马背民族建立的国家，其宗教制度往往会兼有上述三种形态的特点。

第一节　从神权政治走向以教辅政

马背民族的宗教制度，随着其国家形态的变化而趋向复杂。当在草原上建立以部落联盟为基础的游牧国家时，因为世俗政治不足以建立过于稳固的集权，世俗领袖的权威还不足以令行禁止，还需要以宗教作为号召力，因此宗教制度是建立在神权政治的基础之上，宗教对于政治有着极大的发言权。随着国家版图的扩大，马背民族开始进入农耕地区，与其他文明相交融时，世俗政权的权威扩大，宗教便难以再左右世俗政治，但固有的信仰力量仍然强大，仍能影响政治的方方面面，宗教制度便有了国教政治的特色。而当马背民族建立了囊括游牧与农耕地区，多种文明共存的国家时，宗教的地位会进一步下降，会走向以教辅政，为世俗政权服务。

不过，虽然有政教关系的变化、宗教制度的演变，但马背民族的宗教制度仍有一个突出的特点，那便是很少出现对某种宗教的独尊，也很少出现因宗教原因对某种宗教的镇压，基本上都保持着兼收并蓄、各教和谐的局面。

一、天地万物皆为神——以自然为神的萨满教

马背民族对自然的信仰所产生的原始宗教称为萨满教。“萨满”也写作“珊蛮”，是“巫师”的意思，也就是沟通神与人关系的巫。因为宗教的仪式仪轨都是靠萨满来负责，因此被称为萨满教。

萨满教的信仰的核心是“万物有灵”，认为无论是天、地、日、月、山、水、火等自然事物，还是熊、虎、貂、蛇、鹰等动物均有灵魂，人们的生老病死、悲欢离合都受到神灵的影响，人们必须对其虔诚崇拜，才能得到宽恕及恩赐。

对万物神灵的崇拜进而发展成图腾崇拜，以“万物有灵论”为基础的对“自己所钟爱的精灵”的崇拜，也就是在各类神灵中选择自己钟爱的作为自己专门的崇拜对象。

图腾崇拜加以演化，便出现了对人格化的祖先——神和职能神的崇拜，比如族源神、各种创业神和英雄神、首辈萨满及祖先的灵魂等，使得萨满教的信仰看起来五彩纷呈而又略显混乱。

不过，看似多样而无序的诸神信仰，其实也有着高低主次之分，在萨满教之中，也有主宰一切的主神——天神或“长生天”。对天的崇拜是信仰中最重要也是最核心的，因为天诞生万物以及诸神，世间的一切都由天来主导。不同时期的马背民族，都以天神崇拜为最高信仰，然后才是图腾崇拜和祖先崇拜。

匈奴人“岁有三龙祠，常以正月、五月、九月戊日祭天神”，而最高首领单于为了彰显自己的权威，也自称是“天所立匈奴大单于”。日常生活和政治生活中，随处可见对天神的崇拜。发生自然灾害、身体生病时，匈奴人都要举行祭天典礼，请天神降福祛除灾难。在内部进行盟誓或者与外国签订盟约时，要杀白马祭天神，因为在天神面前发下的誓言绝不可违背。在与汉朝相争时，匈奴人更是表示“南有大汉，北有强胡，胡者，天之骄子也”，认为自己是“天之骄子”，最得到天神的眷顾，因此有着蔑视一切的力量与威势。

在天神之后，匈奴人还有日月崇拜，“单于朝出营，拜日之始生，夕拜月”。在作战时，以月亮的圆缺作为进退的依据，“举事常随月，盛壮以攻战，月亏则退兵”。同时，匈奴人还有着对鹿的图腾崇拜，有学者通过对出土的匈奴酷似鹿角的“大角兽”图像进行研究，认为匈奴人以鹿为图腾。

在天神和图腾之外，匈奴人也崇拜自己的祖先，他们相信祖先死后其灵魂依然存在，后人要对祖先其进行定期的敬仰、祭拜，祖先神灵就能得到抚慰，从而保佑家人平安健康，不受迫害。因此匈奴有厚葬的传统，对死去的亲人陪葬丰厚的陪葬品并定期聚会举行祭祖活动，非常重视自己的祖坟。

继匈奴崛起的乌桓也是如此。他们“敬鬼神，祠天地、日月星辰、山川”，在祭祀中，注重祭祀“大人有健名者”为先，也就是有着显赫名望的祖先。不过，因为史料的缺乏，难以得知乌桓人尊奉的图腾是什么。

图7–1　突厥祭天石人

突厥人也崇拜天神，“五月中，多杀羊马以祭天”，其可汗也自称“天生大突厥天下贤圣天子”。对于祖先，他们“每岁率诸贵人，祭其先窟”。所谓“先窟”，就是先人的坟墓。另外，突厥人也有图腾崇拜，以狼为图腾，用狼头纛作为自己的旗帜。

建立辽国的契丹人，每遇到大事，都要“以青牛白马祭告天地、日神”，并且要“告太祖以下诸陵及木叶山神”。而因为鹿具有极强的繁殖能力、高超的生存本领和超凡的灵性，所以契丹人也和匈奴人一样，崇拜鹿神，每次出猎之时，便要“祭麃鹿神”。

与上述民族相比，蒙古人的萨满教信仰更为人所熟悉。对于“蒙客·腾格里”也就是“长生天”的信仰，体现在生活的各个方面。成吉思汗的“黄金家族”，便是神话中“感天而生”的子嗣。蒙古皇帝的圣旨，开头必言“托着长生天底气力、皇帝底福荫”。人们平常做事，都要讲究是“天教凭地”，所作所为都是“天识着”。而且“长生天”兼具汗权保护神的形象，蒙古军队出征之前，都要进行祭拜。而对于图腾崇拜，蒙古人因祖先名叫孛儿帖·赤那（苍狼）的男人和名叫豁埃·马阑勒（白鹿）的女人，因此苍狼白鹿便是受崇拜的图腾，成吉思汗在每一次狩猎前都要号令部众禁杀苍狼、白（花）鹿。而在生活中旦夕不能离的马，也是蒙古人的图腾。成吉思汗在建立大蒙古国时，以查干苏力德，也就是九斿白纛作为自己的旗帜——“查干苏力德以玄铁制成，至尊九数，旗杆高十三尺，天驹白鬃为缨”。而所谓天驹白鬃，便是九匹纯白色战马的鬃毛。至于祖先崇拜，蒙古人的“八白室”作为祭祀祖先的总神祇，已经为世人所熟悉。

满族人建立的清朝虽然迅速完成了中原化的转变，但其始终保留着萨满教信仰，已固化为满族文化结构中的稳定因素。在清朝宫廷中，始终保留着供奉萨满教神祇的宫殿，在坤宁宫西暖阁进行萨满教家祭。满族人也保持着爱护狗和乌鸦的习俗，因为狗和乌鸦救过努尔哈赤的命，被视为神兽。在应对新生活的各种变故时，人们仍然习惯性地寻求以往神灵的佑护，萨满教在清代满洲旗人社会中仍然发挥着重要作用。

萨满教虽然是多神教，相信“万物有灵”，但最根本的信仰是对天神，也就是“长生天”的信仰，“相信他是一切可见和不可见事物的创造者，他是世界上的美好事物也是种种艰难困苦的赐予者”。而“长生天”又是主宰一切和包容一切的，在这样的信仰基础上，也就促成马背民族对其他宗教的包容，当他们走出草原，建立囊括多种文明的国家，在进行宗教制度的建设时，兼容并蓄、崇尚平等便成为其特色。

图7-2　清代萨满法服

该法服集中以鸟类信仰为突出特征的蒙古萨满信仰的基本特点。长袍前后及袖上缀饰彩布条，伸开双臂直立时，布条展开呈倒扇面形。同时，其前胸、后背都佩带铜镜和小铃铛，以表示其化作精灵或依靠精灵飞天潜地之能。

二、天的意志由谁传达——教权与政权的契合和矛盾

萨满教毕竟是一种宗教，有着掌握着宗教仪轨和神明启示的神职人员，这就必然出现教权。而如上文所述，当世俗政治和宗教相分离的时候，政权和教权的关系便需要重新设定。

几乎所有的马背民族，在进入政教分离的政治形态之后，政教关系首先有神权政治的特征。神明的代言人萨满给予政治领袖以天意的加持，而政治领

袖则赋予萨满以特权，两者相得益彰，也就是“一国之政犹一体”。在信仰层面，传承着对自然万物的敬畏心理和对神的人格化的萨满教教义思想，而这种信仰也体现在政治上，世俗领袖也要以教义的思想来制定律法，行使统治权。

但是，追逐权力是人的天性，政权和教权虽有契合，但也存在矛盾。世俗领袖掌管国家权力，但教权却控制着人们的思想，尤其是代表着天意，这必然会干涉到世俗领袖对权力的把控。矛盾激化时，两者会有博弈，而最终的结果，往往是掌控着实际权力的世俗领袖会将宗教纳入管控之下，由神权政治走向以教辅政。

这个过程，在蒙古历史中有着最详细和典型的展现。

铁木真在崛起之前，年幼父亲早逝，部众离散，与母亲和弟妹们相依为命。而他能够一步步壮大力量，最终统一蒙古高原，除了自身的才能和贵族的血统，很重要的便是获得了萨满教教权的支持。

第一个给铁木真以支持的萨满教大巫师，是巴阿邻部大巫师豁儿赤。他本是札木合的大巫师，但背离了札木合，投靠了铁木真。而作为给铁木真的“见面礼”，豁儿赤以大巫师的身份宣布：“神告降临于我，使我亲自目睹了：有一头无角的黄白色公牛驮着、拉着大帐房的下桩，从铁木真后边循着大车路而来，吼叫说：‘天地商量好，让铁木真当国主，我把国家载来了！’这是神指示我，使我亲自目睹到的。”

对于信仰萨满教的蒙古人来说，豁儿赤代表天神的宣言，就是铁木真必能成事的预告，也是其终能成功的保障，这使得大量的贵族和部众聚集到铁木真身边。而铁木真也承诺豁儿赤，自己若得天下，便封其为万户长，并“从国内美好得女子中任意挑选三十人为妻”。正是在豁儿赤预言的辅助下，获得了众多贵族拥戴的铁木真于1186年称汗，开始了称霸草原的征程。

而在统一蒙古高原，建立大蒙古国，成为成吉思汗之后，铁木真履行自己的诺言，对豁儿赤降旨说：“你曾预告先兆。从朕年轻时至今，你曾与朕同历艰辛，做着朕的护福神。当时你豁儿赤曾说：‘如果预告的先兆应验，符合天意，就让我有三十个妻子。’如今你预告的先兆已应验，朕恩赐你从归附的百姓中，选取美妇、美女三十人为妻。”同时下令，“在三千户巴阿邻部人之上，再添加塔孩、阿失黑二人同管的阿答儿斤部的赤那思、脱斡劣思、帖良古惕等部人，共满一万户，归豁儿赤管领，在直到额儿的失河沿岸居住的森林百姓处镇守，可自由自在扎营。豁儿赤领有万户。”

另一位对铁木真崛起有着重要功劳的萨满教大巫师是阔阔出。阔阔出被称为帖卜腾格里，意为“通天大巫师”，他惯于揭示玄机，预言未来的事情，并且常说：“神在和我谈话，我在天上巡游。”他是成吉思汗的义父蒙力克的第四子。蒙力克是迭儿勒勤蒙古晃豁坛部人，成吉思汗父亲也速该的家臣。也速该死后，蒙力克曾照顾成吉思汗一家，所以成吉思汗称他为“蒙力克父亲”。

阔阔出对铁木真的贡献很大，利用自己“和神说话”的神通，为铁木真的登基大造舆论，立下了汗马功劳。1206年，在斡难河源大会上，阔阔出传天神意旨，向铁木真献上了至高无上的尊号——成吉思汗，大大加强了汗权。因此在大蒙古国后，阔阔出受到宠遇，地位和权势大为提高。

以豁儿赤、阔阔出为代表的的萨满教教权，虽然对成吉思汗的汗权助益很大，但其宗教权力一直是不受汗权制约，当教权和汗权目标一致时，自然可以相得益彰。而一旦发生冲突，汗权和教权的冲突便不可避免。

对于豁儿赤，成吉思汗的手段比较怀柔，封其为万户，也就解除了其大巫师的职责，使其不再能行使教权。而对阔阔出，则爆发了流血冲突。

阔阔出与其兄弟七人结为一党，利用萨满教对广大百姓的巨大影响，将各部落百姓拉拢在自己周围，使教权与汗权并驾齐驱，与成吉思汗平分权力。而为了动摇成吉思汗的统治，阔阔出故意挑拨成吉思汗与二弟哈撒儿的关系，使成吉思汗逮捕了哈撒儿，削减了哈撒儿的属民，兄弟二人的关系出现裂痕，甚至导致了成吉思汗的母亲诃额仑太后的忧伤而死。阔阔出的一系列作为已经影响到了国家的安定，而一心要维护汗权至尊地位的成吉思汗更不能容忍教权凌驾于自己之上。于是，成吉思汗借助幼弟斡赤斤帖木格与阔阔出闹纷争的机会，处死了阔阔出。

之后，成吉思汗让多年追随他的驯顺亲信八邻氏人兀孙老人掌管萨满教宗教事务，任萨满教首领别乞，让兀孙穿白衣、骑白马，坐在高座上主持祭祀，选算年月吉凶。从此，让在蒙古百姓中有巨大影响的萨满教为加强汗权服务。

打压教权，以驯顺者掌管宗教，这只是成吉思汗的第一步。而第二步，则是他自己承担了从上天接受神谕的职责。

1211年，成吉思汗开始了对金朝的征伐。在开战前，他来到蒙古的圣山不儿罕山，“脱帽，解带搭于肩，三次以头叩地”，向“长生天”进行祈祷：“‘长生天’在上，朕决意整顿军马，为被金王卑鄙残害致死之斡勤巴儿合黑亲王与俺巴孩汗报此血海深仇。天若许朕复仇，则助朕一臂之力，命下界所有人神齐集而助我一战。”1219年，成吉思汗发动了西征，征讨中亚强国花剌子模。在出征前，他也登上了布尔罕山，脱下帽子，以脸朝地，向“长生天”祈祷了三天三夜，他不断地自语着：“我非这场灾祸的挑起者，赐我力量去复仇吧！”直到第四天的太阳升起，他才结束了祈祷。

祈求“长生天”的庇佑和帮助，祈祷战争的胜利，这原本是萨满的职责，成吉思汗的作为已经是将这一职责自己承担，一定程度上完成了政教合一，使得教权完全为自己所掌控。

成吉思汗处死萨满，将教权压服于汗权之下，甚至自代萨满的作为，可以说是马背民族走向政治成熟的通例。不同时代的马背民族都有着类似的表现，只是形式有所不同而已。但对于教权的压制与对宗教的信仰并不矛盾，对与萨满教种种禁忌的遵守以及对其他宗教的宽容和接受，也并不会有所改变。

不过，这是一个基础，也正是有政权压服教权的前提，马背民族建立囊括多种文明和宗教的国家时，虽不会因本身的宗教信仰排斥其他宗教，但也要保证其他宗教在政权之下，不会允许独立于政权的教权存在。

三、从敬天到尊神——接触一神教后的选择

一神教与萨满教这种多神教不同，是一种认为只有一位人格神存在并对其崇拜的宗教，相信、承认宇宙中只有一个至上神或主神。虽然萨满教也有类似于主神的“长生天”，但也认为还有其他的神存在，各种神有着各自的职责，掌管人间不同的事务。基督教、伊斯兰教都属于一神教。佛教虽然不能算是严格的一神教，佛也不能被称为神，但佛教有一整套宇宙观，而宇宙的运行规律只有佛才能参透和超脱，需要信众对佛顶礼膜拜和虔诚跟随，因此是一种“类一神教”。

当马背民族走出草原，面对其他文明时，便要与一神教产生关系。因为萨满教的特征，他们不会或少有对其他宗教的排斥，只要其宗教不对自己的统治进行反抗，便都可接受，让其在自己的政权之下各安其位。

例如匈奴强盛时，控制着西域诸国，掌握着丝绸之路。虽然要求西域诸国服从其统治，成为其属国，但对于西域诸国本身的宗教信仰并不加以干涉。而西域又是东西方交流的重要通道，匈奴人对西方传向东方的宗教也没有予以限制和打压。这是因为如此，佛教才能从印度传入西域，最后传入中国。

5世纪在欧洲崛起的匈奴王阿提拉，被称为“上帝之鞭”，对当时欧洲各国，尤其是东、西罗马帝国进行过血腥劫掠，但也并未从信仰层面上对其他宗教进行过打击。其身边重臣，不仅有匈奴人，还有罗马人、东哥特人、吉皮底人。在阿提拉的统治中心，不仅有“用抛光的木板建造，外面包围有木质外壳”的宫殿，还建有哥特人特色的塔楼，甚至还专门效仿罗马人的洗浴习俗建造了浴室。452年，天主教第四十五任教皇利奥一世主动率罗马使团面见阿提拉，希望他不要洗劫意大利和罗马。阿提拉对这位教皇表示了尊重，答应了他的条件。

在这方面，蒙古人最具典型性。伊朗史学家志费尼在他所著的《世界征

图7-3　柏孜克里克石窟第31窟回鹘高昌王供养像

服者史》中，曾对成吉思汗的宗教态度有过评价，认为“他没有偏见，不舍一种而取另一种，也不尊此而抑彼；不如说，他尊敬的是各教中有学识的、虔诚的人”。因此，成吉思汗指定的《大札撒》明确规定：“尊重任何一种宗教信仰，任何一种宗教都不得享有特权。每个人都有信仰宗教的自由”。《大札撒》不仅属于蒙古人，还属于所有草原民族。正如一些学者所言：“所谓‘蒙古法系’，也不是蒙古民族所独创，而是自古以来以干燥亚洲为生活舞台的许多游牧民族文化之产物。”其效力不但在蒙古帝国时期得以发挥，即使在日后蒙古帝国崩溃，其条文规定仍能行使于分散于各地的蒙古人中。成吉思汗的子孙，“好些已各按所好，选择一种宗教：有皈依伊斯兰教的，有归奉基督教的，有崇拜偶像的，也有仍然恪守父辈、祖先的旧法，不信仰任何宗教的；他们虽然选择一种宗教，但大多不露任何宗教狂热，不违背成吉思汗的札撒，也就是说，各教一视同仁，不分彼此”。

当然，面对一神教的影响，一旦马背民族对其中一种信仰过分虔诚，放弃了政权高于教权的准则，兼收并蓄的包容便不复存在。

例如蒙古建立的四大汗国中，伊儿汗国在合赞汗时代开始伊斯兰化大改革，以伊斯兰教为国教，因此大力镇压反对伊斯兰化的蒙古宗王和将领，彻底消灭了印度斯坦·克什米尔镇守府、阿哲拜尔占军政府、呼罗珊总督府等大蒙古国派驻西方的万户、千户统治者，蒙古八邻部、弘吉剌惕部、雪尼惕部、札剌亦儿部、斡勒忽纳兀惕部等18个跟随旭烈兀西征的蒙古部族全部被消灭或拆分，原来生活在伊朗的基督教徒也被屠杀殆尽。东察合台汗国的秃黑鲁帖木儿汗在皈依伊斯兰教后，也对境内的基督徒和佛教徒进行迫害，在库车、哈剌火州等城市进行了宗教屠杀。

而需要辨析的是，这种对某一宗教的独尊，一般出现在信奉此等宗教的人数占绝大多数的地区，也就是信仰单一地区，统治者为了权力，需要得到宗教的拥护，因此无法坚持各宗教平等的政策。而在信仰多元地区，即使统治者信仰了某种宗教，也不会影响宗教政策。

例如蒙古四大汗国之一的金帐汗国，即使已皈依伊斯兰教的可汗、王族和贵族们，仍然坚持着成吉思汗的《大札撒》，对境内的东正教徒、天主教徒乃至犹太人予以保护，并未如伊儿汗国、东察合台汗国一样出现宗教屠杀。这是因为其地处欧亚大陆交界处，多民族多宗教并存的局面由来已久。

第二节 兼收并蓄——多元国家的宗教制度

本身有兼收并蓄的宽容传统，又进入多元文明并存，多种宗教都根深蒂固的地区，马背民族便会建立起多元国家，促成多种文明在一个政权下的共同繁荣。

一、尊崇与管理——十六国时期的宗教制度

西晋灭亡后，中国北方匈奴、鲜卑、氐、羯、羌五个马背民族纷纷建立自己的政权，史称“五胡十六国”。

十六国是马背民族第一次深入农耕文明地区建立统治的开始，是一个狼烟四起、烽火连绵的时代，但也是文化交融、民族融合的时代。十六国的统治者们尝试着建立多元文明的国家，而他们首先面对的，便是传承千年的儒学思想。各国统治者都展现出了包容的态度，接受儒学思想并予以发扬。

匈奴人建立的前赵，其皇帝刘曜进入长安后，立即着手兴建太学，“选民之神志可教者千五百人，择儒臣以教之”。

羯人建立的后赵，创始人石勒大力检拔儒士进行儒学教育：“署从事中郎裴宪、参军傅畅、杜嘏并领经学祭酒，参军续咸、庾景为律学祭酒，任播、崔浚为史学祭酒”，并在都城襄国“立太学，简明经善书吏，署为文学椽，选将佐子弟三百人教之”，随后又“增置宗文、宗教、崇儒、崇训十余小学于襄

国四门，简将佐豪右子弟百余人以教之”。在中央设立学校的同时，也在郡国立学官，每郡置博士祭酒 1 人，收弟子 150 人。学生中成绩优异者即可授予官职，史称“三考修成，显升台府”。为了彰显自己对儒学的重视，石勒还“亲临大、小学，考诸学生经义，尤高者赏帛有差”。

鲜卑人建立的前燕，各代君主都比较注重儒学教育。慕容廆任命著名大儒刘赞为东庠祭酒，“其世子皝率国胄束修受业”，他本人“览政之暇，亲临听之”。慕容皝“赐其大臣子弟为官学生者号高门生，立东庠于旧宫，以行乡射之礼，每月临观，考试优劣。皝雅好文籍，勤于讲授，学徒甚盛，至千余人。亲造《太上章》以代《急就》，又着《典诫》十五篇，以教胄子”，又“亲临东庠考试学生，其经通秀异者，擢充近侍”。

十六国时代最重视儒学的要属氐人建立的前秦，其皇帝苻坚“行礼于辟雍，祀先师孔子，其太子及公侯卿大夫士之元子，皆束修释奠焉”。其时常亲临太学，“考学生经义优劣，品而第之”。非但如此，苻坚还要求宫中禁卫将士和宫人都要接受儒学教育，“中外四禁、二卫、四军长上将士，皆令修学。课后堂，置典学，立内司，以授于掖庭，选阉人及女隶有聪识者署博士以授经。”

羌人建立的后秦，其皇帝姚兴亦大兴儒学，延请姜龛、淳于岐、郭高等硕儒“经明行修，各门徒数百，教授长安，诸生自远而至者力一数千人。兴每于听政之暇，张龛等于东堂，讲论道艺，错综名理”。后秦姚兴，尊崇儒学“于是学者咸劝，儒风盛焉”，其“兴律学于长安，……其通明者还之郡县，论决刑狱。”

立国在甘肃的前凉政权，是由凉州大姓汉人张轨所建立，以儒学教育和倡导教化为治理凉州的根本策略。前凉灭亡后，继之而起的南凉、北凉等政权也都推崇儒学。南凉是河西鲜卑人所建立，秃发乌孤、秃发利鹿孤、秃发傉檀三位君主都谙习儒学，都有“建学校，开庠序，选耆德硕儒以训胄子”的作为。北凉是由匈奴支系卢水胡人所建立的政权，其君主沮渠蒙逊在河西保存了儒教传统，儒学颇为昌盛，还与南朝刘宋时常有文化交往，难得的在南北分治期间保存了南北文化交流的通道。

在推崇儒教的同时，十六国统治者对方兴未艾的佛教也大多采取了接受和保护的政策。

佛教传入中国的准确时间历来有争论，一般认为是在东汉初年。刚传入中国的佛教仅被个别上层人士信奉，并未能在社会上流行或形成较大的影响。后虽在民间流传，也只是被当成一种异域道术。而在十六国时期，佛教大兴，不再是依附于儒、道的“格义佛教”，而是真正成长为足以和儒、道并立的一大教门，僧团也发展壮大，动辄以数百数千计。

最早盛行佛教的是后赵。石勒被西域高僧佛图澄折服，信奉佛教。石虎即位后，“倾心事澄有重于勒”，短短十数年间，后赵出现了“民多奉佛，皆营造寺庙，相竞出家”的情况。

后赵末年，北方陷入混战，佛教一度衰落，然而在前秦灭燕后，佛教再度兴盛起来。苻坚迎奉僧朗、道安、昙摩难提、涉公等高僧“大弘法化”，还在长安开展大规模的译经活动，释道安、竺佛念、僧伽跋澄等都曾参与其中，前秦共译经 42 部 239 卷，是十六国时代的译经高峰。

后秦姚兴是崇佛君主的另一典型代表。他从小信佛，有着深厚的佛学素养。401年，姚兴将鸠摩罗什迎到长安，待之以国师之礼。在两人的共同努力下，关中佛教达到前代未有之盛况，“事佛者十室而九矣”。

随着佛教的兴盛，各国统治者对佛教的推崇，宗教管理制度也随之建立并完善。后秦首创僧官之制，中国历史上首次出现了管理僧人的专职官员。后秦的僧官分为僧主（又称僧正）、悦众、僧录，僧正主要负责僧尼的教化和戒律约束，悦众执掌是管理僧团的各种日常事务，僧录则是管理僧尼籍账。各级僧司大都用高僧任职，虽秉承王命掌理僧籍等行政事务，但其自治性很强。这一套管理制度，后被统一北方的北魏所继承和发扬，也深刻影响了隋唐时代的宗教制度。

十六国时代还有一个显著特征，就是僧人参与机要、预测军国大事成为当时普遍的政治现象。

石勒尊称佛图澄为“大和尚”，“有事必咨而后行”。石虎对于佛图澄的礼遇超过其父，不仅邀其参与朝会，还下令：“司空李农旦夕亲问，太子诸公五日一朝。”苻坚迎请释道安来长安后，“每日召（王）嘉与道安于外殿，动静谘问之”，在讨论南征东晋时，苻坚还特意询问释道安的意见。姚兴请鸠摩罗什到长安，“待以国师之礼，甚见优宠”。北凉高僧昙无谶“晓术数、禁咒，历言他国安危，多所中验”，国主沮渠蒙逊“每以国事谘之”。南燕慕容德在迁都一事上犹豫未决，征求竺僧朗的意见后才下令迁都广固。

僧人参与朝政，虽然有宗教介入政治的弊端，但是十六个国时期战乱频仍，各政权难免有杀戮惨重的作为，僧人能够得到议政的机会，用自己的影响力使统治者减少暴力，这在那个时代还是利大于弊的。

二、皇权下的各安其位——北魏的宗教制度

北魏是结束十六国割据混战局面，统一北方的朝代，由拓跋鲜卑所建立。北魏不但推崇儒教，以儒家学说为治国根本，在北魏孝文帝时还进行了彻底的汉化改革，而且在管理宗教上，也吸取十六国的经验并进行改革，宗教制度有历史性创新。

对于佛教，北魏设立道人统，统摄僧徒，开启了宏观管理宗教事务的滥觞。道人统由朝廷任命佛教界有名望的高僧大德担任，主要以个人威信领导佛教，宏观处理协调全国重大的宗教事务，至于各寺庙的具体事物，依然由该寺主持处理。

僧官的办事机构起初不在政府衙门，而是在寺庙中兼设办公机构，僧官不在政府官员之列。及至昭玄寺的设置，僧官正式纳入了王朝的官员体系之中。

北魏最早设立的全国佛教管理机构是监福曹。“先是，立监福曹，又改为昭玄寺，备有属官，以段僧务。”昭玄寺为北魏正式设立的全国性佛教管理官衙。昭玄寺一度改名为崇玄署，归大鸿胪寺管辖。在昭玄寺中，道人统为首长，都维那为副首长，并置有功曹与主簿员等辅助官员。地方的佛教管理机构则称为僧曹，后改为沙门曹，相应的僧官称为州沙门统、州维那。而在县以下或某山佛教寺庙比较集中的地方，则由大寺寺主兼任本地的佛教管理官员，向上级沙门统负责，其办公地点就设在寺庙中。

图7–4　北魏佛教兴盛的证据：大同云冈石窟

北魏对佛教财产等经济方面的管理也独具特色。北魏佛教寺院多为官办，僧尼用度由国家供养。其中寺院经济的显著表现是僧祇户和佛图户的设立，在国家边镇地区普遍设立僧祇户与佛图户。入僧祇户可以免除对政府的赋税和徭役，可以享受许多优惠的政策，因此有很多平民要求加入。而佛图户则是国家为了安排罪犯及官奴而设立，一来可以为寺院提供劳动力，二来可以免除了政府管理的成本，三来于开拓边疆大有裨益，可谓一举三得。僧祇户与佛图户的设立，极大地刺激了北魏寺院经济的发展，也繁荣了边疆地区的农业经济。

不过，随着佛教势力的增长，北魏统治者也感到了压力和威胁，因此出现了北魏太武帝的“灭佛”，对佛教进行打击。之后，北魏政府对僧人和寺庙管理日趋严格，对于在度僧中徇私舞弊的官员处以连坐。不允许度他人奴婢为僧尼，否则给予流放、降职、免官等处分。其度僧限数为大州300人、中州200人、小州100人。规定若建寺庙，必须有僧人50人以上才批准。建寺须先报请本州沙门曹，然后经过昭玄寺审查，奏请皇帝批准才能建造，对于私建庙宇者严加惩处。

在管理佛教的同时，北魏政府对道教也有一系列制度。道教经过寇谦之的天师道改革后，“清整道教，除去三张伪法、租米钱税及男女合气之术”，道教作为成熟宗教已经形成，从民间进入上流社会，从巫鬼信仰的低级形态走向神仙道教的高级形态，而且不再具有对政府的反抗性，因此也被北魏政府接受和保护，纳入统一管理。

北魏政府首先置仙人博士官，并设立仙坊。仙人博士官便是早期的道官，而仙坊便是管理道教机构的雏形。在此基础上，北魏后在京城平城建有崇虚寺，为道教道坛，也是管理全国道教的机构。迁都洛阳以后，仍于京城南郊建崇虚寺，置“坛主、道士、哥人一百六人，以行拜祠之礼”。

崇虚寺虽不是政府机构，但已经负担管理全国道教的责任。崇虚寺在北齐以后各代都有沿用，演变成为国家机关的一部分，成为负责全国道教管理的重要机构。对崇虚寺的道士，政府有严格的考核。对于道术精通的以礼接待，对道术不精或才术低微的罢免还俗。

仙人博士官与沙门统相对，崇虚寺与昭玄寺相对，构成了北魏道教、佛教管理的两大系统。至此时，北魏的宏观宗教管理机制基本完善。

北魏设置僧官沙门统和昭玄寺管理佛教事务，设置道官仙人博士官和崇虚寺管理道教，佛、道分开管理，并不分高低，实行平等，避免了诸宗教事务在管理上的冲突。这给后世王朝的宗教管理留下了十分可贵的借鉴经验。统一中国的隋唐两代，其宗教制度便直接学习了北魏。

隋文帝明确了中央行政中枢的尚书省礼部中的祠部司为宗教事务管理部门之一。诸寺机构中的太常寺沿秦汉以来旧制，仍掌宗教等教化礼制之事务。鸿胪寺的崇玄署则是专门宗教事务管理部门。这些官署的官员不再任用和尚、道士，而都是由政府文官出任。

唐承隋制，唐朝的宗教管理体系原本与隋朝并无区别，但唐朝有一特殊性，为了抬高自己的出身，以道家始祖老子为祖先，因此以道教为国教。625年，唐高祖李渊就儒、释、道三教的先后顺序发布诏令："老教、孔教，此土元基；释教后兴，宜崇客礼。今可老先，次孔，末后释宗。"

道教地位特殊，使得唐朝在宗教管理上出现了混乱。因为道教始祖老子李耳是李唐皇室的祖先，那么道教便被划归宗正寺掌管，成为皇亲国戚，等于脱离了宗教管理。到武则天时期，为了压制李唐势力，将佛教地位抬于道教之上，隶于尚书礼部的祠部司，不再隶属于鸿胪寺。武则天之后，唐中宗李显重又命道教次序在佛教之先，但宗教事务管理机构则沿武周而未改。唐玄宗时曾一度将佛教事务划归鸿胪寺，可不久又归祠部。

宗教地位的排序，宗教管理机构的变更，全都由帝王主观权力意志随意发挥。这不仅使由隋朝而来的宗教事务管理出现了事权分散的格局，还使得宗教管理并无一定之规，造成管理混乱。这虽使得唐朝的宗教文化更为繁盛和多元，但也为晚唐出现血腥的武宗灭佛埋下了伏笔。

三、复合型王朝的宗教制度——辽、金的教育制度

继十六国、北魏之后，由马背民族建立的政权，最为重要的是辽朝和金朝。他们的宗教制度各有特色，但仍不脱十六国与北魏的框架。

辽是契丹人建立的朝代。原来有萨满教信仰，这种信仰本是契丹人精神

生活的全部，在日常生活中碰到不可解释的现象时必须求得萨满的暗示。然而契丹族征服四邻各部族，建立辽国，将众多汉人置于自己的支配之下，势必接受汉文化的洗礼，从而原有的萨满信仰逐渐淡化，面对着儒教、佛教和道教的影响。

对于儒教，辽朝原本将就爱“因俗而治”，用“以国制治契丹，以汉制待汉人”方针来对待，设立南北官制，科举也主要针对汉族、渤海族的士人。对于契丹族、汉族贵族及其他少数民族贵族子弟来说，则以辽朝特有的世选制度和恩荫制度来获取功名。但随着辽朝科举地位的不断提高和影响力的不断扩大，许多契丹士人和北方游牧民族士人也开始瞩目进士之称号，把进士及第视为人生中的最高荣誉，于是出现了契丹士人和北方游牧民族士人试图冲破辽朝不允许契丹士人和北方游牧民族士人举进士的规定，私自参加科举考试，以获取进士功名。在契丹士人的强烈呼吁之下，辽朝统治者后来顺应了辽朝社会发展的大趋势，科举制度终于向契丹士人和北方游牧民族士人开放，从而出现了辽朝“吾修文物，彬彬不异于中华”的局面。

而对于佛、道两教，辽朝的态度就大异其趣。辽朝佛教极盛，而道教却被佛教的兴盛所掩蔽，在辽几乎没有踪迹显露。这不得不归结为辽朝所考虑的内部民族融合问题。作为国家中心的契丹人和掌握文化才能的汉人、渤海人之间，如何达成结合的问题。如果宗教选择是汉人的原生宗教道教的话，就不得不面对分辨中夏和夷狄之间优劣差别的问题，以契丹人为国家中心的局面将陷入矛盾。而佛教是外来宗教，本身教义又没有民族的差别观，这对容易发生民族对立意识的辽这种复合国家是最适宜传播的宗教。

不过，辽朝对于佛教的推崇过度，也使得佞佛成为国家衰亡的原因之一。因为佞佛，辽统治者放松了对于僧人出家的管理，原本辽朝学习唐朝，对僧人采取“试经受具制”，僧人要出家需要考试，也就是“试经”，但辽朝皇室为了展现自己对佛教的虔诚，经常“遇恩得度”，也就是由皇帝特许一次性不经考试允许大量人出家为僧，甚至有一次性度僧36万人之多。辽朝人口最盛时是1000余万，而僧人占总人口的3.6%。一般来说，在古代，社会承担接收供养的出家人的限度一般在1%左右，而辽朝远超这一限度，导致了深刻的社会危机。同时，辽朝还大量颁赐给僧人高官显爵。974年，辽景宗“以沙门昭敏为三京诸道僧尼都总管，加兼侍中”，首开为僧人加授世俗官称的先例。之后，此风愈演愈烈，司徒、司空、太尉、太傅等官位都可以封授，僧人官拜三公、三师，这是世俗君王所能给予僧侣的最高礼遇。这使得辽朝僧侣地位显贵，有的高级僧侣甚至可以与皇室相抗礼，“帝后见像设皆梵拜；公卿诣寺，则僧坐上坐”。因此，在后世有“辽以释废”的考语。

相对而言，灭亡辽朝的金朝，在吸取辽朝的教训上可圈可点。其吸收教训主要有两点，第一是在利用佛教的同时，注意加强对佛教的整顿和限制。第二是对于道教也予以扶持和利用。

金朝对佛教有尊崇的一面，僧侣社会地位很高，“在京曰国师，帅府曰僧录、僧正，列郡曰都纲，县曰维那”。各地佛寺林立，佛教信徒众多，甚至不少女真贵族“多舍男女为僧尼”。而另一面，金朝严禁僧侣参与政事，一经发现，无论涉事僧侣地位多高，都要予以严惩。例如金章宗时，严禁僧侣午后出寺，并且“敕亲王及三品官之家，毋许僧尼道士出入”。一位佛教长老犯禁被捕，因为其地位很高名声很大，皇帝的姑姑亲自求情，但仍不被宽宥，被杖毙于庭下。辽朝虽然恩度僧人很多，试经不严格，但从无买卖度牒的问题，而金朝却大开买卖度牒之门，度牒的商品化彻底破除了佛学的神圣，只要有钱便能买到的僧侣身份，僧侣当然也就难以受人尊崇。

辽朝因为只统治汉地的一小部分，因此对汉地原生宗教道教采取无视的态度。但金朝统治地域比辽朝广大，完全统治中原汉地，因此对道教也不能不进行管理。金朝时，道教主要有三个教派，即全真教、大道教和太一教。金朝统治者为安抚道教，也为了获得汉人百姓的支持，对三大教派都予以怀柔。金熙宗召见太一教道首萧抱珍，敕立太一教汲县祖庭道院“万寿额碑”。金世宗召见大道教始祖刘德仁，赐号“东岳真人”。之后，金世宗又先后召见全真教两位掌教王处一、丘处机进京，不仅赐予官庵，还在他们半年后离京时赐给钱十万。

但对于教首的怀柔并不能消弭民间的反抗，很多起义者都以道教为旗帜，因此金朝统治者又不得不对道教在禁止和推崇之间摇摆。金章宗时期，采取抑制道教发展的政策，下令禁止私自披剃为道者，并以“惑众乱民”为由，禁罢全真教和太一教。朝廷的打击使得道教一度出现“自是门庭萧索，道侣散逸”的情形。而在打击之后，又为了获得道教安抚百姓的帮助，金朝政府又会予以扶持和尊崇。同样是在金章宗时期，多次召见全真、大道、太一教的道首，让他们入京讲道并赐钱重建道观，使得道教“已绝而复存，稍微而更炽，五七十年以来，盖不可复动矣”。

可以说，金朝和辽朝这两个复合型帝国，与十六国和北魏不同，想在保存本民族特色和统治多元之中寻找平衡，所以其制度有很多纠结。虽然两朝的制度都不能说很成功，但算是为日后大一统的多元帝国提供了经验和教训。

第三节　大一统王朝的宗教制度

马背民族的宗教制度在经过千年的演进和完善，在建立大一统王朝之后，达到了宗教管理的最高形态，也就是各种宗教并存，而又都处于世俗皇权的管理之下，各安其位，辅政安民。

一、诸神平等——大蒙古国的宗教制度

大蒙古国不仅是最具典型性的复合型国家，也是大一统王朝的雏形。蒙古族作为马背民族，冲出草原，成为世界征服者，将众多文明纳入统治。在享受着各文明带来的成果的同时，大蒙古国也必须从制度上应对各种文明融合的问题，尤其是不同的宗教如何共处的问题。

大蒙古国的宗教制度是最体现马背民族宗教制度特色的，那便是各宗教一律平等。

成吉思汗时期，为了在蒙古诸部及其所征服地区实施其统治，就已在蒙古古老的习惯法基础上制定了系统的法典，即《大札撒》。

《大札撒》是蒙古民族第一部成文法典，其总结了原来流传在蒙古部落间的习惯法，废止了一些不能适用的部分，又增加了一些新的条文，同时综合对比其他民族的法律法规，融会贯通，统一起来加以利用。其内容包括汗和国家的权力、义务服役、豁免役税、行政、军事、狩猎、赋税、宗教信仰以及刑

法、民法、商法、国际外交法等多方面内容。该法典颁行于1225年，在大蒙古国所有地区推行，是维持统治秩序的重要基础。

《大札撒》具有不可更改、不能违背的绝对权威，对规范当时蒙古社会及后世蒙古各汗国的立法都产生过重要作用。而且因为其吸收了游牧民族千百年来的经验结晶，加之成吉思汗本人的崇高地位，所以其法制思想与成吉思汗本人一起成为蒙古族乃至后世诸多游牧民族的信仰和行为规范。

在《大札撒》中，便已经规定对一切宗教必须予以尊重，不得有所偏爱；干预任何教派的自由，是应该受到惩罚的犯罪行为，不仅优待一切宗教，还要敬重一切宗教；免征托钵僧、诵《古兰经》者、法官、医师、学者、献身祈祷与隐遁生活者的租税与差役；谥免祭神寺庙及居住于该等寺庙之僧人的一切租税，以示尊敬，等等。

这样的制度，即使放在今天也是非常难得的，而在当时更是鹤立鸡群。在13世纪，世界上因不同宗教信仰而发生的战争与屠杀史不绝书，人们很难想象哪个国家能够在国家法律上提出各种宗教平等的理念。

《大札撒》能够有这样远超时代的先进制度，原因除了马背民族特有的对信仰的宽容传统，还在于蒙古高原在成吉思汗统一之前，便已经是多种宗教共存的地域。在统一之前，蒙古、蔑儿乞、塔塔儿等部族信奉着萨满教，而克烈、乃蛮、汪古等部族则信奉着景教（即基督教聂斯脱里教派）。而穆斯林对于草原上的居民来说也不陌生，他们经常来往于蒙古草原与中亚地区，在游牧民与定居民之间进行贸易，以获取巨额利润，“汉儿及回回等人贩入草地，鞑人以羊马博易之”。而成吉思汗崛起的过程中，穆斯林也起到了重要作用，“有一个回回（撒儿塔兀勒）人阿三，从汪古惕部的阿剌忽失·的吉惕·忽里那里来，他骑着白骆驼，赶着一千只羯羊，想顺着额儿古捏河而下，去收购貂鼠和灰鼠。他在巴泐诸纳湖饮羊时，遇见了成吉思汗”。还有一位札八儿火者，“从太祖皇帝出征，同饮黑河之水，为勋旧世臣家，名载国史”。而成吉思汗麾下的重要大臣中，有从中原金朝归附而来的契丹贵族耶律阿海、耶律不花，契丹人以佛教为信仰，而且普遍儒化，这样佛教和儒教也进入蒙古人的视野。

大蒙古国的宗教制度，既是为了内部的稳定和谐，又为了招徕被征服地区具有不同信仰的民族首领和百姓，减少他们的对立和反抗，而且能在诸多民族各种宗教人士和信徒中招纳人才。

进入中亚、西亚等伊斯兰教地区后，大蒙古国在当地政权建设上普遍采取了任用穆斯林的政策。窝阔台汗时期，亦官亦商的穆斯林商人很多，其中有两个穆斯林，牙老瓦赤、奥都剌合蛮在理财方面做出了重要的贡献。察合台汗国从察合台时代起便任用大量穆斯林作为事务和财政官员，如讹答剌人阿迷、回回人撒迦吉等。金帐汗国在拔都时代很多谋臣便是伊斯兰教商人。伊儿汗国从旭烈兀开始，伊儿汗便一直起用波斯和西亚当地的官吏、学者、宗教人士和商人，“特别是伊利汗国，非常广泛地任用了外族行政官员为其政权服务”。

在攻陷金中都后，成吉思汗将契丹名士耶律楚材招致麾下。虽然对其“以儒治国，以佛治心”的主张并不能完全接受，蒙古贵族中“国家方用武，耶律儒者何用”的观点也大行其道，但成吉思汗也认识到了儒家学说的作用，尤其是儒者对于治理汉地的作用。对于耶律楚材有关儒家学说的讲述，“深用嘉纳，知天下不可马上治。……国朝尊孔道，用儒臣，实自是启之”。尤其是能够恢复尊孔，重建孔庙，“宣圣庙，太祖始置于燕京”。

到窝阔台时期，在耶律楚材的奏请下，“求孔子后，得五十一代孙元措，奏袭封衍圣公，付以林庙地。命收太常礼乐生，及召名儒梁陟、王万庆、赵著等，使直释九经，进讲东宫。又率大臣子孙，执经解义，俾知圣人之道。置编修所于燕京、经籍所于平阳，由是文治兴焉”。同时，耶律楚材还建议“请用儒术选士”，窝阔台照准，“命断事官术忽䚟与山西东路课税所长官刘中，历诸路考试。以论及经义、词赋分为三科，作三日程，专治一科，能兼者听，但以不失文义为中选。其中选者，复其赋役，令与各处长官同署公事，得东平杨奂等凡若干人，皆一时名士”。

1220年，年已73岁的道教全真派掌教丘处机，西行与正在西征的成吉思汗相会。丘处机对成吉思汗讲述“敬天爱民”的道理，指出“节欲念保身体”才是长生之道，获得成吉思汗的尊敬，尊称为“神仙”，并减免全真道的赋役。待到丘处机东返后，更得到了掌管天下道教的册封。全真教对大蒙古国稳定中原汉地有着不凡的贡献。

图7–5　成吉思汗赐丘处机圣旨石刻（复制品，内蒙古博物院藏，刘洪洋 / 摄）

圣旨内容：“宣差阿里鲜面奉成吉思皇帝圣旨：丘神仙奏知来底公事是也好。我前时已有圣旨文字与你来，教你天下应有底出家善人都管着者，好底歹底，丘神仙你就便理会，只你识者，奉到如此。癸未年九月廿四日。西域化胡归顺，回至燕京，皇帝感劳，即赐金虎符牌曰：真人到处如朕亲临，丘神仙至汉地，凡朕所有之城池，其欲居者居之。掌管天下道门事务，以听神仙处置，他人勿得干预。宫观差役尽行蠲免，所在官司常切卫护。天乐道人李道谦书。”

在道教之后，汉传佛教也为蒙古汗庭接受并保护。禅宗临济宗高僧中观禅师和海云禅师受到成吉思汗的接见。成吉思汗对师徒二人十分尊敬，尊称为“大长老”和“小长老”，赐中观“慈云正觉大禅师”尊号，赐海云“寂照英悟大师”尊号。中观禅师圆寂后，海云更为蒙古皇室尊崇。1235年，窝阔台选试天下释道，印简海云被推为主持。1251年，蒙哥命海云掌管全国佛教事务。

1247年，藏传佛教萨迦派领袖萨迦班智达与蒙古宗王阔端举行了著名的“凉州会谈”。会谈的结果，西藏各教派和世俗势力都承认自己是蒙古大汗的臣民，而同时藏传佛教也进入蒙古，迅速成为蒙古贵族最主要的信仰。藏传佛教的很多人物，如八思巴、胆巴、桑哥等，都对大蒙古国以及元朝的历史有着重要影响。

大蒙古国时期各种宗教和平共处的景象，在其首都哈喇和林的格局可以得到最好展现。哈喇和林是大蒙古国的首都，由窝阔台于1235年在鄂尔浑河岸边建成。哈喇和林“有两个地区：一是萨拉森人（意为‘伊斯兰教徒’）区，市场就在这个区里。许多商人聚集在这里，这是由于宫廷总是在他附近，也是由于从各地来的使者很多。另一个是契丹人（意为‘汉人’）区，这些契丹人都是工匠。除这些地区，还有宫廷书记们的若干座巨大宫殿，十二座属于各种不同民族的异教徒的庙宇，两座伊斯兰教寺院，一座基督教徒的教堂。城的周围环绕着土墙，并有四个城门”。其中所谓“十二座属于不同民族的异教徒庙宇”，主要是佛寺和道观。

不过，成吉思汗制定的《大札撒》既有成吉思汗自己政治、军事、伦理等方面的感悟和经验，又有蒙古民族乃至更早的游牧民族的习惯法精华。“习惯法”在蒙古语中称为“约孙”，是一种具有浓郁民族特色的群体习俗，它是古代蒙古世代相传、沿袭已久的行为准则。而蒙古的很多“约孙”来源于萨满教的禁忌，而这些禁忌以法律的形式确定下来，必然会出现对其他宗教的冲突。

与萨满教禁忌冲突最严重，是伊斯兰教。

萨满教认为，春秋两季在白昼入水、在河流中洗手、用金银器皿汲水、在原野上晒洗过的衣服都会触怒天神，增加雷鸣和闪电。因此《大札撒》严格规定这些禁忌不得触犯。但是对于穆斯林来说，水净礼是在各种宗教仪式活动中最基本的礼仪。这一禁水规定与穆斯林的宗教生活有着难以调和的矛盾。

《大札撒》中要求臣民“其杀所食之动物，必须缚其四肢，破胸，人手紧握其心脏”，这与伊斯兰教法有关食物的禁忌和割喉杀牲的习惯是根本冲突的。因此《大札撒》规定“如仿穆斯林杀牲者，则应如法杀其人”。结果，“穆斯林只能秘密地在流水中洗澡，只能秘密地按照教法的规定杀羊”，甚至为了不触犯法律，“没有那个穆斯林敢公开宰杀羊只，多数人不得不吃自然死亡的牲畜的尸体”。

在成吉思汗去世后，窝阔台即位，虽然他继承成吉思汗宽容的宗教政策，并严禁各宗教之间的无谓纠纷和争端，但对于《大札撒》和伊斯兰教法之间的冲突采取严厉的措施。因为在窝阔台在位期间，掌管国家律法的是成吉思汗的次子察合台，“成吉思汗诸子中，以察合台最能严守其父之遗教。凡为成吉思汗法令所肯定的习俗，察合台无不衷心遵循，坚决捍卫”。

在《世界征服者史》《史集》等史书中，记载了很多察合台严格执法，而窝阔台总是设法宽恕的轶事。比如，有一天中午，窝阔台与察合台在狩猎返回途中看见一个穆斯林坐在河中洗身。察合台怒不可遏，他要将此人处以极刑，焚骨扬灰。但窝阔台却拖延到第二天审问，并令人把一枚银币投入水中，要案犯在审讯中说是因为一贫如洗才不要命下河捞钱的，从而使此人免罪获释。还有一次，有一个穆斯林在家中宰羊时被一个钦察人暗中监视，抓获报官，最后案件报到窝阔台那里，而窝阔台下令将这位穆斯林免罪，把告密者处死。

需要辨析的是，这种法律与教法的冲突，并非是对于伊斯兰教的压制和迫害，而是生活习俗的冲突，穆斯林虽然不能按照自己的教法生活，但其宗教本身并不被打压。

在贵由汗时期，因为贵由汗曾经受过基督教的薰陶，其太傅合答与宰相镇海都是基督教徒，所以贵由汗极力礼遇基督教及其教士，西方传教士从大马士革、鲁木、八吉打、阿速、斡罗思各地闻风而来，在宫廷侍御之中也大多为基督教医生，基督教的教义在他统治期间兴盛起来。可贵由汗对于伊斯兰教也没有打压，虽然仍然坚持《大札撒》的规定，但对于穆斯林牙剌洼赤、马思忽惕也予以重用。

穆斯林不得不按照《大札撒》的规定生活的局面到蒙哥汗时期有所好转，蒙哥汗“认为对所有的宗教均应尊重，不得因宗教信仰不同而迫害任何人。此外，他也不要求信仰其他宗教的人都比必须遵守札撒的规定”。

蒙哥汗时期仍继续执行自成吉思汗以来的宗教政策。蒙哥在接见西方基督教使节威廉·鲁不鲁乞时说：“我们蒙古人相信只有一个上帝，在他保佑下我们生活，在他保佑下我们死亡。对于他我们怀着一颗正直的心。但是，正如上帝赐给手以不同的手指一样，同样的，他也赐给人们以不同的方式。”虽然蒙哥汗在本质上是萨满教的信奉者，但他仍然允许宗教上的不同信仰方式。他不使用政权的力量去发展或压制某一种宗教，对于各宗教之间的矛盾，他采取辩论的办法以判定其曲直。1254年，在哈喇和林举行了由蒙哥汗主持的基督教、伊斯兰教与道教、佛教的辩论大会。1255年，又有佛教与道教首领登殿辩论大会。这些辩论虽然有胜负之分，但蒙哥汗只是借此打压某些宗教过度膨胀，对其他宗教有所攻击的倾向，而并非专门打压某一宗教。

二、遵循祖制中的调适——元代的宗教制度

1259年七月，蒙哥汗在攻打南宋的途中，驾崩于金剑山温汤峡（今重庆北温泉）。随着蒙哥汗的去世，大蒙古国爆发了忽必烈与阿里不哥的争位之战。

图7–6　元世祖忽必烈画像

经过4年鏖战，忽必烈战胜阿里不哥，但他已无法回到祖、父、兄的时代，那个依靠传统、武力和血缘维系的大蒙古国已经一去不返。成吉思汗长子术赤家族的金帐汗国、次子察合台家族的察合台汗国都并不承认他的大汗身份，弟弟旭烈兀在波斯建立的伊儿汗国虽然坚定地支持他，但相隔万里关山阻隔，早已“自帝一方”。

元朝和大蒙古国相比，虽然失去了对西方各大汗国的直接管辖，法统上也不再只是蒙古汗统，还接过了中国皇帝的法统，但仍是地域广大，囊括不同文明和民族的复合型王朝。以忽必烈为代表的元朝皇帝，在制度建设上更多地采用了中原王朝的经验，但正如忽必烈著名谋士郝经在《立政议》中所说，元朝的制度是“以国朝之成法，援唐宋之故典，参辽金之遗制，设官分职，立政安民，成一代王法”。其根本是“国朝成法”，也就是大蒙古国的旧有制度。

在宗教制度上，元朝也是在《大札撒》的基础之上，针对一些变化进行一些调整。

在根本上，元朝坚持《大札撒》所有宗教一律平等的精神，但相对于《大札撒》，元朝对宗教的管理更为严格和精密，各宗教设立相应管理机构。

如佛教主要由宣政院主管，道教归集贤院管理，基督教由崇福司管辖，回回掌教哈的司专管伊斯兰教。各教领袖都是朝廷大员，有恩赐的特权，替朝廷管理各教教徒。同时，元朝与大蒙古国一样，诸教皆豁免一切赋税，各宗教场所之财产政府要给予保护。

各宗教团体皆有所属，互不争斗，形成和谐融合的局面。以元朝的首都元大都为例。在元大都，不同宗教的寺庙鳞次栉比，交相呼应。道教全真教的祖庭白云观在旧城仍然香火鼎盛，而正一教的崇真宫则建在皇城东北角的蓬莱坊，享受皇家供奉；离宫城4千米的靖恭坊既耸立着也里可温教堂，也有罗马教皇委任的大都主教孟帖·科尔维诺的主教府；藏传佛教领袖，又是帝师的八思巴驻锡之所大圣寿万安寺金碧辉煌，而汉传佛教各宗的寺庙也在皇室的资助和民众的供奉下如雨后春笋般出现，大护国仁王寺、大普庆寺、大承天护圣寺、大崇恩福元寺、大承华普庆寺、大天源延圣寺、大觉海寺、大寿元忠国寺、大永福寺、大昭孝寺等不一而足，仅建于西北高粱河畔的大护国仁王寺，寺内便有殿宇170多间，其他房舍多达2000余间；而在元朝有着特殊地位的回回人所信奉的伊斯兰教，其清真寺更是达到“今近而京城，远而诸路，其寺万余”的地步。

不同民族和宗教的节日都可以成为人们休闲的理由，汉人传统的春节、上元节、端午节、重阳节、冬至、腊八等节日，皇帝都会给官员放假，并与士庶一起进行拜年、观灯、吃凉糕等习俗；对于佛教，每年二月初八皇室举行奉帝师游皇城的活动，每年四月初八大都新旧两城中著名寺院有浴佛会；对于道教，正月十九道教燕九节，京城百姓齐聚长春观和白云观，烧香礼拜，求福消灾，道士则广开道场；而基督教、伊斯兰教乃至犹太教的宗教节日，在马可·波罗的记载中，所有的节日都受到尊重“每当基督教主要节日如复活节、圣诞节，他总是这样做的。即使是萨拉森人、犹太人或偶像崇拜者的节日他也举行同样的仪式”。

不过，元代的宗教制度也有相当的问题。元朝与大蒙古国的宗教制度，最显著的区别是元朝对于皇室所信奉的宗教有了特殊的优待。大蒙古国时，虽然历任大汗都尊奉萨满教，但并无特别的对萨满教的优待政策。而元朝从忽必烈开始，历任皇帝都信佛，尤其是信奉藏传佛教，所以藏传佛教的地位在元代十分特殊。

1252年，还未称帝的忽必烈奉蒙哥汗之命取道川藏用兵大理，次年于六盘山召见藏传佛教萨迦派领袖八思巴商讨取道事宜。八思巴的博学深为忽必烈钦佩，遂留在身边随时咨询。两年后，忽必烈请求八思巴为其灌顶，但在礼仪上两人产生分歧。在察必王妃的劝说下，忽必烈接受八思巴的灌顶，并接受稍经修改的佛教法誓：听法人少时上师坐上座，保持日常君臣之礼；但吐蕃事务方面需听取上师教诲，经与上师商定才能颁发诏书。灌顶后，忽必烈尊八思巴为上师，执弟子礼。

图7-7　赤峰康宁寺内供奉的元世祖忽必烈与帝师八思巴像

1361年，忽必烈拜八思巴为帝师，赐号“大宝法王”，掌领全国佛教。1264年，忽必烈以皇帝的名义在《优礼僧人诏书》中命令全国僧人听从国师八思巴统领，并表示尊重所有依圣旨和教规行事的教派，并诏令各级官员、军人和使臣等，不得随意骚扰寺院僧人。从此，萨迦派领袖为帝师大宝法王成为惯例，元代共封赐14位帝师。帝师主持皇廷的重大佛事活动；皇帝即位前须从帝师受戒多次，后妃也须接受灌顶。

佛教受到皇室信仰，因此在法律上便享有很大特权。《大元通制》中记载，各地僧侣犯错，只要够不上奸盗、诈伪、致伤人命等重大刑事案件，地方官员不得对僧侣提出诉讼，更无权审理，当由僧侣寺院主持僧归问处置。即使犯下大罪，地方官员也只可审明案情，无权裁决，将审理结果报于宣政院裁定。如果是僧侣与平民发生了纠纷，须由地方官员知会僧侣寺院主持僧一并审理。这使得僧侣的人身权利超脱于司法之外，享受到游历于司法边缘而不被刑罚的特权。

因为元朝的敬佛过分，出现了僧人干预国政和地方政政务，皇室建寺庙做佛事花费无度，大量不法之徒托庇于僧侣而为非作歹等弊端，成为元朝走向衰亡的原因之一。

三、宗教管理的精密化——清代的宗教制度

清朝虽是马背民族满族建立的王朝，但其在入关之前，便已经长期附塞居住，接受明朝册封和文化熏陶，已经接受了中原王朝的管理模式。因此，清朝的君主集权和专制制度在明朝的基础上进一步加强，思想管控进一步加深，这使得清代的宗教制度有着十分精密和严格的特点。而同时清朝又是一个继元朝之后地域最为广大，囊括民族宗教最为繁杂的朝代，清朝也需要在严格管控的同时让各宗教各安其位，不起冲突。采取了“钦崇佛教、总持道法”“儒释道三教并垂”的政策。因此清代的宗教制度可归纳为在严格管控之下，看似平等的分而治之。

说起清朝的宗教管理，给人印象最深的，是对藏传佛教的管理。清朝入关受蒙古的助力很大，而蒙古各部都笃信藏传佛教格鲁派（黄教），于是清朝

图7-8　1652年五世达赖赴京觐见清顺治皇帝图

提出“兴黄教，即所以安众蒙古，所系非小也，不可不保护之”的策略，对藏传佛教十分优待。但同时，清朝时刻警惕佛教僧侣因信众众多、政教权力过大而难以驾驭。百余年时间，清朝摸索出了一套精密有效的管理方式，使得宗教完全为皇权服务，不能越雷池一步。

在清朝的《理藩院则例》中，卷五十六到卷六十是《喇嘛则例》，专门规定宗教事务管理内容，对藏传佛教喇嘛的待遇、钱粮、地位等都有具体的规定，地位越高、越受尊崇的喇嘛活佛待遇越好，不论是从坐褥的质地、进京人员车马配备，还是钱粮的发放、职位的调补都与宗教上层人士的尊贵地位相一致，但同时也规定了等级制度，对下层宗教人士，比如普通寺院的喇嘛、普通教众有严格的法律行为规范，带有明显的政治利用色彩。而对于喇嘛犯罪，清朝也和元朝不同，并不给予特权，而是采取绝不姑息、严惩不贷的态度，对喇嘛的限制、防范十分严密。

对于藏传佛教的领袖达赖喇嘛和班禅额尔德尼，清朝虽然规定“盖中外黄教总司者二人（指达赖和班禅）”，但同时扶持哲布尊丹巴呼图克图、章嘉呼图克图两大活佛系统，掌管喀尔喀蒙古与内蒙古教权，用心良苦地实现宗教分治。

对于内地的佛教和道教，清朝采取明朝旧制，在京城设立僧录司，各府州县设僧纲、僧正、僧会，《大清会典》卷三六《礼部·僧官道官》中规定：“由该地方官拣选，具结详报督抚，由督抚咨部派札补授，年终汇报吏部。其钦记由该省布政司给发。”所有的僧官都严格接受地方政府的管理，而地方政府也要定时汇报给朝廷，管理的严格是不言而喻的。

而在严管僧官的同时，清朝还规定“僧道不可诵经托钵于市肆，不可陈说因果以聚财”，也就是说僧侣道士的宗教活动被严格限于寺院之中，不得再云游传法，避免出家人和信众过于密切的接触，已达到便于管控的目的。到雍正帝时，更是废除了度牒制度，彻底瓦解了僧团和道团。因为度牒制度虽是政府限制僧尼道士人数的手段，但因颁发度牒需要“试经”，保证了出家人的质量，而且也使得僧团形成一个有机整体，天下出家人都是一家。而废除度牒，看似不再限制僧道招收弟子，却不仅使得出家人质量严重下降，还助长了从宋代便愈演愈烈的“丛林宗法”，各大寺庙私度弟子，形成以寺庙为中心的小集团，师徒相传霸占庙产，寺庙本是“十方丛林”，是天下出家人的，却成为“子孙庙”。僧团和道团之间的联系机制中断，寺院之间如一盘散沙，毫无凝聚力可言，也就更容易被官府管理和控制。

对清朝而言，伊斯兰教和藏传佛教一样，不仅是宗教问题，还是边疆问题。1759年，清军平定噶尔汗部，收天山南北于囊中，将之称为“新疆”。新疆的主体民族维吾尔族都是穆斯林，加之从元朝开始形成的分布与甘、青、宁、内蒙古等地的回族也是穆斯林，因此清朝专门制定《回疆条例》。

《回疆则例》总共8卷，由原奏和正文两部分构成，前五卷对回疆地区的伯克制度、年班制度、札萨克制度以及入京朝觐等内容做了具体详尽的规定，卷六和卷八针对宗教事务方面的内容以及阿訇的行为做了禁止性规定。

一方面，清朝尊重穆斯林的信仰和习惯，采取了“缠头环耳各随宜，何必衣冠尽改之”的“从俗从宜”政策。康熙、雍正两帝为了维护国体，多次下诏书驳回朝臣严禁伊斯兰教的奏疏，明确表示穆斯林“乃其先代留遗，家风土俗”，“非作奸犯科，惑世诬民者比”，应该“从俗从宜，各安其息”，不能“强其画一”。另一方面，清朝对宗教势力也采取限制和压制措施，规定阿訇只能在规定的范围内行使宗教权，不得擅自干预行政事务。不同于西藏政教合一的治理政策，对回疆进行治理是政教分离，防止宗教人士渗入行政管理，威胁回疆地区的稳定。

相对于以上的本土宗教，对于外来的基督教，清朝采取的则是逐渐严禁的政策。在康熙初年，发生过针对基督教会的“历案”，钦天监官杨光先指斥外国传教士汤若望等潜谋造反、邪说惑众、历法荒谬等罪状，因康熙年幼不能主政，辅政大臣鳌拜借机打击基督教会，逮捕汤若望，将在北京的教士押解广州禁锢。各省督抚也纷纷迫害基督徒。直到康熙亲政，才下令将“历狱”昭雪。

康熙时期，清朝与基督教会关系尚还融洽，康熙重用很多有才学的基督教士为皇室服务。但到康熙晚年，罗马教廷宣布禁止中国天主教徒遵守中国的政令习俗，不准祀孔祭祖，并一再派遣使节到北京要求清政府遵行。这触怒了康熙皇帝，于1717年禁止西洋人在中国传教。雍正继位后，也明颁谕旨，严申教禁。此后，乾隆帝也把禁止传习天主教定为不易方针，并且愈演愈烈，基督教在中国成为非法宗教。直到1840年鸦片战争爆发，《南京条约》的签订，清政府对于基督教的禁令才逐渐废除。

可以说，清代的宗教制度中马背民族的特色已经不甚明显，马背民族开放、平等的意识虽有保留，但清朝更多地追求皇权的稳定和管控的效率，达到了古代宗教管理的最高形态。

第八章　马背民族的教育制度

在漫长的中国历史上，先后涌现出了匈奴、乌桓、鲜卑、柔然、突厥、契丹、女真、蒙古、满族等马背民族，他们中大多入主中原建立了封建统治政权。例如，匈奴在十六国时期建立了割据政权前赵、北凉和大夏；鲜卑建立了北魏政权，统一了北方；契丹建立了辽朝；女真建立了金朝；蒙古族和满族更是建立起了大一统的封建王朝——元朝和清朝，奠定了今天中国的版图。这些民族在中国历史舞台上扮演着重要的角色，为人类文明的发展进步做出了贡献。他们的一个共同点就是为了寻求生存和发展，在不断往南迁徙的过程中频繁地与中原王朝发生接触，在摩擦与冲突、碰撞与融合中，积极学习并吸收汉族文化，加快了本民族的封建化进程和文化教育的发展。

他们在建立政权以后，在国家的社会、经济、文化等各个领域开展了积极的建设，各项制度逐渐得到健全和完善。在文化教育事业方面，出于安邦治国的客观需要，他们普遍采取了以文治国、重教兴学的文教政策，积极推进汉化教育，广泛采用汉族政权建立的教育体系的同时，不断地进行创新和调整，建立起了各具特色的教育制度。例如，辽、金、元三朝统治者，他们在吸收汉文化的同时又积极维护本民族的文化，通过政策法令来保护本民族的文化传统，更通过创造本民族文字、建立本民族的专门教育机构和科举考试制度，使得本民族的文化教育融入整个国家教育的体系，与汉文化教育并立，从而形成了多元化的国家教育体制。比如，辽代的五京学、金代的京府学和南北科考试制度以及元代礼部与集贤院分权管理科举和学校的二元化体制，在一定程度上突破了中国古代教育制度的传统模式。

所谓教育制度，是指一个国家中各种教育机构的体系。依照这个概念，中国古代马背民族的教育发展极不平衡。有的民族因为游牧迁移的特点，没有形成学校教育传统，他们的教育活动都是在日常生产生活实践当中进行的。有的民族在建立统治政权以后，改变游牧生活方式转而过上了定居生活，为了施行稳定良好的统治，他们沿袭了汉族政权的制度并进行了调整和完善，形成了一套具有自身特色的教育制度。这一章主要介绍这些建立了封建统治政权的马背民族在实行统治期间形成的教育制度，包括匈奴在十六国时期的学校教育、北魏鲜卑族的教育制度、契丹族建立的辽代教育制度、女真族建立的金朝教育制度以及蒙古人建立的元朝教育制度和满族建立的清朝的教育制度。

第一节　十六国和北魏时期匈奴、鲜卑的教育制度

一、十六国时期匈奴的教育制度

匈奴后崛起后，其游牧经济特性决定了在很长一段历史时期，匈奴的教育发展水平一直处于游牧教育阶段，其特征就是寓教于生活、寓教于生产。那时期的教育就是游牧生产生活必备的各项技能的培训和传承，是约定俗成的规约或生产、社交、礼仪等行为的规范化。

汉代内迁的匈奴，在魏晋南北朝时期有了很大的变化。除了南匈奴外，匈奴又分解出屠各、临松卢水胡、铁弗匈奴3个分支。南匈奴和屠各两支散居在今甘肃、陕西、内蒙古和山西一带，他们在4世纪初，先后在山西和陕西建立了汉（前赵）政权。临松卢水胡在5世纪的头40年间，在河西走廊一带建立了北凉政权。差不多在同一时期，铁弗匈奴在今陕北一带建立了大夏政权。这些政权积极接受汉族文化，社会发展进入一个新的阶段，其教育也进入学校教育阶段。虽然这方面的记载较少，但是我们还是能够从这时期匈奴贵族的相关记载中窥探出当时的教育发展情况。

建立汉国的匈奴屠各人刘元海是一位聪颖好学、深受汉族文化影响的匈奴贵族子弟，精通经史和《孙子兵法》等古籍。《晋书·刘元海载记》记载，元海“幼好学，师事上党崔游，习《毛诗》《京氏易》《马氏尚书》，尤

好《春秋左氏传》《孙吴兵法》，略皆诵之，《史》《汉》、诸子，无不综览”。他在学校期间勤奋好学，思想活跃，好谈古论今。刘元海的后代子孙也都进学校读书、学武。比如，他的儿子刘和“好学夙成，习《毛诗》《左氏春秋》《郑氏易》”；四子刘聪“幼而聪悟好学，……年十四，究通经史，兼综百家之言，孙吴兵法靡不诵之。工草隶，善属文，著述怀诗百余篇，赋颂五十余篇”。刘聪的儿子刘约也爱读经书，一次“汉王聪戏之曰：‘汝诵何书，味何句也？’约曰：‘臣诵《孝经》，每咏身体发肤，受之父母，不敢损伤。至于在上不骄，高而不危，未尝不反复诵之。’聪大悦”。

据记载，前赵创建者刘曜在位期间，“立太学于长乐宫东，小学于未央宫西，简百姓年二十五以下十三以上，神志可教者千五百人，选朝贤宿儒明经笃学以教之”。由此可见，刘曜非常重视学校对人才的培养和选拔，他仿照汉制设立了太学和小学，招优秀青年入学，并选拔朝中优秀人才担任教师。史书还记载：“曜临太学，引试学生之上第者拜郎中。”刘曜还亲临太学，对太学生进行考试，成绩优秀的给予官职。这些记载明确地反映出当时的匈奴社会已经出现了学校教育模式。

匈奴族的另两支临松卢水胡和铁弗匈奴也和屠各胡大同小异。北凉创建者临松卢水胡人沮渠蒙逊是一个好学博文的人物。《晋书·沮渠蒙逊载记》说他“博涉群史，颇晓天文，雄杰有英略”。此外，据史料记载可知，匈奴平民中也有一些有识之士，如匈奴后部人陈元达“少而孤贫，常躬耕兼诵书，乐道行咏，忻忻如也”。总之，匈奴进入中原建立政权以后，其文教事业有了很大发展，出现了学校教育模式，只是很可能没有形成制度化，因为在这之后，匈奴逐渐被汉化，匈奴作为一个独立的民族消失在历史长河中。

二、北魏时期鲜卑的教育制度

鲜卑自春秋战国时期开始，一直活跃在今东北、华北等地，以畜牧、狩猎为业。秦汉以来，鲜卑族不断向南迁徙，进入黄河流域和中原地区。十六国时期，鲜卑族建立了前燕、后燕、南燕、南凉、西秦等政权，统治今辽宁、河北、河南、山东、山西、甘肃、青海等地，他们都曾经兴办学校，发展文教事业。如前燕慕容廆不但“立东庠于旧宫”，设立了太学教育，而且还自己当老师任课，编纂教材，以精通儒学的刘赞为太学祭酒。北朝的北魏、东魏、西魏是拓跋鲜卑人所建。本节主要介绍北魏时期鲜卑的教育制度。

北魏在巩固政权的进程中，逐步确立了以“兴文”为治国核心的总方针，大力倡导儒家文化，积极推行汉化教育，建立了完备的学校教育体制。

图8–1　1970年大同城南北魏永宁寺遗址出土的石雕方砚

该方砚由浅灰色细砂岩雕成。砚面中心为方形砚池，周边饰连珠纹和莲瓣纹，砚池两侧各有一耳杯形水池和方形笔舔，其两端有成双的鸟兽作饮水状。对角有莲花形笔插。其间雕人物图案四组五人，有骑象、舞蹈、角抵等内容。侧面各雕人物、动物等。砚底雕莲花一朵，周边围以小莲花八朵。该石雕方砚是北魏石刻艺术的高水平佳作。

（一）北魏官学

在推行汉化教育的过程中，北魏统治者十分重视学校制度的建设，建立起了由中央官学和地方官学组成的官学教育体系。

1．北魏中央官学

北魏中央官学包括太学、国子学、皇宗学和四门小学。

北魏太学是在道武帝时期建立的。道武帝建都平城（今山西大同）之初，便在平城设立了太学，设置了五经博士教学，太学学生达到1000多人。到了399年，太学生增加到3000人。

国子学也是在这时期新建的。国子学是西晋始创的一种贵族学校，级别比太学高。国子学的设立，使西汉以来延续数百年之久的太学一学制变为国子学、太学两学并立制。明元帝（392—423年）即位后，将国子学改为中书学，但是国子学的教育性质并没有改变。485年，孝文帝又把中书学改为国子学。北魏的国子学、太学在管理、教学内容等方面和两汉魏晋时期基本相同。

皇宗学是北魏时期教育皇家子孙的学校。492年，孝文帝正式成立皇宗学。皇宗学的建立意味着把皇族子弟的教育纳入官学教育体系中，这是北魏的一个创举，是与两晋南朝教育体制的一个不同之处。由于缺乏史料记载，黄总学的具体教学情况已无法知晓。但是从一些皇室人员的相关记载来看，皇宗学可能主要是教皇室子弟礼仪文化的，用儒家礼教来约束众人。皇宗学教育宗室子弟，确实培养了不少雅好经书、深染汉风的人物。史书记载，彭城王元勰"敏而耽学，不舍昼夜，博综经史，雅好属文"；清河王元怿"博涉经史，兼综群言，有文才，善谈理"。

北魏和两晋南朝教育体制的另一个不同之处是四门小学的创立。北魏迁都洛阳后，孝文帝下令设立国子学、太学、四门小学。可见，四门小学是原先没有的，属于新设立的学校。四门小学之名，来源于《周礼》中四学设四郊的做法，而汉代后没有在四郊设学，而是在四门设学，所以称为"四门学"。宗室子弟幼年入四门小学，进行启蒙教育。

北魏国子学、太学、皇宗学和四门小学都是以学习儒家经典为宗旨的，其根本区别在于学生的门第资格上，体现了封建教育等级制的特征。

2. 北魏地方官学——郡国学

北魏的地方官学教育不但规模大、地域广，而且形成了一定的系统。完备的地方官学教育，可以说是北魏教育制度的一个突出的特色。北魏的地方官学就是郡国学，于466年设立。当时，献文帝令大臣高允召集群僚商讨出一个具体的实施方案。高允认为只在郡县设置学官是不够的，还应该建立正规的学校，才更有利于培养人才，开化风气。他的具体计划是依照郡县大小将地方学校分为4个等级，还详细规定了各地方学校的师生名额，明确了师生的录取标准。然而，由于史料缺乏，地方官学的情形究竟如何，我们不得而知。但无论怎样，北魏颁布了如此详细的地方官学学制，这一点就比两汉魏晋时期进步得多。因为在北魏以前，地方教育实行地方学官制度，而不是学校制度。

史书记载，最早建立地方学官制度的是汉武帝，在郡国设置学官，隶属于地方官府的行政建制；而在郡县设立学校，是地方教育体制的建制，两者性质不相同。北魏从制度上把地方教育形成常规化，教师有常选，学生有定额，教材统一，教学有常规。可以说，地方学校制度的确立，标志着地方教育进入一个新的发展阶段。北魏地方学制的确立加强了地方教育与中央教育的联系，中央学制与地方学制有机地形成了一个整体，形成了一个学校网络。

3．官学的管理机构

西汉创立太学，但没有设立专门的教育管理机构，将太学挂靠在太常寺管理，太常寺就成为兼管全国教育的机构。北魏学官继承了这一制度，北魏太常的职责一如南朝，主管邦礼及教化。此外，太常对国家教育事务及官学内部管理事务似乎没有更多的涉及，国家教育及官学的管理责任更多的是由国子祭酒承担。北魏官学设置了祭酒、博士、助教等学官来进行管理和教学。官学教师或由皇帝直接任命，或由官吏举荐，或通过考试选拔，或从学生中提拔优秀者。

北魏中央官学的学生包括国子生、太学生、四门小学生和皇宗学生，学生有一定的资格限制，一般都是京师大族、贵族之子或功臣子弟。地方官学的学生也有身份限制，取“郡中清望，先尽高门，次及中第”。

4．官学的教学内容

官学使用的教材是儒家的五经。当时南北分裂已久，儒家学说也分为

"南学""北学"。与南方玄学化的经学不同，北方经学恪守传统经学的核心。北魏官学（包括私学）的教材主要有汉代学者郑玄所注的《周易》《尚书》《毛诗》《周礼》《仪礼》、礼记》和服虔注的《左氏春秋》等。

（二）北魏私学

魏晋南北朝时期，由于政权更迭频繁，官学时兴时废，从而在客观上促进了私学的发展。私学在北魏得到了一定的发展，并且呈现出与两汉私学不同的一些特征。虽然在北魏太武帝太平真君年间，统治者为统一思想，巩固统治，加强中央官学，曾下令禁止私学，但是私学仍屡禁不止，并且持续发展。到了孝文帝迁都洛阳后，私学更加兴盛。

北魏私学主要分布在河西和中原一些地区，往往由一些学业精湛的名儒来讲学，吸引了众多学生，涌现出了一些著名的私学学者。如北魏著名儒家学者、"北学"的代表人徐遵明（474—529年），讲学20多年，门下授业的弟子多达10000多人，其中有不少著名人物。私学的教育面之广、规模之大，丝毫不亚于当时的官学教育，成为当时主要的一种教育方式和途径。

北魏私学和汉代私学相比具有鲜明的特点。一是家学教育有了很大的发展。家学是私学的一种特殊形式，也是更为普遍的一种教育形式。北魏家学不仅局限在一家之内，还扩展到一族之内，有了家族教育的性质。家族教育的内容并不仅限于儒学，家风的培养是其重要教育内容。此外，还有家学的培养，有的家族把书法当作家学，有的家族以医术作为家学，有的以史学作为家学。比如，清河崔氏一门在儒学上都很有造诣，有名的有崔玄伯、崔浩、崔道固等。崔氏子弟又以书法见称于世，崔玄伯"善草隶行押之书，为世摹揩"，其子崔浩以隶书见称于世，次子崔简也以善书法而知名。二是私学的多样性。私学主要以儒家经典为教学内容，此外还有一些以其他的专门学科为主的私学，有医学、书学、史学和算学。综上所述，北魏私学教育是官学教育的重要补充。私学的教育内容涉及面很广，这种情况在两汉是很罕见的。私学的兴盛为扩大儒学的传播和影响做出了重要贡献。

值得注意的是，北魏教育逐渐形成了良好的学风。学生可根据自己的意愿自由选择教师，学无常师的学风是很可贵的，有利于学术的发展和人才的培养。北魏教育是在西汉以来的发展基础上发展起来的，地方教育在北魏时期得以常规化。北魏打破了汉代所推行的单一的教育格局，教育形式更加多元。

图8-2 北魏杰出的农学家贾思勰的雕像

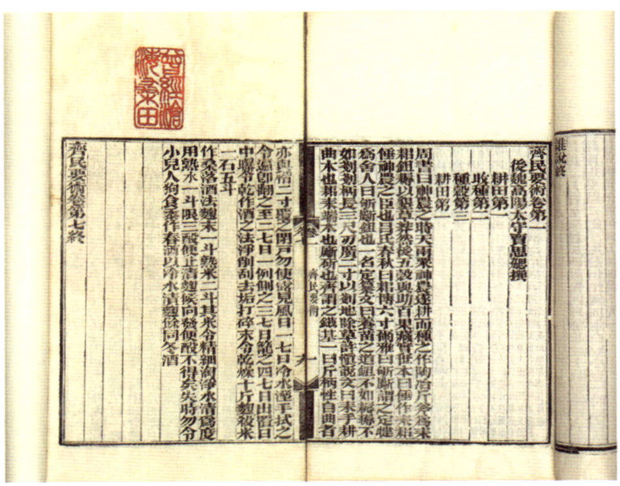

图8-3 贾思勰所著的综合性农学著作《齐民要术》书影（清朝光绪年间刻本）

该书是世界农学史上最早的专著之一，是中国现存最早的一部完整的农书。

第二节 辽、金时期的教育制度

辽、金两代的教育制度沿用了隋唐以及同时代的宋朝的教育制度的基本模式，并在此基础上进一步调整和完善，规章制度更加细密周全。辽、金两代不断加强了本民族的文化教育，将本民族的文化教育纳入整个国家教育的体系，形成了各自的特色。

一、辽代的教育制度

辽朝建立初始，辽太祖就开始推行尊孔崇儒的文教政策，在全民范围内，包括皇族在内，积极实行儒家伦理道德思想教育，灌输儒家三纲五常、忠孝等伦理思想。在朝廷的积极倡导下，宗室及民间都逐渐崇尚儒家的伦理道德。这一点，充分反映在了现代考古发掘的辽代古墓壁画中，内容多以中国传统伦理故事为主题。这既反映了中原文化对辽代社会的影响，又直接印证了辽朝统治者奉行尊孔崇儒政策的效应。

（一）辽代的教育体系

辽代从中央到地方形成了国子学、五京学、府州县学等较为完整的官学教育体系。私学在辽代也比较普及。

1．官学

辽代的官学包括中央官学和地方官学。辽代中央官学大体上采用了北宋的模式，又结合了自身的特性，在上京、东京、南京、西京和中京五京分别设立了国子学和太学，号称“五京学”。五京学是随着五京的扩建而逐步增建的。其中，上京学设立最早，地位也最高。

辽代中央官学主要以儒家学说的经传注疏为教学内容，这一点和中原地区的官学并无二致。学官的设置也和宋朝相同，上京国子监是辽代教育管理机构，下设国子学，国子学设国子祭酒、司业、监丞、主薄、录事、博士、助教等职务来掌管具体教学。师资主要都是汉族士儒，有的是被辽军俘获的宋朝国学教师，也有自愿归顺辽朝的汉族士儒，也有的是通过捐纳担任的学官，不过这种情形较少见。

辽代的地方官学也是逐渐扩展普及的。早期的辽代地方教育处于一种零散自发的状态，国家没有颁布统一的地方学令。辽圣宗之后，这种情况得到了改善，国家颁布了有关政令，地方教育进入了一个有序的发展阶段。1055年，辽道宗颁布了第一条地方兴学令，下令各郡县设立官学。自此，各地州县学校的发展及建制进入了比较规范的阶段。早期的辽代地方官学中，设置较早的有归州州学、涿州州学和应州龙首书院等。县学基本都是在1055年的兴学令颁布之后建立起来的。地方官学的教育内容自然也都是以儒家的五经注疏为主。辽代地方官学主要集中在汉族聚居区，主要为汉族人开设的。

2．私学

辽朝历代统治者都比较重视私学教育，私学在辽代比较普及。和官学向比，私学教育没有统一的管理制度，运行模式灵活多样。大体有以下几种模式：一是以家庭为主的家学教育。这种教育模式是聘请私家教授或者家族长辈来充当教师，使子女接受经史、道德教育。常见的家学教育有“子承父教”型，典型的有声名显赫的韩式家族教育。当然，这种教育只在贵族或显赫的家族中比较普遍。二是私塾教育，就是私人开办的学校。私塾也主要教授经史和儒家道德行为规范。三是讲学教育，一般由私人组织开办，招来有影响的学者自由讲学，并且提供大量的图书典籍供士人阅读。龙首书院以及医巫闾山、南山、太宁山等处就是这样的习读、研讨经史之场所。龙首书院坐落在应州西南边，由辽朝翰林学士邢抱朴创建；医巫闾山早年是辽太祖长子耶律倍读书的地方。当时，士人为了寻求幽静的读书环境，往往上山或去书院读书，从而使龙首书院、医巫闾山、南山、太宁山等处都成为以私人组织为核心的讲学教育场所。

3．宫廷和宗室教育

辽代向来重视宫廷教育，逐步建立了东宫与宗室教育体制。《辽史·百官志三》记载，辽代有诸王文学馆、诸王教授、诸王伴读等机构和学官。东宫下属机构有太子宾客院、詹事院、左右春坊及下属的文学馆、司经局。从文学馆、司经局的名目来看，也可知辽代东宫教育体制是较为完备的，且教育内容也十分突出经学、文学及道德方面。正是由于重视宫廷教育，辽代历朝皇室子孙多有好学之人。如辽太祖长子耶律倍就曾在南京修建书楼，买万卷书藏于医巫闾山顶望海堂，在那潜心读书，钻研学问，终成一名兼通辽汉之学的饱学之士。此外，辽代宫妃的女学也是其宫廷教育的一大特色。与中原汉族宫廷女学不同的是，辽代女学封建礼教的束缚较少。秦晋国隆庆妃萧氏博学多才，崇拜汉唐名臣萧何、房玄龄、杜如晦，受到朝野的敬重，常参与国家政事的决策。辽代才学博雅的女中英杰辈出，除了隆庆妃，像辽道宗的宣懿皇后“工诗，善谈论”；天祚帝的文妃“善歌诗”，著有《咏史》《讽谏歌》等。

（二）辽代的科举制度

科举制度是辽代重要的选士制度，对辽代教育有着直接的影响。辽圣宗时期开始正式创建科举考试制度，于988年正式开科取士，录取了1人。1006年之前，辽代科举考试的规模都比较小，每年的录取人数也很少，最多的一次也才录取了6人。1066年一次录取进士22人，以后逐科增加，人数最多的一次在1095年，一次录取了130人。

辽圣宗时期考试的科目有词赋、法律两科，以词赋为正科，法律为杂科。后来在1070年增设了贤良科。科举考试分为乡试、府试、省试三级，逐级推进。乡试合格后由州县推荐到五京（临潢、大定、辽阳、析津、大同），五京府试合格后，才有资格参加省试，这些人称为“乡贡进士”；省试考试合格后，称为“进士”；成为进士才能参加殿试（御试），合格的称为“殿试进士”或“殿试及第”。辽代的科举考试主要是针对汉人而开设的，只有汉人有资格参加科举考试，不允许契丹人参加科举考试。从有关文献中查找到的契丹籍进士仅有耶律大石一人，为1115年进士。

二、金代的教育制度

女真建立金朝后不久，就开始引进汉族文化礼仪，逐步加深了汉化程度。金太祖在创业之初，便仿照汉制筹谋文化教育事业。金熙宗即位后，开始实行更彻底的汉化政策，废除了勃极烈制，全面引进汉族官制，在文化教育方面采取了一系列措施来教化民众。熙宗以后的历代皇帝都十分重视引进汉族的先进文化，奉行尊孔尚文政策，重视教育事业的建设。到金世宗时，金代社会实际上已经完全汉化了。

（一）金代的教育体系

海陵王迁都燕京之后，开始全面建立国家教育体制。金朝的教育大体上是在辽、宋两个朝代的基础上发展起来的，但其本身也有创新，形成了颇具特色的教育体系。金代的教育制度比辽代完备，学校的数量也更多，教育水平远远超过了辽代。金代的教育机构基本上可分为两大类，一类是官办学校，一类是民间私学。金朝的官办学校和前朝一样，基本可分为中央官学和地方官学。不同的是，金朝统治者出于重视女真民族教育的考虑，又设立了各级女真学校。所以就学校的民族性质来看，从上到下可分为汉人和女真两套教育体系。

1．金代的中央官学

金代的中央官学有国子学、太学、女真国子学和女真太学。1151年，在上京设立国子监，置国子学。国子监是集教学与行政管理为一身的机构，就其管理之职而言，称为国子监；就其教学之职而言，则称为国子学。

国子监是金代最高的教育行政管理机构，管理国子学、太学、女真国子学和女真太学。国子监下设祭酒、司业各1名、国子监丞2名。国子学设博士2名、助教2名、教授4名，这些都是教学人员。国子博士相当于教务长兼教授，助教、教授是专职教员。此外还有国子校勘和国子书写官。通常这些职务汉人和女真人各占一半。

国子学分为大学和小学两个阶段，15岁以上的入大学学习，分别学习经义和词赋，因此又把大学生分别称为经义生和词赋生；15岁以下的进入小学学习，称为小学生。大学、小学各招100名学生。国子监学生有严格的资格限制，只有宗室子弟、三服以内的外戚子弟、功臣子弟和三品以上的官僚子弟四类人才能进入国子监学习，可以说国子监是一所贵族学校。

实际教学方面，金代的国子学和各类官学都实行“会课”制，“会课”就是集中授课。学生分为经义、词赋、策论三种类别，按照学生的分类大体分为经义、词赋、策论三类课程。《金史·选举志一》记载的国子学会课制度是这样的：“三日作策论一道，又三日作赋及诗各一篇。”即以三天为一个周期，每三天讲一篇策论、一篇诗词和一篇歌赋。目前虽然没有发现经义课程方面的记载，但是史料详尽地记录了经义课使用的教材，主要有《诗经》《尚书》《易经》《论语》《孟子》《孝经》《左传》《礼记》《周礼》等，此外还有《史记》《汉书》《三国志》《宋书》《新唐书》《五代史》等断代史和《老子》《杨子》《荀子》等子书。这些教材都由国子监负责编辑、印制和发行。金代建立了一套以国子监为中心的全国性的官学教材统编印制体制。

金代的太学始建于1166年。最初，太学的编制是160人，后来增加到400人。太学生的录取范围扩大到社会各个阶层，有中上层贵族子弟和平民子弟，平民化倾向十分明显。太学设博士4名、助教4名，教学内容和课程与国子学相同。

金世宗即位后，改变了海陵王时期的一味汉化的政策，开始重视本民族的语言文化教育，专门成立了以本民族语言文字进行教学的女真国子学、女真太学。为此，特地将《尚书》翻译成女真文，供女真人学习。1173年，设立了女真国子学，并设立了女真进士科，开科取士，从而形成了完整的女真文教育系统。女真国子学和国子学同属于国子监管辖。女真国子学的教学内容也和国子学大体相似，有译成女真文的《尚书》《易经》《论语》《孟子》《老子》《杨子》《文中子》《刘子》《新唐书》等。在教学上比较侧重策论，故女真进士科也称为策论科。女真太学的创建时间稍晚一点，于 1189年创建。目前发现的有关女真太学的记载极少。

以上四学，就学生的出路来看，以国子生和女真国子生为优，凡三年不能充贡者，可通过学官考试，到尚书省所属政府各机关补任官职。而太学生的出路则主要是通过科举考试。

金代中央官学除了上述四个中央官学，还有算学、医学。金代的算学，又称为司天台学，内设天文科、算历科、三式科、测验科和漏刻五科。此外，还有医学十科，隶属太医院。金代高度重视医学教育，建立了遍布全国府州郡县的医学校。除了司天台学和医学，其他政府机构和内宫也设立了形式各异的教育，在此不一一赘述。

2．金代的地方官学

1176年，金代开始创办各级地方官学，以后陆续扩建，大幅增加学校数量和招生名额，从而建成了较完整的地方官学系统。金代的地方官学体系由府、州、县学和女真府、州学组成。

金代在全国十九路府共设立了17所府学。府学生主要由两类人组成，一类是宗室和皇家五服以外的远亲子弟，另一类是府试合格而省试落第或省试合格而廷试落第的举人。1189年，进一步扩增府学，将范围由京府扩大到散府。府学的设置主要是为了培养汉族统治人才。

州县学创建的年代要稍晚于京府学，数量不详。五品以下中下级官员子弟、先圣后人以及曾得府荐或参加府试至终场免试的式子都可以入州学学习。

州学也分为两种：一种是有节度使驻镇的州郡所设的州学，称为节镇学。金代的节镇学共设有39所。另一种是防御州州学。防御州的地位低于节镇，在全国共设有22个防御州学，每州设一学。防御州以下的刺史州、县，国家没有统一建立学校，自然也没有定额，但是鼓励地方官员自行组织办学。

女真府、州学开始建立于1173年，分别在22个府、州设立了22所学校，后来废止了河南、陕西两处的女真府、州学。女真府、州学大部分都在女真故地和契丹、女真族聚居地区。女真府、州学的教学内容和女真国子学大体相同。

3．金代地方官学学官和教学管理

金代地方官学的学官设置基本仿照汉制，在诸路设置了提举学校官，主管学校事宜。提举学校官是一种行政职务，一般都是兼职，既管理一个地区的教育事务，又负责讲课。主持府、州学校升补生员的考试、修葺学校或讲学，都是提举学校官的职责。金代府、州学的主要教学人员都是教授，必须是科举进士出身的才能充当教授。教授以外，还有学正、学录等职。

金代地方官学内部的教学管理体制更为完备，教学内容也更为丰富。在课程设置方面，不管是中央还是地方官学，都实行统一的会课教学制度；在考试方面，统一实行三月一私考的考试制度。府、州学考试前五名，经过府里推荐可以直接参加会试或者升补入太学学习。考试内容与科举考试的内容完全相同。在学员的管理方面，已经建立起了一套较完备的学规和有关请假、假期的规定。金代所有官学的教材都统一使用国子监编纂的教材。

4．金代官学的教育经费制度

金代官学的教育经费来源有以下三个渠道：一是由朝廷直接拨付经费；二是地方政府或官员自行筹集经费；三是民间、个人的捐款。教育经费的形式主要有两种：一是学校置办学田，作为学校常规的养学之费，这是主要的形式。学田一般由政府从官田中拨出，作为学校的校产。学校靠出租学田的收入来解决祭祀、教师薪水、学生补助等费用。二是用于修建或扩建、修葺学舍、堂廊的钱物，这些钱物往往是临时筹措，一次性支付。虽然国家承担了部分经费，但是地方教育经费主要还是由当地政府自筹或民间捐赠。筹集经费的形式有多种，大部分来源于捐赠或官员捐出俸禄银。

5．金代的私学

金代私学主要有家学、女真贵族官僚家塾、学者自设的私塾等类型。

（1）家学

家学就是在家族内部，长辈对晚辈进行知识传授，教育内容有启蒙教育和传统的儒学教育，也有医学、律学、天文历法等专科知识教育。金代一些帝王、名人志士、官员等多出自家学。金代家庭启蒙教育比较兴盛。如金中期著名文士王庭筠，7岁从父兄学诗，11岁赋全题。金末契丹文人耶律履，在其夫人杨氏的大力协助之下教子有方，他的几个儿子耶律辨材、耶律善材、耶律楚材后来都成为博学多才之士。金代医学、数学、天文历法、律学、兵家武学等专科教育的传承主要由私学，特别是由家学来完成。如金熙宗时期的聊摄成公，世代学医，由于他“术业精通，而又有家学，注成《伤寒论》十卷”。又如张行简，在其父教育下博学广识，精通文史、天文、历法诸学，研制出天文仪器——星丸漏。

（2）女真贵族官僚家塾

金初，一些女真贵族官僚在家庭内设立私塾，专门聘请名师为自家子弟讲学，主要讲授儒学内容。金熙宗以后这种情形几乎不见记载，但皇族宗室子弟仍聘请有名望的汉儒为师，如海陵王曾延用张用直为太子之师。

（3）学者自设的私塾

这类私塾主要是汉族学者开设的。他们招收生徒，以此为生。金朝前期，宋朝赴金使节经常被扣留在金地，他们为了维持生计，有的开办了私塾，主要招收女真族学生。也有金朝汉族学者设立的私塾，这些学者有的是落第士人，有的是不肯入仕的隐士，还有游方医生，他们开办私塾以教授子弟为业。私塾主要教授儒学和医学、数学、法学等，教育对象主要是汉族学生，也有女真等其他民族学生。

（二）金代的科举制度

金代非常重视科举制度建设，建立了一套较为完备的、具有独特风格的选士制度。

1．金代科举考试制度的创建历程

金代在建国后不久就通过考试选拔人才了，但是那时还没有形成定制。当时开科取士依照宋、辽的旧制进行。1127年，金朝开始实行南北两选制。所谓“南北选”，就是在北宋故地按照北宋科举制度开科取士，称为“南选”，设经义、策论；“北选”是指在辽朝故地按照辽朝的制度开科取士，设词赋、经义两科。到海陵王当政时期，这种情况有了根本的变化。1150年，海陵王正式设立了殿试制度，把南、北两选合并为一，取消了经义、策论两科考试，改为只考词赋一科。至此，正式废止了南北两选制，统一了科举考试科目。1156年，又规定了考试的出题范围、考试时间、章程等，结束了数十年的过渡期，初步确立了的考试制度。此后，经过金世宗和金章宗两朝的不断完善，最终确立了完整的科考制度。

2．金代科举考试的科目和内容

科举考试的科目在不同时期有不同的设置，前后共有7个科目。

（1）词赋科

词赋科唐之进士科、宋之诗赋科、辽之词赋科。1156年规定词赋科的出题范围是五经三史，后来扩大了出题范围。所谓词赋，是一种散文与韵文相间的文体，讲究词藻、对仗、典故、韵律。金代词赋选举程文要求运用词赋技艺，紧扣试题，限以八韵，施以文彩，论说清楚。词赋考试科目包括赋、诗、策、论各一道。

（2）经义科

经义科大体上参照宋代，从《易》《诗》《书》《礼》《春秋》内出题，考试所治一经的经义 、策论各一道。经义科考试以经史为主，选拔经世致用人才，而攻读经史较难，生源不足，“文多肤浅”，录取亦少人数远远少于词赋科。

（3）女真进士科

女真进士科是金朝专门面向女真族子弟开设的进士科，是金代科举制度的一大特色。1173年，金世宗正式开设了女真进士科。考试内容一开始只考一道500字以上的策，免乡试和府试。后来又加了考论，因而女真进士科又称为“策论进士”。从考试科目来看，金朝统治者对女真族的要求比较侧重治国的方略，提高施政水平，并不十分强调文章辞藻。

（4）恩例

1191年，金章宗开恩例。凡诸进士、举人，由乡至府，由府至省及殿廷，凡四试，都能中选，则与之官。于廷试五被黜，则赐之第，谓之“恩例”。又儒臣有功和处士有学行而被荐举的，得特命及第，谓之“特恩”。

（5）经童科

经童科仿照宋代的童子科，选拔13岁以下的聪慧儿童。主要是考察应试儿童的背诵儒家经典及诸子著述的能力，就是完全考死记硬背的功夫。一开始，经童科及第后授予官职，后来不再授予官职，而是加以表彰后，推荐到太学或其他官学进一步深造。海陵王天德年间，废止了经童科。

（6）律科

律科，在法令内出题，府试15题，每五人取一人。1182年定制，会试每场15题，三场共通36条以上，以文理优、拟断当、用字切者为中选。后又试《论语》《孟子》小义一道。

（7）武举

金代的武举开始于金熙宗皇统年间，在金章宗时期确定考试制度。《金史·选举一》记载：“武举，尝设于皇统时，其制则见于《泰和式》，有上、中、下三等。能挽一石力弓，以重七钱竹箭，百五十步立贴，十箭内，府试欲中一箭，省试中二箭，程试中三箭。又远射二百二十步垛，三箭内一箭至者。

又百五十步内，每五十步设高五寸、长八寸卧鹿二，能以七斗弓、二大凿头铁箭驰射，府试则许射四反，省试三反，程试二反，皆能中二箭者。又百五十步内，每三十步，左右错置高三尺木偶人戴五寸方板者四，以枪驰刺，府试则许驰三反，省试二反，程试三反，左右各刺落一板者。又依荫例问律一条，又问《孙》《吴》书十条，能说五者，为上等。凡程试，若一有不中者，皆黜之。若射贴弓八斗，远射二百一十步，射鹿弓六斗，《孙》《吴》书十条通四，为中等。射贴弓七斗，远射二百五步，射鹿弓五斗，《孙》《吴》书十条通三，为下等。解律、刺板，皆欲同前。凡不知书者，虽上等为中，中则为下。凡试中中下，愿再试者听。旧制，就试上等不中，不许再试中下等。”

3．科举考试程序

金代科举考试程序分为4级，由下到上有乡试、府试、会试及殿试。乡试是州县一级的考试，也是最初级的考试，每年的三月二十日举行。乡试合格后，获得乡荐，可以参加府试。府试是京府一级的考试，通常在八月举行，府试合格后才有资格参加礼部主持的会试。府试分为汉人和女真两类。府试合格后，没有功名，但习惯上称呼府试合格者为“乡贡进士”。

会试是由礼部主持的全国性统考，是科举的第三级考试，通常在正月举行。会试合格的，可以参加御试，又称殿试，是由皇帝亲自主持的最高一级考试。殿试考试合格的可以直接授进士及第出身。金代尤其重视进士科，其中词赋进士地位最高，及第后的待遇也最优厚。金代进士头甲，最初是词赋、经义两科都称状元，所以有两个状元。

第三节　元代教育制度

元朝是中国历史上第一个由少数民族建立的统一的封建政权。蒙古族统治了人口数量和文明程度都远远超过自己的国家和民族，需要大批的统治人才来治理庞大的国家。出于安邦治国的客观需要，元朝统治者施行了尊孔崇儒的文教政策。元代的教育制度基本仿照了辽、金、宋等朝的旧制，并在此基础上进行了因地制宜的调整和创新。

一、元代的教育体系

元世祖和元仁宗对文化教育最为重视，在教育制度方面采取的举措也最多，逐步形成了一个完整的制度框架。学校教育形式主要有官学和私学。官学由中央官学和地方官学组成。私学则具有半官方或民间性质，主要有社学和乡塾学舍。

（一）元代的中央官学

1．元代中央官学的类型

元代的中央官学有3种类型：一是以汉文进行教学的儒学教育机构国子学；二是以少数民族文字进行教学的蒙古国子学、回回国子学；三是专业技术教育机构，如司天监、太医院等政府专职机构下属的专业学校。

（1）国子学

元代的国子学隶属于集贤院的下属机构国子监。集贤院是元代最高的教育行政管理机构。1287年，元朝设置了国子监。此后国子学和国子监相互分立，国子学主攻教学，国子监则成为教育行政管理机构。

1234年，窝阔台在燕京设立国子学。最初的国子学是一所蒙古贵胄学校。在1287年之前，国子学都没有固定的教学场所和师生名额，实际就是一种临时性的教学机构。1287年，在元大都北城的东部新建立了国子学，确定了教职人员的编制和生员名额，就此初步确定了国子学体制。新设的国子学将招生范围扩大到汉人和色目人，但拒收南人子弟。1302年，元成宗在上都设立了国子学分学，主要以入宿卫的四大怯薛子弟为招生对象，但并非常年开学，只在元帝巡幸上都时才开课，实际上是一种季节性教育活动。其后，国子学变得有名无实，直到1315年，元仁宗再次整顿和扩大国子学，国子学的制度才开始完备。

（2）蒙古国子学和回回国子学

蒙古国子学和回回国子学是和国子学并立的中央官学。忽必烈时，命国师八思巴创制了一种新文字（一般称为八思巴蒙古字。“八思巴蒙古字”这个称呼是19世纪以后学者才采用的，在元朝时称蒙古字或国字）作为统一的国家文字。为了推广蒙古国字，元世祖于1271年创设了京师蒙古国子学，教授蒙古文。起初，入学人数很少，于是，世祖下令百官子弟入学学习。之后，蒙古国子学的规模逐渐扩大。1309年，还招收伴读生40人。皇帝驾临上都时，在上都也开班教习蒙古字。

回回国子学于1289年创立，但不久便废除，直到1314年才恢复设置，还设立了回回国子监管理教学事务。回回国子学专门教授亦思替非文字（有的学者认为是波斯文，也有学者认为是古代波斯人所创造的一种特有文字符号系统及计算方法，用以书写政府税收事项），朝廷在翰林院配置了5名官员负责学校的管理事务。回回国子学设在京城，朝廷规定，蒙古、回回、汉人的官僚子弟和富民子弟都可以读这所学校，学业结束通过朝廷考试后，可补充到朝廷充任译史。

（3）专业技术教育机构

专业技术教育机构附属于专职政府部门之下，主要有医学提举司和司天监。医学提举司附设于太医院下1271年设，1276年罢，1277年又恢复，之后的情况不详。它既是教育机构又是教育行政管理机构，又负责医学著述的编辑整理和试验药材的工作。

元朝是中国古代天文历算最为发达的时代之一，天文、历算教育受到高度重视。1260年，仿照金人旧制设立司天监，专主宋、金传统天文历学；1271年，设立回回司天监，专主西域天文历学。司天监是主管天文、历算、阴阳、漏刻等业务的机构，教学职务有提学、教授和学正。司天监下设天文科、算历科、三式科、测验科、漏刻科等5个教学研究机构，定额75名学员。

2．元代中央官学的学官和学生

元代中央官学的教师和学生的名称和编制都是仿照宋、金的制度设立的。总体而言，元代的教师和宋、金朝相比，其地位低，数量少；学生的贵族化程度高，名额少。元代的中央官学在世祖朝之后长期不振，教师的设置也不稳定。国子监、国子学正式分立之后，国子监设立了国子祭酒1名，司业、令史各2名，监丞、典薄、译史、知印典吏各1名。国子学设立了主要负责教学和考试工作的博士和助教以及负责学规和监督课业的学正、学录。蒙古国子学的学官设置相对较少。

国子学学官的选拔条件较为严苛，与翰林官的选拔条件相当。国子学官必须要学识渊博，还要具备相当的社会声望和资历。国子学的生员要求也较严，不许南人子弟入学。国子生免除税役，并且国家还发放膳食津贴，还可以通过考试充任文吏令史之职。元代国子监还创设了伴读生制。伴读生是指正式生员之外的陪读生。伴读生的名额为20人，后来增加到40人。这些陪读生实际上发挥了教师助手的作用，便于学生日常的辅导和教育。这项制度开始于许衡任国子祭酒时，最早的12名伴读生都是许衡的学生，其中大部分人后来都成为元代的著名学者或位至公卿。蒙古国字学和回回国子学的生员情况和国子学大致相同，只是人数更少，有官僚子弟，也有平民子弟。

图8-4　元代首位国子祭酒、著名学者许衡画像

许衡有一则流传很广的故事。一天许衡外出，天气炎热，口渴难忍。路边有一棵梨树，行人纷纷摘梨止渴，唯许衡不为所动。有人问："何不摘梨止渴？"他回答："不是自己的梨，岂能乱摘！"那人笑他迂腐："管它是谁的梨。"许衡正色道："梨虽无主，我心有主。"

3．中央官学的教学考试制度

中央官学的教学内容主要是儒家经典著述。仁宗朝以后，科举考试以宋代理学诸家的注疏为主，因此教材也采用了理学家的注本。蒙古国子学将《通鉴节要》翻译成蒙古文当教材。回回国子学更加注重实用，主要学习语言文字。

（二）元代的地方官学

1．元代地方官学的类型

元代地方官学有3种类型，一是传统的儒学；二是诸路蒙古字学；三是科技教育学校，主要有医学和阴阳学。

（1）儒学

早在1261年，元朝便在各地路、府、州、县都设立了儒学，专门教儒家传统的经史和诗赋之学。1300年，元朝在各地儒学内设立了小学，形成了两级学制。

（2）蒙古字学

蒙古字学是专门学习蒙古语言文字的地方性教育机构。1269年，在新文字颁行的当年七月，政府就下令设立诸路蒙古字学，并颁行学制，命诸路、府官子弟及民间子弟入学。这时期的蒙古字学只限于路级行政单位。1295年，蒙古字学普遍扩大到府州级地区，但是发展很不平衡，有的往往流于形式。地方路、府、州蒙古字学学官有教授、学正、学录等职务。教学内容与蒙古国子学基本相同。

（3）科技教育学校

元代十分重视医学教育，医学学校是儒学以外数量最多、普及范围最广的学校。1262年，元朝开始在诸路正式设立医学，后来逐步扩大设置范围，府、州、县级地区也陆续设立了医学。

元朝在诸路设立了阴阳学，专门进行天文、历算和数术教育。最初范围仅限于江南及腹里一带，元仁宗延祐初年设立范围扩大到了府、州一级。

2．元代地方官学的教师和学生

元代地方官学的学官设置比较齐全，路、府、州、县的学官的名目也不同。路设教授、学正、学录各1名，散府、上中州设教授1名，路、府、上中州的最高学官是教授。下州设学正1名；县设教谕1名；书院设山长1名。地方学官分别隶属于中央和地方双重管辖，其中教授由朝廷直接任命，教授以下的学官由礼部、各行省、道台任免。

教师的选拔要通过严格的考试和举荐过程。未能通过礼部会试的乡试举人才有资格担任学正、山长；教谕、学录的担任资格是参加过乡试即可。教授的任命条件较为严格，要通过路、道及中央翰林国史院的三级考试才能过关。元代地方学官的品级偏低，但职责重大，既要主持教学工作，撰写进贺表章，又要主持所有吏员的出职考试。他们享有礼仪方面的特权。地方学官的俸禄不是朝廷统一发放的，而是从学校的学田收入中支出的。

地方学校的学生来源主要是儒户出身的子弟。儒户子弟入学是法定义务，必须有一名子弟入学读书。元代地方官学的学生分为两级，第一级的学生相当于待补生，没有学籍；第二级学生是第一级学生通过考试正式列入学籍，他们有资格参加岁贡考试，并且享受免差役和津贴的待遇。

（三）元代的私学

元代的私学教育方式比较灵活，教育内容也更加丰富，办学形式多样，教学质量也较高。

1．元代私学类型

（1）家塾、义塾类

这一类的私学在元代较为普遍，一般由富裕家族出资开办，教育家族及乡邻子弟。一些蒙古权贵或朝廷重臣也热衷于开办家塾义学，既能教育子弟又能招揽人才。如蒙古贵族千奴，在1318年致仕后在历山下设立了家塾，购置私田百亩，聘请名师教乡里子弟读书，朝廷赐“历山书院”匾额。

（2）非家塾性私人讲学形式

元代有一类私学教师，他们往往隐居山林，开门办学，以此谋生。这类人既有博学的著名学者也有以教书谋生的儒生，也有前朝遗士。例如号称“墙东先生”的江阴学者陆文圭，为南宋举人，南宋亡国后隐居城东讲学。

2．元代私学的教学内容

和以往历朝历代相比，元代私学的教学内容更加丰富，提倡博采众长。除了儒家的经史，还涉及天文、地理、数术、阴阳历法、医学、卜筮等学问。很多著名的私学家都以博学而见长。例如，著名的学者许谦就是以博学而闻名，他对天文、地理、典章、制度、食货、刑法、字学、音韵、医经、术数之学，无不精通；前文所述江阴学者陆文圭，博通经史百家及天文、地理、律历、医药、算数之学。

3．《程氏家塾读书分年日程》

1315年，元代著名理学家、教育家程端礼根据自己多年的教学经验，编成了《程氏家塾读书分年日程》一书。他作此书的目的，是依朱熹“读书明理”思想，纠正当时读书人“曾未读书明理，遽使之学文”“失序无本，欲速不达”的缺点，认为注重教学程序才能“使理学与举业毕贯于一”。全书共3卷。

这本书本是程端礼为私塾教育制定的一套教学程序和计划，但它的影响却远不止于私塾。元代国子监曾将此书颁行郡邑学校，明代诸儒读书亦奉为准绳，清代陆陇其曾刊刻此书以资流传。它对元代教育以及明清两代的私学、官学甚至书院都不同程度产生了影响，在中国古代教育史上具有一定的地位。

（四）元代的书院

元代的书院在数量和规模上基本和宋代相同，但与宋代最大的不同在于全面实行了书院官学化的政策，从而变成官学的一部分。

元代的书院是教育的重要组成部分，主要分布在江南地区，元代中前期北方地区的书院极少。但在元代中后期，北方逐渐建立起不少的书院，主要有燕京太极书院和河北长芦的中和书院。太极书院是蒙古入主中原后在北方创办的第一所书院，因为是由官方主持开办的，所以就具备了一定的官学性质。略晚于太极书院开办的中和书院则是私人出资经办的，是元代北方地区最早由私人捐建的书院。

元代书院的生存环境并不宽松。元军灭亡南宋以后，江南地区的书院遭受了一定的破坏。寺院、豪强也来侵夺、霸占书院财产，像著名的白鹿洞书院便毁于战火中，学田多被寺院占去；石鼓书院也在泰定年间被寺院侵夺了财产。

图8–5　白鹿洞书院门楼

官学化是元代书院的一大特点。这一点主要体现在将书院完全转变为郡县官学的一个组成部分，书院的学官也完全是由朝廷或各级官府统一任免的、吃国家俸禄的政府官员。许多地方的书院都采用了民间捐建、官方认可并由国家统一委任山长的形式，这一点是书院与一般郡县官学的不同点。所以，它没有国家统一的编制或生员名额，也不像一般的州县官学那样分布均匀。

（五）元代的端本堂教育

元代的端本堂教育也叫皇太子教育（或者叫作东宫教育），它是元代教育的一个重要组成部分。元代统治者十分重视其后代的教育问题，作为朝代接班人的皇太子的教育更是备受重视。元代建立了一套较完整的皇太子教育机构。1274年四月，元世祖建立了东宫。1307年七月，元成宗在东宫设置了太子太师、少师、太傅、少傅、太保、少保、宾客、左右谕德、赞善、度子、洗马、率更令、丞、司经令、中允、文学、通事舍人、校书、正字等官。1349年冬，元顺帝立端本堂为皇太子学宫。此外元朝还设立了詹事院，作为皇太子教育机构之一。元文宗天历年间，詹事院改为储政院。元代的皇太子教育机构由丞相负责。

1．端本堂的教师选用以及教学形式

在皇太子师傅的选拔这一重要环节上，元代统治者历来坚持选用博学鸿儒来充当太子师傅。元代聘请了许多高水平的名师，如许衡、窦默、姚燧、姚枢、察罕、相成、王恂、尚文、李好文、李谦、许有壬、刘因、李孟、阿怜帖木儿等都是杰出代表。端本堂在教学上采取了个别教学的形式。教学方法上比较重视因材施教，开发心智，注重能力的培养。同时，教师在教学中注重启发诱导，循序渐进。此外，元代的端本堂在教学上十分注意劳逸结合，课内与课外相结合。

2．端本堂的教学内容

端本堂的教学内容十分丰富，既包括儒家经典著述，又包括骑马、射箭、摔跤、打猎等军事体育教育，还包括天文、历法、算数、建筑学等专科教育。例如，元宪宗蒙哥就是一名杰出的数学家，他曾解答过《几何原本》一书中的若干图式，并试图建一座天文台；元顺帝妥欢贴睦尔被誉为“鲁班天子”，他自己设计制造了精美的龙舟和宫漏，设计了许多房屋住宅，并且通晓天文知识。元代端本堂教育的一个重要内容就是学习治国安民之术。此外，在端本堂教育中，或多或少渗透了一些佛学的内容。

端本堂教育主要是运用蒙汉两种语言、三种文字授课。第一种文字是国文，即帝师八思巴创制的蒙古新字。第二种文字是畏兀体蒙古文。在帝师八思巴创制蒙古新字之前，对皇太子是用畏兀体蒙古文授课。当时人们为皇太子教育翻译了许多教材，1292年，相威将《资治通鉴》译成蒙古文，赵壁用蒙古文翻译了《论语》《孟子》《大学》《中庸》。第三种文字汉文。

二、元代教育管理机构

元代的中央教育管理机构与以往历朝历代的体制有所不同，实行二元体制。集贤院是官学的最高管理机构，集贤院主管一般儒学和回回国子学。蒙古国子学由蒙古翰林院系统掌管。医学、司天监等专业学校隶属于专职政府机构。负责教育太子的端本堂归储政院管辖。地方最高教育行政单位是各行省的儒学提举司，道、路以下的府、州、县只设学校，不设专门的教育行政管理机构。

各行省的儒学提举司是地方最高的教育行政单位，全国11个行省都设有儒学提举司，主管所属地域的教育事务。最早设置的是江浙行省儒学提举司。此外，1281年，元世祖在江浙、湖广、江西三行省还设置了蒙古提举学校官，主管本省的相关教育事务，其他行省不设。元代地方教育的相关政策法令通常由中央政府机构（中书省）和行省台（御史台）、司（宣慰司）主持议定。

元代从建国初到1287年间，主要在南宋故地江南各道普遍设立了分道儒学提举司。首先由分道取代了路级教育行政机构，再由行省取代了分道教育行政机构。

路级提举学校官设立较早，早在1261年就颁布了相关政策。但是这个职务时而设置，时而废除，一直不太稳定，并且多为地方行政长官兼职，级别较低，管理范围只限路级行政单位。

三、元代教育经费的来源和管理制度

元代的教育经费主要依靠学田，有国家统一划拨学田、地方自筹资金购买学田或民间集资捐款等形式。元代教育经费的构成形式和来源基本和南宋相同，以学田、山地、池塘和房屋租佃的钱粮为主。南宋故地遗留的学田较多，所以江南地区的教育经费相对充足，而金朝遗留的学田较少，所以北方地区的教育经费比较紧缺。

元代的教育经费主要有三种筹集形式，第一是前朝遗产，主要是南宋和金代的学田；第二是官府划拨的田产；第三是私人捐赠的钱粮或田产，但总的来说较少。虽然政府多次明令禁止侵夺学校田产，但各地寺院、豪强以及官府抢占学田、校舍以及豪民租种学田拒不缴纳租粮等恶劣情况仍然经常发生。

在教育经费管理方面，元朝采取了一系列措施。政策上，颁布政令维护学田产权，明确了学官对学田的管理责任，各级学校还设置了专门管理钱粮的官吏。还设立了专门的经费管理机构兴文署来加强对学田的管理。此外，还建立了严格的财务制度。

四、元代的科举考试制度

自隋唐以来历朝历代统治者都极为重视的科举考试制度，到了元朝沦为微不足道的一项制度。元朝的人才选拔主要通过怯薛入官和吏员出职（官吏脱离吏职，出任官职）两个途径来实现，通过科举考试选拔的官吏占很少一部分。元代上层官僚基本都是由蒙古怯薛子弟世袭入官，也有色目贵族和少数汉族勋贵。中下层官员则通过吏员出职考试选拔人才。

科举考试在元朝经历了非常曲折的过程。在元朝统治的近百年间，科举三兴三废，可谓中国教育史上一个奇特的现象。元太宗窝阔台汗初定中原，于1237年推行了较简略的科举考试，由于蒙古权贵的激烈反对，在试行一年之后便废止。直到1313年，元仁宗才正式恢复了科举制度。次年八月，全国郡县在各地举行乡试，1315年二月会试，这是元朝建国后第一次举办科举考试。到1333年，元朝共举行了7榜考试，之后科举考试再次被废止。第三次是在1342年，元顺帝恢复科举考试。这次恢复之后共举行了8次考试，到1366年停止。

元代科举考试的内容采用了唐宋以来的一般模式，兼采诗赋、经义诸学，其中经学方面主要以程朱理学为基本依据。初次举行科举考试时期（窝阔台汗时期），考试程式简便，内容分经义、论及辞赋三科。元仁宗时期对考试内容做了详尽的规定，取士宗旨是注重实务，重德行、尚经术、斥浮华，主要考试内容是经学，当时理学被认为是实用之学，因此尤以理学为重。考试分为乡试、会试、御试三场，层层递进。元代的乡试主要在河南、陕西、辽阳、四川、甘肃、云南、陕北、征东、江浙、江西、湖广等11个行省，河北、山东宣慰司，真定、东平、大都、上都等4个直隶省部路。由此可见，元代乡试的范围非常广，在一些边远行省也设立了考场。

图8-6　内蒙古自治区锡林郭勒盟出土的元代“五子登科”画像石（内蒙古博物院藏，刘洪洋／摄）

元代科举考试分两榜，蒙古人、色目人一榜，考试内容较简单，考两场；汉人、南人一榜，考试内容相对较难，考三场。元代后期，在乡试一级开设了寓试科，是专门针对逃避兵患而流离在外的士儒开设的考试。元代总共举办了15次科举考试，共录取了1061人，录取人数最多一次达到了百人。值得注意的是，元代科举考试没有武举和翻译科，相比之下，后来的清朝一直重视武科和翻译科。这可能是因为，元代通过科举考试出任官职的官员占很少的比例，武举和翻译人才可能通过其他途径来选拔。元代占官员总数90%以上的官员都是通过“吏员出职”这一途径来实现的。

第三节　清代的教育制度

满族建立的清朝是我国历史上第二个由少数民族建立的大一统的封建王朝。清朝历代统治者一贯地采取了“软硬兼施”的文教政策。清朝建立之初，为了体现其政权的正统性，统一全社会思想，一方面大力推崇儒教，提倡理学，树立尊儒崇道的思想风气；另一方面又对汉族士人实行笼络并压制的政策，在加强官学、开科取士、振兴教育的同时实行文化专制，大兴文字狱，有力地控制着广大士人的思想和言行。中国古代教育发展到清代已经走到其历史的最后阶段，这一时期的教育制度集传统教育制度之大成，达到了高度完备地程度。

一、清代的教育管理体制

清朝沿袭了明朝旧制，礼部是最高的教育管理机构，礼部仪制清吏司专门主管教育和科举。礼部掌管地方学校（府、州、县学）和科举考试事务，主要通过学政一职来管理地方教育事务。每省各派出一名学政，主管一省的学校（包括府州县学），主持童试和岁科考试，考核教官。

清代的国子监不归礼部管理。1725年，国子监正式从礼部独立出来，皇帝特派大臣主管，直接向皇帝负责，但招生和学生出路的事务仍归礼部管理。国子监是国家最高学府，主要负责教学事务，还负责有关全国文教的重大礼仪活动。国子监最高长官是管理监事大臣，由皇帝特派；国子祭酒则掌管国子监日常事务。国子监的六堂（率性、修道、诚心、正义、崇正、广业）主要负责汉族士子的具体教学。六堂以外还设立了八旗官学、算法馆、俄罗斯学馆、琉球学馆等4个特殊教育机构。国子学负责监督这些特殊教育机构的具体教学活动，不做过多的干预。国子监还设有后勤管理机构，负责管理国子监的档案文书、书籍、经费等。

清代负责皇亲贵族子弟教育的机构有宗人府（下设宗学、觉罗学、盛京宗学、盛京觉罗学）、内务府（下设景山官学、咸安宫官学、东陵官学、景陵官学、福陵官学）、理藩院（下设蒙古官学）。这三个机构各自管理各自所辖学校，直接向皇帝负责。

二、清代的教育体系

清代的官学教育体系由国子监、满族官学和地方官学组成。

（一）清代的中央官学——国子监

国子监（即太学）是清朝最高学府。国子监既是教育机构又是管理机构，八旗官学和算学归国子监管辖，其他学校不归国子监管理。清朝国子监与前朝相比，更偏重于为科举考试服务，是专门培养官僚后备人才的机构。

国子监的生员有贡生和监生两种。贡生是各地官学选拔出来上贡朝廷的学生。监生是国子监自行招收的学生。贡生分为岁贡、恩贡、拔贡、优贡、副贡、例贡等6种。监生有恩监、荫监、优监、例监4种。国子监的生员范围更广泛，没有身份限制，包含了官宦子弟到百姓子弟的各阶层人员。清朝自顺治年间开始实行了捐纳制度，允许生员通过捐银两或粮食入国子监学习，其中捐生的价格为银108两，贡生的价格为银144两。捐纳监生逐渐成为清政府增加财政收入的途径之一。国子监生有多种出路，通常有候选地方官职、考定职衔和参加科举考试3条途径。对大多数生员来说参加科举考试是最好的出路。

图8–7　建于的1784年国子监辟雍殿

国子监的教学活动有讲书、自习指导、考试等形式，从内容到形式都模拟科举考试，可以说国子监是科举考试训练机构。国子监的教学单位是六堂（率性、修道、诚心、正义、崇正、广业），相当于现代的6个班级，每堂由1名助教、1名学正或学录负责教学和管理。国子监的教学内容有《四书》《五经》《性理》《通鉴》等诸书。国子监的教学有讲书和自习两种。讲书相当于现代的上课，讲解四书五经，学生要对内容熟读背诵，理解其含义。自习是一种补充的教学形式，学生根据自己的喜好，选修经义或治事，分别写读书笔记，交由助教批阅；也有必修的内容，就是临摹名帖、读八股文等。国子监的“课”并非上课的意思，而是指考试，有大课、月课、堂课、季考、小课等。总的来说清代的国子监的讲课次数减少了，而考试次数增加了，基本上每月只讲4次书，考4次，此外还有3次开卷考试。

（二）国子监算学馆、天文生

1734年，在钦天监附近专门设立了算学馆，主要培养天文、历法所需的算数人才，算学馆的学生名额60名，5年为期。清代算学馆主要是为钦天监培养基础人才的，算学生大多数都考取为钦天监天文生。天文生的培养工作不属于国子监，但是与算学馆教育构成统一的两级体制。钦天监的天文生是较高层次的学生，也比官学生享受更高的待遇。天文生的来源有两种：算数生和钦天监内的“世业子弟”（子传父业）两种。天文生分别在钦天监的时宪、天文、漏刻3个科中学习。

此外，国子监还设有留学生教育机构俄罗斯学馆和琉球学馆，负责教育俄罗斯、琉球国派来的学生，教学内容以讲读经史为主，也有学习古诗文的。

（三）清代的地方官学——府、州、县学

清代的地方官学教育体系由府、州、县学构成。学政是各省官学的总负责人，每省设一名学政，管理本省学校事务，主要是巡视各地，主持岁、科考试和考核教官。学政归礼部管理，三年一任。各级官学的具体教育活动则由各级教官负责实施。

清朝各地官学的招生数量都不同，而且招生名额增加得很缓慢。各地官学生除了出贡（被选拔为贡生），最大的出路是参加科举考试。清代建立了一套严格的地方官学管理制度，包括对学政、教官和生员的管理规定和各项学规和禁令等。

清代地方官学的课程极少，重点都放在考课上。清初，地方官学只有季考（三月一次）月课，考完即散学。1723年，清朝加强了对生员的管理，规定新生员必须住校，如有家贫不能住校的也要每月定期考校。清朝非常重视对地方官学生员进行法律教育，特别设置了给生员讲解清律的课程，专门讲解《大清律》。1735年，清朝进一步严格了讲解律例制度，把它作为教官的考核内容之一。地方官学还有一项重要的活动，就是诵读卧碑等圣旨，以进行政治教育。只是到了嘉庆以后，诵读卧碑和宣讲律例变得难以维持。总的来说，清朝地方官学生员在校的主要活动就是参加考试和听政治、法律的讲解。文化知识几乎全部靠自学，教材有清朝皇帝的文集和谕旨，经书讲解和集注、《十三经》《二十一史》《三通》及其他常用的文史类图书和常用的工具书，如《康熙字典》等。教材的发放过程是先把样书发到各省，再由各地官府刊刻，由书商或官府发行。

地方官学的入学考试是童试。未取得生员资格的士子，不论年龄大小，都统称为“童生”。童生要入学就得参加童试。童试每三年举行2次。童试包括县试、府试和院试三级考试，每一级考试又包括正考和复试。童生要想成为地方官学生员就要逐级参加县试、府试、院试，最终通过院试的就能成为地方官学生员。县试由知县主持，府试由知府主持，院试则由学政主持。童试的考题数量、次序安排等方面完全模仿科举考试。

地方官学的主要教学活动是季考月课。月课就是每月初一出题考试，考试内容包括经解、策论。季考就是每三月一次考试，考四书五经文章。

地方官学的岁科考试由学政主持，每三年举行一次岁试和科试。对童生来说，岁试和科试是入学考试；对于生员来说，岁试是升降级考试，科试是科举前的资格考试，用以选拔参加科举考试的生员。除了上述考试，还有拔贡（每12年举行一次）与优贡（报送优等生员到国子监）考试和武生童的考试。

（四）清代的旗学、卫学、商学、苗学

清代除了在全国府、州、县设立官学，还在东北、西南边陲和驻防、屯垦地区设立了官学。有专为八旗满洲、汉军、蒙古生员开办的旗学，在驻防地设立的卫学，专为商人子弟设立的商学以及在西南少数民族地区设立的苗学。

旗学的教学内容有的以汉文和八股文为主，有的以满语和满汉互译为主，蒙古旗学则学习蒙古语和蒙古语、满语互译。旗学主要是为了解决八旗子弟的教育问题而设立的，虽然旗学时兴时废，但是总体上逐步向着地方官学制度发展的。

卫学早在清初便设立了，规定每卫有廪膳额（享国家伙食补贴的生员）10名，设立了教授、训导，管理教学。后来清政府根据实际情况将部分卫学并入相近的府州县学中，也有的独立开办，由就近州县学教官监管。

商学的生员资格有严格的限定，只有在外经商不能回原籍应试的商人子弟才能入商学。

苗学是指在西南少数民族地区的府州县学中专门为当地少数民族子弟设置的学额。苗学的招生对象主要是土司子弟，也包括苗族、瑶族等少数民族平民子弟。

（五）清代满族官学

清代满族官学是朝廷在中央官学和地方官学以外专门为满族及蒙古贵族和归附于满族的汉军所设立的学校。

1．八旗官学

清代八旗包括满洲八旗、蒙古八旗和汉军八旗，八旗官学就是为教育这些八旗子弟而开设的学校，主要是培养精通满、汉语和翻译人才。八旗官学是满族官学体系中开办最早、规模最大、影响最广的一所学校。

行政上，八旗官学隶属于国子监。国子监主要是通过国子祭酒、司业每月的巡查和博士厅的监督来监督其教学质量。日常教学由助教自主安排。每旗设立一所学校，底下设立6馆：满馆、蒙古馆各1所，汉馆4所；有满助教2人，蒙古助教1人、满教习1人、蒙古教习1人、汉教习4人、弓箭教习1人。日常事务由助教全面负责，助教由进士、举人贡生以及各部院笔帖式通过考试来录选。教习负责实际教学工作，主要由国子监五贡和新进士通过考试来充当。

与一般学校不同的是，八旗官学子弟入学后必须每天上学，有严格的上学规定。课程有满语文、蒙古语文、汉语文和弓箭骑射，满馆教授满文翻译；汉馆教授经书、作文；蒙古馆教授蒙古文。教学方法以讲书、背书、练字、骑射为主。弓箭、骑射是六馆的公共课，13岁以上的学步箭，16岁以上的学骑射。学生的待遇略低于国子监生。学生的出路是参加乡试、会试当官或者考取中书笔帖式、库吏或者各馆的翻译等官吏。八旗官学实行比一般学校更频繁地考课。

2．宗学、觉罗学

宗学是专门培养清朝贵族的学校，于1724年正式建立。满洲八旗左翼

（镶黄、正白、镶白、正蓝）和右翼（正黄、正红、镶红、镶蓝），每翼各设立一满学、一汉学，主要招收王、贝勒、贝子、公、将军未满18岁的闲散子弟入学。每个宗学都由一名王公来总管宗学事务，还设立总管2人、副总管8人，每天轮流在宗学值班。左右两翼宗学的定额都是100名。课程有满文、汉文和骑射三种，但是时常叫停汉文教习。宗学学生享有优越的学习生活条件，学业完成以后可以直接跳过乡试和会试，直接参加殿试得官。

清朝还专门设立了教育皇室旁支亲属子弟的教育机构——觉罗学。因为觉罗子弟人口众多，不能全部入宗学学习，所以清政府在每旗设立一衙门，在各衙门旁设立了觉罗学，由衙门管理。除了在家学习的觉罗子弟，8～18岁的子弟都可以进入觉罗学学习，学习内容和宗学相同，待遇也和宗学相同。但是出路有所不同，他们要参加乡试和会试，也可以考取笔帖式等官。

此外，清代还有内务府开办的景山官学和咸安宫官学，专门培养内务府三旗佐领、管领子弟。此外，还在盛京左右翼八旗设立了官学和宗学。还设立了满族义学，是专门为贫民子弟设立的免费学校。满洲、蒙古每一参领下开设一所义学，招收12岁以上的孩童入学，学习满语、骑射和伦理，蒙古子弟还学习蒙古语。

满族官学覆盖面较广，遍及京师和东北地区，从皇亲贵族到普通八旗子弟，包括贫寒八旗子弟在内都可以入学学习。清代以“国语骑射”为满族教育的基本方针和主要内容。清朝统治者害怕八旗子弟参加科举，不再重视满语骑射，染上崇文轻武的习气。清朝的这一指导思想贯穿于清代满族教育的始终。

（六）八旗蒙古官学

八旗蒙古随清军入关后进驻京城或分散在全国各地驻防。清朝历来很重视这批蒙古人的教育。在清代所设的各种官学、义学中，除宗室学、觉罗学，上至最高学府太学（国子监），下至各种官学、义学、书院，都有八旗蒙古子弟就读。在这些学校中，以蒙古官学最具特色。蒙古子弟最为集中，开设的课程也不同于其他学校。这些八旗蒙古官学大致划分为京师八旗蒙古官学、各驻防地蒙古官学。此外，清朝还设立了一些专门性的蒙古官学来培养专业人才。

1．京师八旗蒙古官学

八旗蒙古人多数在京师驻防，清朝在京师各参领、佐领内设置了义学、官学。

蒙古义学是清朝在八旗蒙古最基层单位佐领一级设立的学校，从1691年开始，到1758年停止办学。这是专门为10岁以上各佐领内的蒙古兵丁子弟学习满语、蒙古语和骑射、步射技能而开设的学校，具有启蒙性质，每佐领设1所。

蒙古清文学，也称为蒙古清文义学。这类学校始设于1729年，以学习满文为主（满语在当时叫作清文），还学伦理和骑射。每参领内设1所，每旗有2个参领，八旗共16所。教习必须通晓满语、蒙古语两种语言。凡12岁以上的蒙古各旗闲散勇丁（除少数官员大臣子弟在各官学、礼部义学学习或者在家学习者）全部入学。

八旗蒙古官学是设在旗一级而不是参领、佐领或驻防地的官学，主要在京师驻防地，也称八旗蒙古语学。每旗设1所，共8所。1723年设立，1728年裁撤。学生来源是每佐领中选一人入学（雍正初年八旗蒙古共有204个佐领）。主要学蒙古文、蒙古语，定期考试，成绩优异者补录各部院蒙古笔帖式。八旗蒙古官学裁撤后，部分学生补国子监蒙古官学之缺。

1644年，清朝设立八旗官学，隶属国子监，每旗官学设有六馆，其中蒙古馆1所，蒙古官学生基本都在蒙古馆。顺治年间，蒙古管学生名额有二三百名，后来雍正年间改为每旗八旗官学名额共100名，其中蒙古学生占20名，八旗总共160名。蒙古馆主要学习蒙古文和翻译，骑射和步射，13岁以上的学步射，16岁以上的学骑射。也有月课、季考、春秋会考和祭酒、司业的不定期抽验等多种形式的考试。蒙古馆学生的出路大约有以下几种：一是被选入唐古特、托特、咸安宫蒙古学等教育机构学习。二是补各部院蒙古官缺，通过考试也可被录用为各种小京官。三是参加科举谋仕途。

2．各驻防地八旗蒙古官学

除了在京师创办八旗各类蒙古官学，清朝在盛京、黑龙江、吉林、热河、绥远城等驻防地都设立了官学。这些蒙古官学规模较小，人数也较少。

绥远城八旗蒙古官学于1743年设立，土默特旗左右两翼各设1所。起初以蒙古文翻译课程为主，后来增加了满文、满语课程。1772年裁撤，改设满蒙五学，即塾、舆、校、庠、序五学，其中塾学为蒙古官学，其余均为满洲官学。1785年，五学被合并到新设的绥远城满汉翻译官学中，取消了蒙文课程而专习满汉文翻译。

到清末，清朝在归化城土默特地区陆续设立了土默特蒙古官学、土默特小学堂、土默特蒙养学堂、绥远城中学堂和武备学堂等多所蒙古官学，在此不做介绍了。

清朝还在热河、吉林、盛京等地分别设立了热河八旗蒙古官学、吉林八旗蒙古官学、盛京八旗蒙古官学。热河八旗蒙古官学设立于1828年，学校规模较小，定员20名。吉林八旗蒙古官学设立于1741年，学生数量很少，学满文、蒙古文和骑射，清末与吉林清文官学一起合并为吉林满蒙高等小学堂。盛京八旗蒙古官学的记载很少，1908年改称为奉天蒙文高等学堂。

由此可见，清代八旗蒙古官学非常重视蒙语、满语和翻译，同时还重视骑射技艺的学习。这些蒙古官学到了清末都被纳入了新学系统，办学形式和内容都有所变通，成为近代民族地区教育的前身。

3．专门性的蒙古官学

除上述京师八旗蒙古官学、驻防地八旗蒙古官学，清朝还设立了一些专门性的蒙古官学。咸安宫蒙古官学设立于1748年，由理藩院管理。主要是学习蒙古文经书、阿里嘎里字和蒙古文翻译。唐古特学是专门培养藏语人才的学校，隶属于理藩院。该学专门招收蒙古子弟，学习藏文和藏文翻译，学生主要自咸安宫蒙古官学、国子监蒙古官学生中挑选。托忒学规模较小，主要学习托忒文（蒙古卫拉特人创制的一种蒙古文）。

除了在京师和各驻防地设立八旗蒙古官学，清朝还在新疆、青海及漠北科布多、乌里雅苏台、库伦、车臣汗部、土谢图汗部等地区也都设立了官学。

以上便是清代地方官学的基本情形。和以往朝代相比，清代地方官学的覆盖范围更广，从东北边陲到西南少数民族地区都设立了官学。

（七）清代书院

清代书院有别于官学，它独立于中央和地方官学体系，自主自办，自由讲授和研究学问。但是，清代的书院已有官学的某些特征和向官学发展的趋势。早在元、明时期，书院便有了官学化的趋势，到了清代这个发展趋势更明显，官学化程度更高了，这主要是因为朝廷和地方政府对书院事务的干预更加强了。

大体上，以教学内容和方法来划分的话，清代书院有理学书院、博习经史训诂词章的书院和考课式书院三种类型。理学书院的教学内容以理学家的道德修养为主，教学方法沿用了明代的会讲方式。

博习经史词章的书院，顾名思义就是以钻研经史、训诂、词章为主，少讲甚至不讲理学，不学科举之文。典型的有清代著作家、刊刻家、思想家阮元于1800年建立的诂经精舍和于1824年建立的学海堂，开创了钻研经史，不讲科举之文的书院教学模式。考课式书院是指单纯或主要以考课为教学形式，以训练写八股文，参加科举考试为办学目的的书院，清代这一类书院占多数。

清代书院内部管理人员有山长、监院、首事、书办等。山长（又称为院长）负责教学事务，一般要求德才兼备，有一定的学识、资格和出身。监院、首事负责书院日常行政事务。书院有较完备的学生管理制度。官员出资兴办书院是办书院的主要方式，朝廷拨款的情况极少。士民独资兴办的书院较少。

（八）清代的蒙学

蒙学是指古代的启蒙教育，有社学、义学和私塾三种。社学早在元、明两朝就有，清中期以后逐渐衰落。义学是专门为贫民子弟设立的学校，有官办的，也有民办和官民合办的，在清代少数民族地区比较普遍。私塾是私人开办

图8-8　诂经精舍、学海堂的创始人阮元像

阮元（1764—1849），字伯元，号芸台、雷塘庵主，晚号怡性老人，籍贯江苏仪征人，1789年中进士，历乾隆、嘉庆、道光三朝，官至湖广总督、两广总督、云贵总督、体仁阁大学士、太傅，谥文达。他是著作家、刊刻家、思想家，在经史、数学、天算、舆地、编纂、金石、校勘等方面都有着非常高的造诣

的，是城乡广大儿童接受启蒙教育的主要形式。蒙学教授儿童识字，进行阅读和写作训练。

三、清代的科举制度

清代仿照明朝旧制，建立了科举考试制度。清代科举的主要科目是进士科，此外还有专门为满族士子设立的八旗、宗室科举考试和翻译科，也有不常设的恩科、制科。下面主要介绍清代进士科。

（一）进士科

进士科包括乡试、会试和殿试3级考试。乡试是最初级的考试，在省一级范围内举行，每三年一次，考中者为举人，就有资格参加会试。会试是由礼部主持的全国性的考试，三年一次，会试通过者称为贡士。贡士参加殿试，殿试是最终级考试，由皇帝主持。

乡试的考生来源有生员和监生。生员就是各府州县学学生，他们只能参加本省的乡试；监生除了本省的乡试，还能参加应天府乡试。乡试报考有名额限制，主要根据该地区历年参考人数的多少来确定，一般大省80名，中省60名，小省50名。会试的考生是举人，没有名额限制。乡会试正、副考官由皇帝选任，会试考官资格比乡试要高。乡会试制定了严格的考场制度，考场规则制定得特别详细，考生入考场前、入考场后都要接受各项严格的检查，要严格遵守考场规则。

清代乡会试分3场考试。第一场，考四书制艺题3道、五言八韵诗题1道；第二场五经、制艺题各1道；第三场策文题5道。八股文的最大特点是有规定的

图8-9　1888年时的江南贡院明远楼和一排排的考棚

江南贡院位于今南京市，又称南京贡院、建康贡院，是中国历史上规模最大、影响最广的科举考场。始建于1168年，经历修缮扩建，到明清时期达到鼎盛。清朝同治年间，仅考生号舍就有20644间，可接纳2万多名考生同时考试。

写作格式和一系列清规戒律，写作内容有严格的规定。乡会试的阅卷工作由正、副考官和同考官担任，同考官先将所有的试卷都看一遍，找出佳卷，推荐

给正副考官，正副考官阅读推荐的佳卷，决定去留。清代制定了严格的阅卷规则，以防止考官舞弊。最终录取名额严格平衡各种因素，要考量地域、阶层等因素，使各地各阶层士子都有入仕的机会。

图8-10 中国科举博物馆（江南贡院）内的号舍

号舍是科举乡、会试中供考生答题、住宿的考棚。贡院两旁建号舍，以数十间、百间为一列，形如长巷，每巷用《千字文》依次编号。号舍每间高六尺、深四尺、宽三尺，仅容一人起坐。

贡士还须要通过最后两道考试——殿试和朝考。殿试是最高一级的考试，一般只排名次，不淘汰。1789年，清朝固定了殿试场所，规定殿试在保和殿举行。殿试考题，起先由内阁预拟，再由皇帝钦定。乾隆年间改由读卷官（类似于乡会试的考官）预拟8条，再由皇帝选定。最初，殿试的考题有3项，后来增加到4项。朝考与功名无关，专为选拔庶吉士和任命官职而设。新进士中擅长文学书法的，入教习馆学习清书和汉书，称为翰林院庶吉士，三年后散馆，考试优良者，分别授予翰林院编修、检讨等职，其余的分到各部任主事等职。

（二）其他考试科目

进士科以外，清代还有武科举、制科和专为满洲士子设立的科举考试。武科考试三年一次，分乡试、会试和殿试。考试分3场，首场马射，二场步射技勇，这两场主要测试考生的武艺和体力；第三场考文化知识。武科的考生包括各省武生和绿营兵丁等。制科是常科以外的特殊科目的考试，清代进行了3次博学鸿词科。博学鸿词科主要是录取博学多才又有一定社会影响的高水平人才，简单来说就是搜罗没有入仕的社会名流，采用推荐和考试相结合的录取方法。

（三）八旗宗室科举与翻译科

清代为八旗、宗室和蒙古子弟特设了一套科举考试制度，以培养和选拔满蒙民族人才。清朝统治者积极鼓励宗室子弟努力进学，以各种方法和规制要求宗室子弟参加科举，同时又担心宗室成员过多习读经书而丢失本民族的传统文化，又认为宗室子弟可以从多条途径获取官职，不必求取科举一途。在统治者自相矛盾的这种心理下，八旗宗室科举时兴时废。八旗宗室科举也分为乡试、会试。参加乡试、会试者先试马、步箭、骑射，合格才能参加考试。而文化考试也仅限于国语（满语）范围，明显不同于汉人的考试内容，而且要浅易得多。

翻译科是满族科举的一个特定的科目，它是有清一代科举考试与以往历代相比较具有突出民族特点的考试科目。考试内容有满洲翻译和蒙古翻译，满洲翻译以满文译汉文或以满文作论；蒙古翻译以蒙古文译满文。翻译科也分乡试、会试。翻译科对宗室子弟较为宽松，乡会试都只考1场。翻译科考生包括八旗满洲、蒙古、汉军翻译生员、贡生、监生、天文生和中书、七八品笔帖式及小京官，这些人都可以参加翻译科考试，但是有一个重要的前提条件，就是马步箭考试合格才能参加翻译科考试，这是清朝统治者为了保持本民族的骑射传统文化而采取的措施。

以上就是清代科举考试制度的主要内容了。清代统治者制定了很多严格细致的制度来尽可能地确保科举考试的公平公正。但是，到了清代，实行了1000多年的科举考试制度也积累了种种不可克服的弊端。总而言之，清代教育制度具有终结性特征，在中国教育制度发展史上占有独特的地位。

总结起来，所谓得天下易，治天下难，马背民族入主中原，建立统治政权，本是一件异常艰难的过程，而如何稳定、有效地实行统治，是他们共同面临的巨大难题。这些北方游牧民族可谓都是马背上得天下，却不能在马背上治天下。对此，他们有着清晰的认识。今天我们一同回顾这些马背民族走过的历史足迹，不难发现，他们都是非常优秀的“学生”，善于学习，善于创造，善于创新。他们积极向文化教育水平远高于自己汉族学习，在充分利用前朝旧制度的基础上，进行了各项制度建设，使其不断健全和完善，他们的教育制度建设便是如此。虽然这些马背民族建立的教育存在着很多弊端，但是确为中国古代教育的发展做出了重要贡献。

参考文献

一、史料

1. 司马迁. 史记[M]. 北京：中华书局，1982.
2. 班固. 汉书[M]. 北京：中华书局，1962.
3. 范晔. 后汉书[M]. 北京：中华书局，2000.
4. 魏收. 魏书[M]. 北京：中华书局，1997.
5. 房玄龄. 晋书[M]. 北京：中华书局，1996.
6. 令孤德棻. 周书[M]. 北京：中华书局，1971.
7. 李百药. 北齐书[M]. 北京：中华书局，1972.
8. 李延寿. 北史[M]. 北京：中华书局，1979.
9. 魏徵. 隋书[M]. 北京：中华书局，1997.
10. 刘昫，等. 旧唐书[M]. 北京：中华书局，1975.
11. 欧阳修，宋祁. 新唐书[M]. 北京：中华书局，1975.
12. 薛居正. 旧五代史[M]. 北京：中华书局，1976.
13. 欧阳修. 新五代史[M]. 北京：中华书局，1974.
14. 脱脱. 宋史[M]. 北京：中华书局，1974.
15. 脱脱. 辽史[M]. 北京：中华书局，1974.
16. 脱脱. 金史[M]. 北京：中华书局，1974.

17. 宋濂. 元史[M]. 北京：中华书局，1976.

18. 张廷玉. 明史[M]. 北京：中华书局，1974.

19. 赵尔巽，等. 清史稿[M]. 北京：中华书局，1998.

20. 司马光. 资治通鉴[M]. 北京：中华书局，2013.

21. 叶隆礼. 契丹国志[M]. 北京：中华书局，2014.

22. 蒙古秘史[M]. 北京：中华书局，1956.

23. 额尔登泰，乌云达赉. 《蒙古秘史》校勘本[M]. 呼和浩特：内蒙古人民出版社，1980.

24. 蒙古秘史[M]. 余大钧，译注. 呼和浩特：内蒙古大学出版社，2014.

25. 满文老档[M]. 北京：中华书局，1990.

26. 钦定八旗通志[M]. 长春：吉林文史出版社，2002.

27. 道森. 出使蒙古记[M]. 吕浦，译. 周良霄，注. 北京：中国社会科学出版社，1983.

28. 多桑. 多桑蒙古史[M]. 北京：商务印书馆，2013.

29. 拉施特. 史集[M]. 余大钧，周建奇，译. 北京：商务印书馆，2014.

30. 米尔咱·马黑麻·海答儿，译. 中亚蒙兀儿史——拉失德史[M]. 新疆社会科学院民族研究所，译. 乌鲁木齐：新疆人民出版社，1983.

31. 徐珂. 清稗类钞[M]. 北京：中华书局，2010.

二、专著

1. 林幹. 匈奴史[M]. 呼和浩特：内蒙古人民出版社，1979.

2. 林幹. 突厥史[M]. 呼和浩特：内蒙古人民出版社，1988.

3. 林幹. 回纥史[M]. 呼和浩特：内蒙古人民出版社，1995.

4. 林幹. 中国古代北方民族通史[M]. 呼和浩特：内蒙古人民出版社，1998.

5．林幹．匈奴诸王牧地考[M]//林幹．匈奴史论文选集（1919—1979）．北京：中华书局，1983．

6．周伟洲．敕勒与柔然[M]．桂林：广西师范大学出版社，2006．

7．卢勋，萧之兴，祝启源，等．隋唐民族史[M]．成都：四川民族出版社，1996．

8．《中国北方民族关系史》编写组．中国北方民族关系史[M]．北京：中国社会科学出版社，1987．

9．江上波夫．骑马民族国家[M]．东京：东京平凡社，1986．

10．杉山正明．游牧民的世界史[M]．北京：中华工商联合出版社，2014．

11．刘迎胜．丝路文化·草原卷[M]．杭州：浙江人民出版社，1996．

12．申友良．中国北方民族及其政权研究[M]．北京：中央民族大学出版社，1998．

13．项英杰，等．中亚：马背上的文化[M]．杭州：浙江人民出版社，1993．

14．武沐．匈奴史研究[M]．北京：民族出版社，2005．

12．陈永生．西夏法律制度研究[M]．北京：民族出版社，2006．

16．王雄．辽夏金元史徵·西夏卷[M]．呼和浩特：内蒙古大学出版社，2007．

17．其木德道尔吉．辽夏金元史徵·金朝卷[M]．呼和浩特：内蒙古大学出版社，2007．

18．叶新民．辽夏金元史徵·元朝卷[M]．呼和浩特：内蒙古大学出版社，2007．

19．刘美云．十至十三世纪北方游牧民族探析——辽金历史地位刍论[M]．北京：中国文联出版社，2006．

20．奇格．古代蒙古法制史[M]．沈阳：辽宁民族出版社，1999．

21．张晋藩．清朝法制史[M]．北京：中华书局，1998．

22．张碧波．中国古代北方民族文化史[M]．哈尔滨：黑龙江人民出版社，2001．

23．晓克．草原文化史[M]．呼和浩特：内蒙古教育出版社，2007．

24．胡泊．蒙古族古代军事史[M]．沈阳：辽宁民族出版社，2004．

25．马长寿．乌桓与鲜卑[M]．上海：上海人民出版社，1962．

26．乌云毕力格，成崇德，张永江．蒙古民族通史[M]．呼和浩特：内蒙古大学出版社，1993．

27．李龄．元代社会经济史稿[M]．武汉：湖北人民出版社，1985．

28．莉·列·维克托罗娃．蒙古民族形成史[M]．张弘法，译，呼和浩特：呼和浩特：内蒙古教育出版社，2009．

29．阿岩，乌恩．蒙古族经济发展史[M]．呼和浩特：远方出版社，1999．

30．傅海波，崔瑞德．剑桥中国辽西夏金元史[M]．北京：中国社会科学出版社，1998．

31．Б.Г.加富罗夫．中亚塔吉克史[M]．北京：中国社会科学出版社，1985．

32．拉铁摩尔．中国的亚洲内陆边疆[M]．唐晓峰，译，南京：江苏人民出版社，2005．

33．符拉基米尔佐夫．蒙古社会制度史[M]．北京：中国社会科学院民族研究，1978．

34．《蒙古学百科全书》编辑委员会．蒙古学百科全书·文物考古[M]．呼和浩特：内蒙古人民出版社，2004．

35．赵云田．北疆通史[M]．郑州：中州古籍出版社，2003．

36．范文澜．中国通史（第四册）[M]．北京：人民出版社，1978．

37．吴景山．突厥社会性质研究[M]．北京：中央民族大学出版社，1994．

38．乔幼梅．宋辽夏金经济史研究[M]．济南：齐鲁书社，1995

39．张博泉．金代经济史略[M]．沈阳：辽宁人民出版社，1981．

40．白滨，李锡厚．辽金西夏史[M]．上海：上海人民出版社，2003．

41．陶玉坤．北方游牧民族历史文化研究[M]．呼和浩特：内蒙古教育出版社，2007．

42．李锡厚．中国北疆古代民族政权形成研究[M]．哈尔滨：黑龙江教育出版社，2014．

43．田余庆．拓跋史探[M]．北京：生活·读书·新知三联书店，2011．

44．韩儒林．元朝史[M]．北京：人民出版社．2008．

45．曹永年．蒙古民族通史[M]．呼和浩特：内蒙古大学出版社．2002．

46．陈得芝．中国通史·元时期[M]．上海：上海人民出版社．2004．

47．内蒙古典章法学与社会学研究所．《成吉思汗法典》及原论[M]．北京：商务印书馆．2007．

48．鲍明．满族文化模式：满族社会组织和观念体系研究[M]．沈阳：辽宁民族出版社．2005．

49．戴逸．简明清史[M]．北京：人民出版社．2000．

50．定宜庄．满族的妇女生活与婚姻制度研究[M]．北京：北京大学出版社．1999．

51．冯尔康．18世纪以来中国家族的现代转向[M]．上海：上海人民出版社．2005．

52．阴法鲁、许树安、刘玉才．中国古代文化史（插图本）[M]．北京：北京大学出版社，2008．

53．国家民族事务委员会文宣司．中国少数民族文化简论[M]．北京：民族出版社，2006．

54．宋德金．辽金西夏衣食住行（插图珍藏本）[M]．北京：中华书局，2013．

55．韩志远．元代衣食住行（插图珍藏本）[M]．北京：中华书局，2016．

56．林永匡．清代衣食住行（插图珍藏本）[M]．北京：中华书局，2013．

57．敖仁其．制度变迁与游牧文明[M]．呼和浩特：内蒙古人民出版社，2005．

58．杨耀坤．中国魏晋南北朝宗教史[M]．北京：人民出版社，1994．

59．乔吉．蒙古族全史（宗教卷）[M]．呼和浩特：内蒙古大学出版社2011．

60．麻天祥．中国宗教史[M]．武汉：武汉大学出版社，2012．

61．李尚英．中国清代宗教史[M]．北京：人民出版社，1994．

62．苏鲁格等．中国元代宗教史[M]．北京：人民出版社，1994．

63．格列科夫，雅库博夫斯基．金帐汗国兴衰史[M]．余大均，译．北京：商务印书馆，1985．

64．勒内·格鲁塞．草原帝国[M]．蓝琪，译．北京：商务印书馆，1998．

65．李国钧，王炳照．中国教育制度通史[M]．济南：山东教育出版社，2000．

66．王风雷．蒙古族全史·教育卷[M]．呼和浩特：内蒙古大学出版社，2013．

67．陶克涛．毡乡春秋——匈奴篇[M]．北京：人民出版社，1987．

68．姚宏杰．北魏皇宗学与四门小学略论[M]//中国地方教育史志研究会．纪念《教育史研究》创刊二十周年论文集（3）——中国教育制度史研究，2009．

69．齐红深．清代的八旗科举[M]//中国地方教育史志研究会．纪念《教育史研究》创刊二十周年论文集（3）——中国教育制度史研究，2009．

三、论文

1．那仁朝格图．古代蒙古族社会规范考述[J]．内蒙古师范大学学报（哲学社会科学版），2010（1）．

2．留金锁，奇格．古代蒙古家庭法[J]．内蒙古社会科学，1998（5）．

3．尚继征．古代蒙古族婚姻家庭习惯法考查[J]．西部蒙古论坛，2013（1）．

4．冯尔康．清代宗族制的特点[J]．社会科学战线，1990（3）．

5．李瑛．匈奴族的教育[J]．北方文物，1989（1）．

6．穆岚．北魏官学教育研究[J]．华东师范大学学报，1992（4）．

7．穆岚．试论北魏的私学教育[J]．河南师范大学学报（哲学社会科学版），1992（4）．

8．徐亦亭．魏晋南北朝的鲜卑人教育初探[J]．民族教育研究，2000（1）．

9．吴俊平．北魏时期的官学教育及其文化影响[J]．科技信息（学术研究），2007（24）．

10．王建军．论魏晋南北朝的私学[J]．华东师范大学学报（社会科学版），1990（4）．

11．韩绪耀．十六国时期的文化教育政策与民族融合[J]．人文杂志，2010（1）．

12．李向东．浅析辽代的官学、私学及科举制度[J]．内蒙古教育（职教版），2014（6）．

13．李文泽．辽代的官方教育与科举制度研究[J]．四川大学学报（哲学社会科学版），1999（4）．

14．高福顺．辽朝私学教育初探[J]．求是学刊，2010（4）．

15．蔡春娟．元代的蒙古字学[J]．中国史研究，2004（2）．

16．王风雷．元代的端本堂教育[J]．内蒙古大学学报（哲学社会科学版），1992（2）．

17．王凯旋．试论清代八旗的翻译科考试[J]．辽宁大学学报（哲学社会科学版），2011（6）．

18．张永江．清代八旗蒙古官学[J]．民族研究，1990（6）．

后　记

《马背上的民族》（三卷本）一书将与读者见面了。这是内蒙古自治区社会科学界联合会立项的“内蒙古社会科学基金项目”2019年度社科普及类重大项目的结项成果。该书由《马背上的民族·物质文化卷》《马背上的民族·精神文化卷》《马背上的民族·制度文化卷》三卷本组成。

作为内蒙古社科联2019年度社科普及类的重大委托项目，内蒙古社科院领导高度重视，成立了由内蒙古社科院院长李春林为组长，副院长金海为副组长，布和朝鲁、树林、黄金等为成员的领导小组。全套书由李春林院长、金海副院长组织策划、敲定内容框架。2018年12月初，开始项目策划和组织人员工作。2019年2月初，敲定具体章节内容并确定各卷书编写人员。2019年3月初，召开由内蒙古社科联副主席胡益华一行与内蒙古社科院李春林等领导联合主持的项目工作会议，提出编写工作的具体要求，与三卷本的20多位编写人员进行了交流探讨，确保了项目研究的正确方向。

为了细化工作，内蒙古社科院让布和朝鲁、树林、黄金研究员分别担任《马背上的民族·物质文化卷》《马背上的民族·精神文化卷》和《马背上的民族·制度文化卷》的执行主编，具体负责各卷的编撰工作。虽然时间紧、任务重，但是经过编写人员3个多月的奋战，最终完成了书稿的撰写和配图工作。

《马背上的民族》是内蒙古社科院李春林院长、金海副院长组织策划下集体智慧的结晶。

《马背上的民族·物质文化卷》的撰稿人员如下：

概述、统稿、修改：布和朝鲁

第一章：阿拉坦格日乐、布和朝鲁

第二章：乌尼尔

第三章：郭雨桥、布和朝鲁

第四章：布和朝鲁

第五章：乌云其木格、布和朝鲁

第六章：韩木兰、布和朝鲁

第七章：韩木兰、乌云其木格、布和朝鲁

《马背上的民族·精神文化卷》的撰稿人员如下：

概述、统稿、修改：树林

第一章：双宝

第二章：那仁毕力格

第三章：李博

第四章：领小

第五章：包红梅

第六章：树林

第七章：郭晶晶

第八章：哈斯巴根、树林

《马背上的民族·制度文化卷》的撰稿人员如下：

概述、统稿、修改：黄金

第一章：苏日塔拉图

第二章：黄金

第三章：刘蒙林

第四章：呼斯乐

第五章：塔娜、张晓宇

第六章：套格敦白乙拉、哈斯木仁

第七章：班布日

第八章：希力木格

《马背上的民族》即将问世之际，我们衷心感谢内蒙古社科联委托我们承担这一重大项目，感谢内蒙古党委宣传部高文鸿副部长、内蒙古社科联杭栓柱主席、内蒙古社科联胡益华副主席的支持、指导，感谢内蒙古社科联社科普及部朱浪部长、侯慧杰女士不辞辛苦地协调、督导，感谢内蒙古出版集团和远方出版社的各位编辑！

本书是众多专家撰写的社科普及读物，编撰过程中吸收了不少前人成果；同时因时间紧、参编人员多，不足之处敬请读者指正。

编者

2019年7月20日